北大版对外汉语教材·基础教程系列

新汉语高级教程
（下册）

主　编　郭曙纶
副主编　王淑华　吴剑锋
编　者　（按姓氏拼音排序）
　　　　郭曙纶　彭家法　祁　峰
　　　　任　敏　王　芳　王　骏
　　　　王淑华　吴剑锋　徐新颜

图书在版编目（CIP）数据

新汉语高级教程（下册）/ 郭曙纶主编．—北京：北京大学出版社，2009.3
（北大版对外汉语教材·基础教程系列）
ISBN 978-7-301-14969-0

Ⅰ.新… Ⅱ.郭… Ⅲ.汉语-对外汉语教学-教材 Ⅳ.H195.4

中国版本图书馆CIP数据核字（2009）第023450号

书　　　名：	新汉语高级教程（下册）
著作责任者：	郭曙纶　主编
责 任 编 辑：	贾鸿杰（sophiajia@yahoo.com.cn）
标 准 书 号：	ISBN 978-7-301-14969-0/H·2209
出 版 发 行：	北京大学出版社
地　　　址：	北京市海淀区成府路205号　100871
网　　　址：	http://www.pup.cn
电 子 信 箱：	zpup@pup.pku.edu.cn
电　　　话：	邮购部 62752015　发行部 62750672　出版部 62754962　编辑部 62752028
印 　刷 　者：	北京大学印刷厂
经 　销 　者：	新华书店
	787毫米×1092毫米　　16开本　　21印张　　403千字
	2009年3月第1版　　2009年3月第1次印刷
印　　　数：	0001－3000册
定　　　价：	65.00元（附1张MP3）

未经许可，不得以任何方式复制或抄袭本书之部分或全部内容。
版权所有，侵权必究　　举报电话：010-62752024
　　　　　　　　　　　电子信箱：fd@pup.pku.edu.cn

主编的话

　　本书是专门为长期进修汉语的留学生编写的高级精读教材,全书分上下两册。每册的计划学时可以安排为64学时或96学时(如果按每学期16个教学周计算,每周分别为4学时或6学时),具体安排可以参考后面的相关说明。

　　本书取名为《新汉语高级教程》,因为本书的特色就在于"新","新"主要表现在以下三个方面:

　　首先是编辑方法新。本书是编者在研究现有教材的基础上,利用语料库技术与统计方法而编写的。具体体现在:

　　1. 选材。我们利用语料库技术来保证教材的难度,即要求选择的课文既不能太长,也不能太短。本册课文长度在1145~2742字之间,平均长度为1985字。

　　2. 生词数量的安排。为了减轻留学生不必要的学习负担,编者把出现的生词分成两类:一类是常用的,作为正式生词,给出注音、词性、释义和例句,要求留学生应该掌握,并在课本后面的生词总表中列出。本册共有生词599个,平均每课的生词为49.9个。另一类是不太常用的,不作为正式生词,只给出注音和释义,帮助留学生理解课文,不要求留学生掌握,也不在课本后面的生词总表中出现。这类注释词本册共有415个,平均每课为34.6个。这样既可以降低课文的阅读难度,又可以保证留学生学到原汁原味的汉语。

　　其次是内容安排新。本书基本上是按照教学时的实际顺序来编排课文中的具体内容的。讲解的内容与练习的内容交叉出现,这样符合教学时的讲练结合原则。教师讲解后,留学生马上进行练习,既可以避免讲练脱节,也可以避免留学生不停地前后翻书,有利于保持教学的连贯性。为了适应有些学校精读课课时安排较多(每周6学时)的情况,编者在每课都安排了一篇与正课文相关的副课文,可以作为课堂上进行的泛读训练,或作为一般的阅读理解练习,还可以作为留学生课外的阅读材料。

　　再次是课文选材新。本书所有正课文都选自2000年以后出版的书刊。这样保证了教材语言都是现在人们正在使用的鲜活语言,而不会是普通人一般情况下根本用不到的语言。

　　本书由上海交通大学国际教育学院汉语言研究所副所长郭曙纶博士主编。主编负责教材的整体框架设计、进度安排与统稿。本书下册由上海大学

文学院王淑华博士和上海交通大学国际教育学院吴剑锋博士担任副主编，协助主编做了不少统稿工作。本书的编者还有安徽大学文学院教师彭家法，河北师范大学国际文化交流学院教师任敏，上海交通大学国际教育学院教师王芳、王骏、徐新颜，上海音乐学院公共基础部语文教研室主任祁峰，同济大学国际文化交流学院教师刘根洪，上海交通大学国际教育学院硕士生孙镭也参与了"现代汉语语法常识"的部分编写工作。具体分工是：

郭曙纶，编写上册"现代汉语语法常识"及下册第1课；

刘根洪，编写上册第3、6、7课；

彭家法，编写下册第4、7课；

祁　峰，编写上册第2、8课和下册第3、12课；

任　敏，编写上册第5、9课和下册第6、8课；

孙　镭，编写上册"现代汉语语法常识"中的一部分；

王　芳，编写下册第10课；

王　骏，编写下册第9课；

王淑华，编写上册第1、4课及下册"现代汉语修辞常识"，作为副主编协助主编负责下册的统稿工作；

吴剑锋，编写下册第11课，作为副主编协助主编负责下册的统稿工作；

徐新颜，编写下册第2、5课。

郭曙纶

目 录

第1课	旧与老	1
第2课	陶醉壶口	23
第3课	融水大苗山　情歌伴婚俗	43
第4课	聪敏只是一张漂亮的糖纸	63
第5课	四合院——中国式盒子	81
第6课	喝得很慢的土豆汤	103
第7课	老鼠：未来的地球霸主	125
第8课	筷子的传说	147
第9课	父子之战	169
第10课	31.8%的房贷一族已成"房奴"	189
第11课	从"慢餐运动"到"慢生活"	219
第12课	高登义：从"征服"珠峰到保护珠峰	241

现代汉语修辞常识	263
部分练习参考答案	297
生词索引	320
辨析词语索引	327

第1课　　旧与老

生　词

	注音	词性	释义
1. 结识	jiéshí	动	结交。

(1) 结识小辛，是生活不经意安排的一个奇迹。
(2) 王小姐，能够荣幸地结识您，我由衷地感到高兴。

2. 摧残	cuīcán	动	使某人或某物受到严重损失。

(1) 那些工业废气和尘土会摧残人的健康。
(2) 我们反对用摧残身体的办法来锻炼意志。

3. 痛惜	tòngxī	动	感到非常心痛和可惜。

(1) 他英年早逝，令人痛惜。
(2) 我十分痛惜那些白白浪费了的宝贵时间。

4. 抢救	qiǎngjiù	动	在危急情况下进行紧急救援和保护。

(1) 有关部门为抢救大熊猫发起了捐款活动。
(2) 医院马上组织抢救小组对他进行抢救。

5. 主编	zhǔbiān	动、名	主持编辑工作；编辑工作的主要负责人。

(1) 我决定到上海，应聘主编《神州日报》副刊。
(2) 我任主编的《美术》杂志上，曾发表过米谷的评论《我爱林风眠的画》。

6. 思辨	sībiàn	动	哲学上指运用逻辑推导而进行纯理论、纯概念的思考；思考辨析。

(1) 思辨是想象力和创造力之源。
(2) 过分依靠定性分析是思辨研究、演绎研究的必然结果。

		注音	词性	释义
7.	缘故	yuángù	名	原因。
	(1) 这一切，是因为我的缘故吗？			
	(2) 行驶得很快的自行车能够保持稳定，也是这个缘故。			
8.	沿用	yányòng	动	继续使用（过去的方法、制度、法令等）。
	(1) 某些工业产品沿用仓库交货的办法。			
	(2) 最初为某些国家所反复采用，以后又为各国所接受和沿用，并且公认为具有法律效力的，这就是惯例。			
9.	深思	shēnsī	动	认真思考，深入考虑。
	(1) 这当然是笑话，但发人深思。			
	(2) 电视屏幕上的老少搭档，反映了一种很有意思的、令人深思的社会生活现象。			
10.	陈旧	chénjiù	形	很旧的。
	(1) 只见他身穿一套式样陈旧的西装。			
	(2) 现有的许多观念显得陈旧，大大落后于创作实践。			
11.	光泽	guāngzé	名	物体表面反射出来的亮光。
	(1) 月亮那如银似水的光泽，给大地铺上了一层青灰色。			
	(2) 杨琴笑着摇摇头，一双闪耀着动人光泽的大眼睛望着小娟说……			
12.	松动	sōngdòng	动	由于连接的地方不牢固而变得能够活动。
	(1) 他的牙齿全部松动了。			
	(2) 这无疑使本来就没有松动的个人决策结构更加强化了。			
13.	开裂	kāiliè	动	张开，裂开。
	(1) 一般在11月间，当果皮开裂脱落，露出洁白种子时，即已成熟，应及时采集。			
	(2) 两只早已开裂的破皮鞋，沾满了泥水。			
14.	破损	pòsǔn	动	残破损坏。
	(1) 还在去年夏天，他就借来了一本书页破损的小说集。			
	(2) 他把破损的部分修补好了。			
15.	潜意识	qiányìshi	名	心理学上指不知不觉、没有意识的心理活动。也说下意识。
	(1) 大脑接受外部信息是意识功能和潜意识功能同时进行的。			
	(2) 一旦潜意识释放出来与意识接通，被意识所感受到，那就是灵感。			

	注音	词性	释义
16. 过时	guòshí	形	旧的，不流行了的。
	(1) 用今天高度发展了的科学眼光来看当年伽利略的科学事业，有些东西的确过时了。		
	(2) 要想企业恢复活力，目前唯有扩大有竞争力的产品，加速产品的更新换代，淘汰陈旧过时的产品。		
17. 受用	shòuyōng	动	得到好处。
	(1) 有了自主学习的能力，是一笔终生财富，一辈子受用不尽。		
	(2) 这些建议非常实用，多看几次，受用无穷。		
18. 俗语	súyǔ	名	通俗并广泛流行的定型的语句，简练而形象化。
	(1) 俗语说得好，天外有天，人上有人。		
	(2) 俗语有所谓"事不过三"，不要在同样的地方跌倒多次。		
19. 周期	zhōuqī	名	事物在运动、变化过程中，某些特征多次重复出现，其连续两次出现所经过的时间叫周期。
	(1) 基本建设超过一定的规模，会延长建设周期。		
	(2) 这种病会周期性发作。		
20. 开头	kāitóu	名	事情开始的时候或地方。
	(1) 新年开头就请探亲假，别人会有意见。		
	(2) 学习植物学的开头，应该先对为什么要学习它有个大致的了解。		
21. 结尾	jiēwěi	名	事情结束的时候或地方。
	(1) 在此文的结尾，我们还要多说一句。		
	(2) 鲁迅杂文的结尾没有固定不变的程式。		
22. 万象更新	wànxiàng gēngxīn		世上所有的事物都发生了变化。
	(1) 万象更新又一年，不去祝贺新年，却在说长论短，不像话！		
	(2) 我们早就看过漫画家叔叔们合画的"万象更新"图了。		
23. 期望	qīwàng	动、名	对人或事物的未来有所等待和希望。
	(1) 每个人都应该现实一点儿，别对自己期望太高。		
	(2) 这样，我们的教育才能既符合社会对这个受教育者的期望，也符合他本人的情况。		

	注音	词性	释义
24. 孕育	yùnyù	动	怀孕,现在多表示虽然还没有显露、表达或发展,但却包含在某物的本质中。

(1) 商品自身的矛盾运动就孕育着竞争。
(2) 有大批新的知识分子在人民革命情绪的孕育中成长起来。

	注音	词性	释义
25. 全新	quánxīn	形	完全新的。

(1) 作家思维所凭借的材料可能是个别的和陈旧的,但经过综合性加工,它们却传达出一个整体的意象或全新的思想。
(2) 改革开放、建设有中国特色社会主义,是一个全新的事业,没有现成的经验可以参考。

	注音	词性	释义
26. 辞旧迎新	cí jiù yíng xīn		一年中快结束的时候,告别旧的一年,迎来新的一年。

(1) 当晚,各村都搬出鼓来,悬在庭中,尽情敲击,声声铜鼓,表示辞旧迎新。
(2) 辞旧迎新的春节联欢晚会在人们激动的目光前慢慢拉开了大幕。

	注音	词性	释义
27. 铲除	chǎnchú	动	去掉。

(1) 道路两旁的杂草被铲除后,整条街道立刻显得整洁许多。
(2) 《王贵与李香香》提出了铲除封建压迫、消灭封建剥削、打倒整个封建阶级的问题。

	注音	词性	释义
28. 积淀	jīdiàn	动	在长期积累中形成。

(1) 多年来,他遍览群书,积淀了深厚的艺术功底。
(2) 在农业文明中积淀而成的各种观念意识、思想方法仍是治国设计的深层精神指导。

	注音	词性	释义
29. 无形	wúxíng	形	没有形状的,看不见的。

(1) 这样做本身就会产生巨大、无形的激励作用。
(2) 就这样,专业市场无形中已经在起着生产组织者的作用了。

	注音	词性	释义
30. 顺理成章	shùn lǐ chéng zhāng		形容写文章、做事情顺着事理就能做好。也比喻随着某种情况的发展而自然产生的结果。

(1) 家务劳动既然已经成为人们日常生活的沉重包袱，那么，要求它的社会化也应当是顺理成章的事。
(2) 只有正式结了婚，我才能顺理成章地把她接出去。

	注音	词性	释义
31. 贬义	biǎnyì	名	词语或句子中所包含的故意降低评价的意义，与"褒(bāo)义"相反。

(1) 从字面上看，"会做人"三个字无褒义也无贬义。
(2) 如果不抱偏见，不含贬义，这么说至少有部分道理。

32. 破旧	pòjiù	形	经历时间很长而且已经破了的。

(1) 一顶破旧草帽遮了半个脸。
(2) 他一上马先把那个破旧的厂房设备更换一新。

33. 割舍	gēshě	动	放弃，舍得。

(1) 秀兰和林菲，对于我同等重要，哪一个都不能割舍，不管现在还是将来。
(2) 孩子出生以后，代生母亲已经对他产生了感情，无论如何，不能割舍。

34. 内涵	nèihān	名	一个概念所反映的事物的本质属性的总和，也就是概念的内容。有时指一个人的内在修养。

(1) 科学的发展进一步推动了人们去探索自然，揭示大自然的内涵。
(2) 现在很多人说综艺主持人缺乏内涵。

35. 更新	gēngxīn	动	去掉旧的，换上新的。

(1) 人要不断地更新自己的知识结构。
(2) 文化体系总是有限的、不完善的，它不断被否定、被更新。

36. 鉴别	jiānbié	动	仔细检查分辨。

(1) 困难是鉴别人的寒暑表。
(2) 用什么化学方法可以鉴别下列各组物质？

	注 音	词 性	释 义
37. 意味	yìwèi	名	情调、兴趣、趣味。

(1) 他意味深长地说："四海同志，留着做个纪念吧！"
(2) 他也看一点儿他觉得有意味的外国名著，也掌握了一些高雅的词儿。

38. 全然	quánrán	副	完全（不），一点儿也（不）。

(1) 他却全然没有在意。
(2) 然而杜喜春的态度和上次搭救她的那会儿全然不一样了。

39. 丰厚	fēnghòu	形	很多很多的。

(1) 除去岁月的风尘，尽可领略这份丰厚遗产中的知识之光。
(2) 他们为了获得丰厚的利润，在上海办起了更多的企业。

40. 风情	fēngqíng	名	情怀、兴趣、趣味；风土人情。

(1) 出了城可就真是别有一番风情。
(2) 天台、同里等富有江南水乡古镇风情，正在逐渐形成新的旅游热点。

41. 别具	biéjù	动	特别地具有(某种风格)。

(1) 我们常常出外旅游，品尝世界各地别具风味的美食。
(2) 他特别长于设计华丽的公寓与别具一格的酒店，同时对中国的古典园林建筑也颇有见地。

42. 爱惜	àixī	动	爱护珍惜。

(1) 如果不爱惜自己的身体，靠什么去生活？
(2) 你一天工作十多个小时，太不爱惜自己的身体了。

43. 人品	rénpǐn	名	人的品质。

(1) 中国人民一向把尊老看成是自己应尽的义务，作为衡量一个人人品好坏的尺度之一。
(2) 姑娘要求对方人品好，有学识。

44. 敬重	jìngzhòng	动	尊敬、尊重。

(1) 夫妻间的敬重和体贴，虽然不是爱情生活的核心内容，但却是漫长生活中每日不可缺少的雨露春风，它点点滴滴地滋润着爱情。
(2) 年轻的代销员立时成了村里最受敬重和欢迎的人。

45. 主心骨儿	zhǔxīngǔr	名	可以依靠的人或事物；主见、主意。

(1) 船长，只有在这个时候，才是船员们真正的主心骨儿。
(2) 一个出门在外的姑娘，既要学戏，又要对付内外无休无止的干扰，她怎能没有主心骨儿呢！

	注音	词性	释义
46. 偏差	piānchā	名	工作上的差错。
	（1）发现调查工作有偏差就要及时纠正。 （2）引入"理想模型"的概念，可以使问题的处理大为简化而又不会发生大的偏差。		
47. 了事	liǎo shì		把事情结束。
	（1）他居然马马虎虎，和平了事。 （2）我每餐只限十分钟了事，养成了习惯。		
48. 席	xí	量	一般用在话语与地位方面。
	（1）一席话，引得大伙又是一场大笑。 （2）国外客户的订单纷纷传来，今年四季度整机订单已达5000台，在国际市场上赢得一席之地。		
49. 小看	xiǎokàn	动	看不起。
	（1）你别小看人！ （2）我在努力，为了自己的尊严，为了不被别人小看，也为了将来能无悔地面对自己！		
50. 改动	gǎidòng	动	改变（文字、内容、次序等）。
	（1）有时为了求得整体的匀称和协调难免要改动一些词语。 （2）昨天晚上，我把你的图纸改动了一下。		
51. 觉醒	juéxǐng	动	由不清醒的状态进入到清醒的状态。
	（1）属于你自己的思想开始觉醒了，这使我很高兴。 （2）在广大发展中国家已经取得独立，广大人民日益觉醒的情况下，这种旧的国际经济关系已经越来越难以继续下去了。		
52. 一厢情愿	yì xiāng qíngyuàn		处理双方有关的事情时，只管自己愿意，不管对方愿意不愿意；现在也指办事时全从主观愿望出发，不考虑客观条件。也写做"一相情愿"。
	（1）他还是不肯放弃，一厢情愿地希望结局可以改变。 （2）你一厢情愿地恋着别人的时候，也许有一个人也一厢情愿地恋着你。		

注释词表

生 词	注 音	释 义
1. 京城	jīngchéng	指北京市。
2. 汉学	hànxué	外国人研究中国，尤指研究中国语言、文学、历史和风俗习惯等方面的学问。
3. 尤	yóu	特别。
4. 人文	rénwén	指人类社会的各种文化现象。
5. 当下	dāngxià	现在。
6. 备受	bèishòu	特别受到。
7. 不亚于	búyàyú	不比……差，跟……差不多。
8. 津城	jīnchéng	指天津市。
9. 遗存	yícún	古代遗留下来的东西。
10. 遗韵	yíyùn	古代遗留下来的情趣。
11. 怔	zhēng	发呆。
12. 审	shěn	仔细看、仔细思考。
13. 不及	bùjí	来不及。
14. 城区	chéngqū	市区，城市街区。
15. 直来直去	zhí lái zhí qù	说话很直率，不绕弯子。
16. 由此	yóucǐ	从此。
17. 黯	àn	深黑色，黑色。
18. 缺失	quēshī	缺少，失去。
19. 称之为	chēngzhīwéi	把……称为。
20. 厌	yàn	不喜欢，讨厌。
21. 农	nóng	农业，与农业有关的。
22. 耕	gēng	种（地）。
23. 农人	nóngrén	种地的人。
24. 节律	jiélǜ	节奏与规律。

生 词	注 音	释 义
25. 故此	gùcǐ	因此,所以。
26. 之际	zhījì	……的时候。
27. 之列	zhīliè	……的行列。
28. 根深蒂固	gēnshēn dìgù	根基牢固,不可动摇或改变。
29. 潜	qián	隐藏。
30. 珍	zhēn	珍爱,特别喜欢,舍不得。
31. 危房陋屋	wēifáng lòuwū	简陋的、快要倒了的房子。
32. 整治	zhěngzhì	翻修,使恢复原样。
33. 备加	bèijiā	更加。
34. 学品	xuépǐn	做学问的品行。
35. 铸成大错	zhùchéng dà cuò	造成很大的错误。
36. 大动干戈	dà dòng gāngē	进行战争,这里比喻动静很大,大张声势地做事。
37. 古城	gǔchéng	已经有很久历史的城市。
38. 当今	dāngjīn	现在。
39. 书生	shūshēng	(过去指)读书的人。

课文　旧与老

阅读提示　本文看起来是在讨论两个常用汉字的用法，其实更多的是在讨论汉字背后所隐含的文化内涵与深刻哲理，同时也反映出人们选择汉字时所体现出来的不同观念。

在京城的一次活动中，经人介绍结识一位德国女子。她对汉学很感兴趣，尤爱中国的历史人文，对当下备受摧残的古老建筑的痛惜之情，不亚于我们。她说她看过我为抢救津城遗存而主编的《旧城遗韵》，跟着马上问我："你为什么叫'旧'，不叫'老'？"

这个问题使我一怔。

有时一个问题，会逼着你去想，去自审。我感到这个问题里有值得思辨的东西，一时不及细想，我找到自己当初使用这个"旧"字的缘故，便说："天津人习惯把那古老的城区叫做旧城，我们就沿用了。"她听罢，摇摇头，说："不好，不好。"便扭头走去。这个德国女子直来直去，一点儿也不客气，却叫我由此深思关于文化的两个重要的字，就是"旧"与"老"。一件东西，使用久了，变得深黯陈旧，褪去光泽，甚至还会松动、开裂、破损、缺失，我们习惯称之为"旧东西"。按照一种习惯性的潜意识，旧东西是过时的，不受用的，不招人喜欢的。所以旧东西的出路只有一条，就是扔掉——以旧换新。俗语便是"旧的不去，新的不来"。我们有一种"厌旧"的心理。

这种心理来源于农耕文明。农人们的生活节律是一年四季为一个周期，所谓春种、夏耕、秋收和冬藏。春天是开头，冬天是结尾。春天里万象更新,一年之计在于春;对生活的期望全部孕育在春天的全新的事物里。故此,逢到过年,也就是冬去春来之际,人们最大的愿望就是辞旧迎新。

于是,旧东西必定是在铲除之列。这种厌旧心理根深蒂固地潜在人们的血液里,便成了长久以来农耕文明中在文化上缺乏积淀与自珍的深层次原因。到了今天,自然就成了中华大地"建设性破坏"的广泛而无形的基础。

这"建设性破坏"——建设是"新",破坏是"旧"。对于我们多么的顺理成章!

然而,相对于"旧","老"是完全不同的另一种概念。

"旧"是物质性的,而且含有贬义,比如陈旧、破旧等等。"老"却有非物质的一面。"老"是一种时间的内容,比如老人、老朋友、老房子。时间是一种历史,所以"老"中间不含贬义,甚至还含着一种记忆,一种情感,一种割舍不得的具有精神价值的内涵。

比方说某件东西是"旧东西",似乎就是过时的,需要更新的;若说是"老东西",那就含有历史的成分。应当考察它,认识它,鉴别它,对于有意味的老东西还要珍惜它。

由此往下说,对于一座城市,我们说它是"旧城"还是"老城",不就全然不一样了吗?

旧城,破破烂烂,危房陋屋,又脏又潮,设施简陋,应当拆去;老城,历史悠久,遗存丰厚,风情别具,应当下力气整治和备加爱惜。这一切不都与这两个字有关吗?应该说,这两个字代表着两种观念,也是不同时代的文化观。

在宁波，一次关于历史文化遗存保护的谈话中，我遇到了阮仪三教授。我对阮教授人品学品都十分敬重。谈话间，我提出了一个话题，就是"旧城改造"。因为现在中国各地都在进行大规模的"旧城改造"。中国人是喜欢喊口号的，好像没有口号，就没了主心骨儿。因此常常由于口号偏差，铸成大错，坏了大事。我依照上边的这些思辨，便说：

"现在看来，'旧城改造'中这个'旧'字问题很大。一座城，如果说是旧城，'旧的不去，新的不来'，那就拆掉了事；如果换成'老'字，叫做'老城'就不同了。老城里边有历史，不能轻易大动干戈。当然，法国人是连'老城'也不叫的，他们叫'古城'！"

看来，这个问题在阮仪三教授的脑袋里早有思考。他说：

"'改造'这个词儿也不好。因为'改造'这两个字一向都是针对不好的事情，比如'思想改造'、'劳动改造'、'知识分子改造'等等。怎么能把自己的历史当做不好的东西呢？我认为应当把'改造'也换了。换成'老城整治'，或者干脆就叫做'古城保护'！"这一席谈话真是收获不小，居然把当今中国最流行的一句话"旧城改造"给推翻了，而且换上一个词儿，叫做"老城整治"——或者痛痛快快就叫做"古城保护"了。可别小看这几个字的改动，这里边有个"文明的觉醒"的问题。但这只是书生们的一厢情愿，关键还是城市的管理者们，有谁赞成这样的改动。

（据2002年10月25日《解放日报》，作者：冯骥才）

第1课　旧与老

课文练习

一、根据课文回答问题：
1. 作者主编的书为什么叫《旧城遗韵》，而不叫《老城遗韵》？
2. 从哪句话可以看出"我们有一种'厌旧'的心理"？课文中还有哪些反映人们厌旧心理的词语？
3. 为什么"我们有一种'厌旧'的心理"？
4. 从课文中你知道"旧"与"老"的差别了吗？
5. 课文中还谈到了"古"，你能从以前学过的词语中谈谈"古"和"旧"与"老"的区别吗？

二、词语辨析与练习：

痛惜　　爱惜　　珍惜

"痛惜"、"爱惜"与"珍惜"这三个词都是心理动词，可以受"很"的修饰，也可以带宾语。它们都有一个共同的语素"惜"，所以都包含"喜爱、不愿用、不愿失去"的意思。"珍惜"比"痛惜"和"爱惜"都更常用。"爱惜"和"珍惜"经常带宾语；"痛惜"一般不带宾语，倒是常做状语。

"痛惜"，感到非常心痛和可惜。例如：

(1) 哪位明星的早逝最令你**痛惜**？
(2) 春红**痛惜**地叫了一声："石匠爷！"
(3) "石匠大伯！你这样不行啊……"庆林**痛惜**地替石匠爷捶着背。

"爱惜"，因爱护或重视而不舍得用或充分利用而不浪费。例如：

(4) 由于我对零星时间观念的转变，对等人的时间我就备加**爱惜**。
(5) 农夫、水手、山中人，或是城里出来的，没有一个人不**爱惜**这个老头子。
(6) 他**爱惜**人才。
(7) 我希望党组织**爱惜**黑马大队这支队伍，这是我花费半年的心血培养的一支能够作战的游击队，多次成功地袭击敌人便是证明。

"珍惜"，因为特别看重而爱惜。例如：

(8) 张骏祥虽是二婚，但对这段婚姻极其**珍惜**，婚后常凝视着小燕感慨地说:"可惜认识你太晚了。"

(9) 人类对于前辈创造的美,一方面是不要满足于停留不前,而要创造出新时代新的美,另一方面又是十分**珍惜**地要保存它们,欣赏它们。

(10) 但小有名气之后,他并没有**珍惜**自己的成绩和荣誉,反而头脑发昏。

(11) 轻率离婚是不**珍惜**夫妻感情的表现,是盲目的举动,不是真正的离婚自由,而是对离婚自由权利的滥用。

思考　思辨

"思考"与"思辨"都是大脑的思维活动,是对人和事进行分析、综合、判断、推理等的认识活动的过程。"思考"比"思辨"更常用。

"思考"是进行比较深刻、全面的思维活动。例如:

(1) 有一天夜晚,他睡在床上,又开始**思考**那个折磨他的难题。

(2) 它启示我们有必要进一步**思考**研究如下的问题。

(3) 汉语中信息与情报这两个词汇给情报科学**思考**带来了诸多方便,使我们在需要区别不同语义的地方有比较恰当的表述方式。

"思辨"有两个意义:第一,是思考辨析,比"思考"要多一层"辨析"的意思;第二,在哲学上,指运用逻辑推理进行理论上的思考。现在第二个意义更常用。例如:

(4) 然而究竟应该如何才能合理,不是**思辨**式的理论所能解决的,应该根据实验才成。

(5) 费尔巴哈不满意黑格尔的抽象**思辨**而诉诸感性的直观,但是他不是把感性看作是实践的、人类感性的活动。

(6) **思辨**的、先验的思维方式的特点恰恰便是用虚构的幻想去填补科学的空白,用先验的框架去剪裁甚至制造自然的联系。

古　旧　老

"古"、"旧"与"老"都有时间长的意思,是形容词,有时也都可用做名词。这三个词都比较常用,而且经常用来构成新的词语,比较之下,"老"更常用。

"古"与"老"往往都包含着历史的意义与价值。但"古"与"今"相对,更强调时间在很久以前,"古"的东西往往都已经很少,所以"古"物大多属于考察、保护之列。"老"与"少"相对，往往只强调在同时代中年龄较大，所以比较强调其具有较多经验的一面。但有时也与"旧"一样，表示过时的、没用的东西，和"新"相对。"旧"有时也表示过去曾经有过的事物及友谊，如"怀旧"、"念旧"、"旧友"、"旧居"等。例如：

(1) 笔在文房四宝中起源最**古**。
(2) 后来，地质学家、**古**生物学家、**古**气候学家、**古**地磁学家都从不同学科出发，从不同角度多方面证实了这个假说的科学价值。
(3) 但自从**古**希腊文明衰落后，整个西方社会文化背景发生了根本性的变化。
(4) 这一点，**旧**哲学是不可能做到的。
(5) 一些加工区引进的是**旧**机器设备。
(6) 用新的先进的设备更换**旧**的落后的设备。
(7) 三十多年来，新中国人口离婚率较之**旧**中国略有增长，这是婚姻关系正常发展的反映。
(8) 说老实话，论资格你比我**老**，比他们都**老**。
(9) 在这种情况下，二营四连出了事，一个**老**排长写了报告，要求转到地方上去工作。

辨析练习

选择填空：

痛惜　爱惜　珍惜　思考　思辨　古　旧　老

1. 现在我也许有能力，也应该面对这么多关心我们的，并对父亲的过早去世_____万分的人做出一个回答。
2. 我_____你送给你的礼物，它对我来说很珍贵，我得好好儿_____。

新 汉语高级教程（下册）

3. 假使你非常_____一样东西，最好让它自由。

4. "_____现在"是一句挺好的座右铭。

5. 我想，在人类历史的长河中，这种文字将越来越被世人所_____和喜爱。

6. 这些议论申二土听到了，但他没有_____这种说法正确与否，而是整个接受下来。

7. 祥林嫂的悲剧启发我们深入_____两个问题：造成这一悲剧的根源是什么？怎样才有妇女的出路？

8. 这种蔑视不是理念_____的结果，而是从实际体察中做出的常识性选择。

9. 研究工作不是在搜集完材料后才开始进行的，应该边搜集材料，边_____问题。

10. 说老实话，论资格你比我_____，比他们都_____……可是要叫人看出你在摆_____资格，那就没劲了。

11. 这儿只是一部分，还有大部分，包括_____字_____画，我存放在汇丰银行的保险柜内。

12. 两年前，方_____太太又从上海给她送来一个十三岁的小丫头金娣，专门侍候她。

13. 新事物是以_____事物为产生的基础，是由_____事物发展而来的。

14. 西方从_____希腊起就有研究自然、探索真理的自然哲学传统。

15. 许多_____中国所没有的或极其落后的行业得到了建立和发展。

三、语法讲解：

> 1　她对汉学很感兴趣，尤爱中国的历史人文，对当下备受摧残的古老建筑的痛惜之情，<u>不亚于</u>我们。

"甲<u>不亚于</u>乙"就是"甲不比乙少（差）"的意思。"于"是个文言（古代汉语）词，是介词。它的用法很多，这里我们只说说它在表示比较的句子中的用法。一般来说，许多形容词都可以加"于"来引进一个比较的事物，如"人民的利益<u>高于</u>一切"、"青出<u>于</u>蓝而<u>胜于</u>蓝"。由于"于"是个文言词，所以它一般用在书面语中，但是有个别形容词由于经常和"于"用在一起，已经成为一个词了，如"等于"。人们已经不觉得这是一个形容词加介词的组合，而只觉得这就是一个动词。还有"大于、小于"等也给人是一个词的感觉。

2　所以"老"中间不含贬义，甚至还含着一种记忆，一种情感，一种割舍不得的具有精神价值的内涵。

　　这里的"种"是个量词。"种"原本指的是具体的人或物的类别，如"有一种人喜欢这样的生活。""猪其实是一种很聪明的动物。"后来用来修饰习惯、感情等比较抽象的事物，如："在中国，敬烟也是一种习俗。""幸福是一种感觉。"再后来也可以用来修饰由动词或形容词来表达的事情或性质，如"乳名所用的字不像学名那么讲究，主要是为了表示一种喜爱。""经她这么一描绘，穿布鞋倒成了一种高雅和伟大。"

　　与"种"相近的有一个量词"类"。"类"和"种"都由名词变化而来。与"种"不同的是，"类"只能用于能够分类的事物，不论是具体的还是抽象的，都必须能够至少能分成两类。"类"和"种"同时用的时候，"类"要大于"种"，如"家养的动物可以分为家禽和家兽两类。家禽包括鸡、鸭、鹅等多种动物，家兽包括猪、牛、羊等多种动物。"

　　"类"还可以分成"大类、小类"，"种"没有这样的用法。如："战国各国的制度，从上到下都是'官分文武'两大类。""劳动对象分为两大类：一类是自然物，这是没有经过人类加工的物体，如原始森林、地下矿藏等；另一类是经过人类加工的物体，通称为原材料，如钢材、棉花等。"

3　老城，历史悠久，遗存丰厚，风情别具，应当下力气整治和备加爱惜。

　　"风情别具"就是"别具风情"的意思。这种情况有人说是宾语倒装。但事实上，不只是这个词语可以这样倒装，其他如"悠久（的）历史"、"丰厚（的）遗存"、"万种风情"也都可以转换成"历史悠久"、"遗存丰厚"、"风情万种"。不过这样转换之后，二者的语法功能已经不一样了，前者是名词短语，后者是主谓短语，所以它们使用起来也就不一样了。如课文中的这个句子，换一

种说法就应该说成"老城,有着悠久的历史和丰厚的遗存,别具风情,应当下力气整治和备加爱惜。"

语法练习

（一）仔细辨析括号中的词语,并从中选择合适的填空：

1. 中华民族,_____,有着五千年的灿烂文明。
（悠久的历史   历史悠久）

2. 中华民族是_____,创造了数千年的文明而生生不息。
（伟大的民族   民族伟大）

3. 父母希望女儿长大以后_____,如花似玉。
（美丽的容貌   容貌美丽）

4. 这篇文章_____,是篇很好的说明文。
（严谨的结构   结构严谨）

5. 他的脸上洋溢着_____。
（灿烂的笑容   笑容灿烂）

6. 安徒生的童话都有一个_____。
（圆满的结局   结局圆满）

7. 银行现在不要我,_____不叫我活着。
（等于   跟……相等/一样）

8. 银行现在不要我,_____不叫我活着_____。
（等于   跟……相等/一样）

9. 稳定物价_____冻结物价不_____。
（等于   跟……相等/一样）

10. 稳定物价不_____冻结物价。
（等于   跟……相等/一样）

11. 希望和机遇_____挑战和困难。
　　　　　　　　（大于　　比……大/多）
12. 希望和机遇_____挑战和困难_____。
　　　　　　　　（大于　　比……大/多）
13. 客观上，女性面临的就业和冲击要_____男性_____。
　　　　　　　　（大于　　比……大）
14. 客观上，女性面临的就业和冲击要_____男性。
　　　　　　　　（大于　　比……大）

（二）在下列横线上填上量词"种"或"类"：

1. 随着历史的推进，茶逐渐成为中国人喜爱的一___饮料。
2. 这里气候温凉，有茂密的箭竹和各___树木，为大熊猫提供了良好的生存条件。
3. 只要人类学家能发现各___社会的结构，最终即足以建立一套广泛的社会分类学。
4. 李奶奶下了决心，一定要改变这___现状。
5. 但在许多场合，很难分清像"有序"和"混沌"这___字眼的含义。
6. 像这___简单的指标，可以帮助你预先做好生产和销货计划，在因素市场获得适当的供应物资。
7. 这___动物分布很广，生活在淡水、海水以及潮湿的土壤中，也有少数种类是寄生的。
8. 这___鸟叫做留鸟。
9. 然而谁都认为活着就是一___胜利。
10. 饮酒不仅仅是中国人的一___习惯，它更反映了中国饮食文化的一个重要方面。
11. 这两条线索或两___问题分属所谓本体论和认识论。
12. 每一___酶只能催化一___或一___物质的化学反应。
13. 其实，说这___话的人，正在糊涂着，只是自以为明白罢了。
14. 所有的哺乳动物都用乳汁哺育幼体，所以这___动物叫做哺乳动物。
15. 但是，干这___事情，在他来说，还是大姑娘上轿——头一遭呢。

四、写作：

模仿本文的写法，写一篇关于某个或某几个汉字的小文章。要求围绕某个或某几个汉字谈谈你的学习体会或者与之相关的有趣故事，字数在200～600字之间。

字词扩展练习

仿照例子组词，并从中选择10个词造句：

文化观	___观	___观	___观	___观
习惯性	___性	___性	___性	___性
人品	___品	___品	___品	___品
老人	老___	老___	老___	老___
旧城	旧___	旧___	旧___	旧___
古代	古___	古___	古___	古___
痛惜之情	___之___	___之___	___之___	___之___

阅读扩展及泛读练习

> 副课文

我爱你，中国的汉字

我写着写着，常常为我面前这一个个方块字而动情。它们像一群活泼可爱的孩子在纸上玩笑嬉戏，像一朵朵美丽多姿的鲜花愉悦你的眼睛。这时我真不忍将它们框在方格里，真想叫它们离开格子去舒展，去不受拘束地享受自己的欢乐。

真的，它们可不是僵硬的符号，而是有着独特性格的精灵。你看吧，每个字都有不同的风韵。"太阳"这个词，使你感触到热和力，而"月亮"却又闪着清丽的光辉。"轻"字使人有飘浮感，"重"字一望而沉坠。"笑"字令人欢快，"哭"字一看就像流泪。"冷霜"好像散发出一种寒气，"幽深"两个字一出现，你似乎进入森林或宁静的院落。当你落笔写下"人"这个字，不禁肃然起敬，并为"天"和"地"的创造赞叹不已。这些有影无形的图画，这些横竖勾勒的奇妙组合，同人的气质多么相近。它们在瞬间走进想象，然后又从想象流出，只在记忆中留下无穷的回味。这是一些多么可爱的小精灵呵！而在书法家的笔下，它们更能生发出无穷无尽的变化，或挺拔如峰，或清亮如溪，或浩瀚如海，或凝滑如脂。它们自身就有一种智慧的力量，一个想象的天地，任你尽情飞翔与驰骋。在人类古老的长河中，有哪一个民族能像中华民族拥有这么丰富的书法瑰宝？

为什么说中华民族是诗的民族呢？这些美丽而富有魅力的文字生来就给使用它的人带来了诗的灵性。看着这些单个的有色彩、有声音、有气味的词，怎能不诱发你调动这些语言的情绪呵！西方现在有少数诗人在追求"玩儿文字"，但他们怎么能从26个字母的组合中去找到"玩儿文字"的魅力呢！只有中国的汉字，几万个不同的字形，几十万、几百万种奇妙的组合，足以产生遣使文字的快乐，甚至能在语义以外，寻求那种文字对人类思维和感官的想象力！中国的汉字是高强度悟性的结晶，必能训练出人的悟性。

也许，这又多少还有一些悲哀，据说那种偏重对悟性的训练是会影响科学和理性的。那么，是不是因为中国汉字没有时间的变化就影响了人们的时间观念呢？是不是因为汉字创造了那么多血缘不同的称谓而使得中国有无穷的繁文缛节呢？多么奇妙啊，这些方块字竟和一个民族的习性相关联！

在世界的文字之林中，中国的汉字确乎是异乎寻常的。它的创造契机显示出中国人与世不同的文明传统和感知世界的方式。但它是强有力的、自成系统的，它用一个个方块字培育了五千年古老的文化，维系了一个统一的大国的存在，不管这块东方的土地上有多少种不同的语言，讲着多少互相听不

懂的方言，但这汉字的魅力却成了交响乐队的总指挥！

面对着科学的飞跃，人们在慨叹中国技术的落后，想在困惑中寻求摆脱这种象形文字带来的同世界的阻隔，因而发出了实行汉字拼音化的震撼灵魂的呐喊。是的，这种呼唤曾经搅动得热血沸腾，但却有点唐·吉诃德攻打风车的憨态。中国的汉字以其瑰丽雄健的生命力证明了自己的存在价值。是电脑接受了汉字，而不是电脑改变了汉字。在科学攀向高峰所出现的复杂思维状态中，倒是那种拼音字需要不断地再造，以至到了不堪忍受的繁琐程度，唯中国的汉字却反而焕发出青春，轻而易举地用原有的词汇构成了新的概念和术语。真的，中国的方块字能消化各种外来的新创造，因为它拥有一个单字的海洋。在人们熟悉这种文字后，可寻求的新的组合和创造的天地是那样的宽广而简便。

我是炎黄的子孙，是喝扬子江的水长大的，也许，和别的民族一样喜欢夸耀自己的东西。俄国的罗蒙诺索夫不是用诗的语言赞美过俄罗斯语言吗？但我不是传统的盲目的维护者，我只崇尚人类文明的创造。在我粗通一些西方文学后，我是越来越惊叹中国汉字的无与伦比的创造了。

啊！像徜徉在夏天夜晚的星空下，为那壮丽的景色而迷醉，我真的是无限钟情我赖以思维和交往的中国汉字，并震惊于它的再生活力和奇特魅力。我想，在人类历史的长河中，这种文字将越来越被世人所珍惜和喜爱。

我的使用汉字的同胞们、朋友们，请去发展它、丰富它吧！历史和文明正向我们投来新的目光！

（据《读者》总第93期，作者：刘湛秋）

判断下列说法是否正确：

1. 作者对汉字怀着赞美之情。　　　　　　　　　　　　（　　）
2. 从文章中可以知道汉字跟拼音文字相比，具有容易创造新词的优点。
   　　　　　　　　　　　　　　　　　　　　　　　　（　　）
3. 作者是一个只知道维护传统的人。　　　　　　　　　（　　）
4. 作者说"这又多少还有一些悲哀"是因为汉字"偏重对悟性的训练是会影响科学和理性的"。　　　　　　　　　　　　　　　　（　　）
5. 作者写这篇文章的目的是希望使用汉字的同胞们、朋友们去发展它、丰富它。　　　　　　　　　　　　　　　　　　　　　（　　）

第2课　　陶醉壶口

生　词

	注音	词性	释义
1. 陶醉	táozuì	动	很满意地沉浸在某种境界或思想活动中。
	(1) 他们为光明的前景而陶醉。 (2) 四季景色不同，给人的感受也不同，但皆可观可赏，令人陶醉。		
2. 瀑布	pùbù	名	从山崖上直流下来像悬挂着的布匹似的水。
	(1) 黄果树瀑布是贵州有名的景点。 (2) 她的一头长发乌黑油亮，像瀑布一样美丽。		
3. 平淡无奇	píngdàn wúqí		平常，没有曲折，没有特色。
	(1) 这个设计没有什么新鲜花样，它只不过是平淡无奇的普通设计。 (2) 这是一个平淡无奇的故事。		
4. 寂静	jìjìng	形	没有声音，很静。
	(1) 夜晚，整个小区寂静无声。 (2) 台下一片寂静，足足有两分钟之久。		
5. 断断续续	duànduànxùxù	副	不连续地。
	(1) 十多年来，她断断续续住过三次院。 (2) 海明断断续续地说着事情的经过。		
6. 鼾声	hānshēng	名	睡觉时粗重的呼吸。
	(1) 他睡觉时鼾声如雷。 (2) 他的头低着，脖子有些歪，这使他打起了沉闷的鼾声。		

	注 音	词 性	释 义
7. 取代	qǔdài	动	（一个人或物）代替（另一个人或物的）位置。

（1）2005年中国取代英国成为世界第四经济大国。
（2）手机短信拜年已经逐渐取代书信、电话问候等方式。

8. 猛	měng	副	忽然。

（1）危急时刻，王友猛地推了他一把。
（2）他的突然出现吓得那孩子猛地向前跑了好几步。

9. 响声	xiǎngshēng	名	耳朵听到的声音。

（1）微风划过树梢发出哗啦啦的响声。
（2）伴随着轰隆隆的响声，火车到站了。

10. 先声夺人	xiān shēng duó rén		指在与对方或对手较量刚开始时用声势来压倒对方或使对方害怕。

（1）第二局，马良先声夺人，以1：0领先。
（2）第三局开始后，河南队先声夺人拿下两分。

11. 倾听	qīngtīng	动	认真地听取。

（1）父母应该多倾听孩子的想法。
（2）经理认真地倾听员工的意见，努力解决员工的困难。

12. 航班	hángbān	名	客轮或客机航行的班次，也指某一班次的客轮或客机。

（1）尽管比赛已经结束，但由于没有合适的航班，他无法及时赶回国内。
（2）昨天杜威搭乘最晚的一个航班，返回上海。

13. 震撼	zhènhàn	动	震动，特别指心理受到强烈冲击。

（1）自然科学上的发现震撼人心，推动科学家进一步思考。
（2）这是一组震撼全球的照片。

14. 内心	nèixīn	名	心中，心里。

（1）她一边说一边不停地笑，表现出一种发自内心的快乐。
（2）他看起来很快乐，实际上内心非常痛苦。

15. 眼神	yǎnshén	名	眼睛的神态；眼力。

（1）张晓光10点钟才来到学校，眼神里也看不到一点儿的急迫。
（2）周围的同学都向他投来羡慕的眼神。

	注　音	词　性	释　义
16. 迸射	bèngshè	动	四散喷射。

(1) 每隔几分钟，便有一股水柱从地底下迸射而出。
(2) 电暖袋左下方突然爆裂，里面的黑色高温化学液体迸射出来。

17. 迫不及待	pò bù jí dài		急迫得不能再等待。

(1) 她一进门就迫不及待地拿起冰水猛喝。
(2) 一到北京，他就迫不及待地坐车去长城了。

18. 雷霆万钧	léi tíng wàn jūn		比喻威力极大。

(1) 他们登上了大坝旁高达82米的空中平台，脚下是犹如雷霆万钧的江水。
(2) 他以一记雷霆万钧的扣篮，让中国队将比分缩小到45∶55。

19. 弥漫	mímàn	动	(烟尘、雾气、水等)充满，布满。

(1) 今天，市区大雾弥漫。
(2) 离圣诞节还有十多天，但大街小巷里早已弥漫着节日的气氛。

20. 激荡	jīdàng	动	受到冲击而动荡。

(1) 响亮的钟声在空气中激荡。
(2) 一股强烈的柔情激荡着他全身。

21. 散发	sànfā	动	释放出某种东西。

(1) 马芳的房间里放满了鲜花，散发出浓浓的香气。
(2) 他浑身上下散发着酸臭味，头发和胡子都长得很长。

22. 气息	qìxī	名	气味。

(1) 立春当天，北京却还是寒冬的气息。
(2) 就要过年了，到处都是浓浓的过年气息。

23. 震荡	zhèndàng	动	震动。

(1) 雷声震荡着大地。
(2) 楼上人家装修，天花板和墙壁剧烈地震荡。

24. 骤然	zhòurán	副	忽然。

(1) 掌声骤然像暴风雨般响起来。
(2) 今晨1点半左右，一家糖果烟酒店内报警器骤然响起。

	注音	词性	释义
25. 闪耀	shǎnyào	动	闪烁。

（1）小狗一身棕黄色的皮毛，在太阳下闪耀着金光。
（2）一辆警车闪耀着警灯从他身旁缓缓驶过。

26. 折射	zhéshè	动	光线从一种介质(如空气)斜射入速度不同的另一种介质(如水、玻璃)时发生的对直线路径的偏离。比喻透过一个现象可以看到整体或本质。

（1）一滴水可以折射出彩虹的七色。
（2）"分居式"过年折射了中国家庭结构的变化。

27. 花团锦簇	huā tuán jǐn cù		形容五彩缤纷、十分华丽的形象。也比喻花色繁多，华美艳丽。

（1）公路两边开了好多花店，整条公路花团锦簇。
（2）临近节日，广场上花团锦簇。

28. 呈	chéng	动	显现，显露。

（1）据说干红葡萄酒呈碱性，能中和每天吃下的大鱼大肉等酸性物质。
（2）今年黄金价格呈明显的上升态势。

29. 扑朔迷离	pūshuò mílí		比喻事物错综复杂，难于辨别。

（1）客轮沉没的原因扑朔迷离。
（2）国际黄金市场的金价还是扑朔迷离。

30. 气势	qìshì	名	（人或事物）表现出来的力量、威势。

（1）有的企业参展产品不多，没有体现出一个知名企业的品牌和气势。
（2）他的演说几次被听众打断，他不得不提高声音，使自己的讲话显得更有气势。

31. 目瞪口呆	mù dèng kǒu dāi		形容受惊而愣住的样子。

（1）食品的价格让大家目瞪口呆。
（2）这些部长们被这突如其来的消息惊得目瞪口呆。

32. 杰作	jiézuò	名	出色的作品。

（1）《回头浪》是荷马最有创造力的杰作。
（2）黄山如此雄伟壮观，真是大自然的杰作。

	注音	词性	释义
33. 不寒而栗	bù hán ér lì		并不冷而直发抖，形容非常害怕。
	(1) 赌徒的悲惨下场令人不寒而栗。		
	(2) 他的手段总是使人不寒而栗。		
34. 渺小	miǎoxiǎo	形	非常微小或无关紧要的。
	(1) 在巨人身边我们显得十分渺小。		
	(2) 当你一个人站在大自然面前时，你会觉得人很渺小。		
35. 荡然无存	dàngrán wú cún		形容原有的东西完全失去。
	(1) 失去了良好的环境，杭州便不成杭州了，它的优势也将荡然无存。		
	(2) 由于父亲重病，他们家里过年应有的快乐也荡然无存。		
36. 领悟	lǐngwù	动	体会，由不了解到了解。
	(1) 邓建华的诗歌完全是他自己对生命的感受，对生活的领悟。		
	(2) 她的领悟能力和适应比赛的能力都很强。		
37. 欲	yù	动	想要；希望。
	(1) 我欲卖车，连续三天于报纸刊出广告。		
	(2) 欲了解更多信息，请访问我们的网站。		
38. 落差	luòchā	名	由于深度变化所产生的水位的差数。也比喻一般的差距。
	(1) 大客车翻出右侧护栏，坠入垂直落差5.4米的沟内。		
	(2) 现实与理想的落差，让他们感到十分痛苦。		
39. 汹涌澎湃	xiōngyǒng péngpài		指洪水猛然上涌的样子，现在则常用来形容人群的活动声势浩大。
	(1) 每年的春夏之际，昆仑山就会发生汹涌澎湃的山洪。		
	(2) 20世纪80年代，改革开放的大潮在中国的大地上汹涌澎湃地展开。		
40. 蜿蜒	wānyán	动	(山脉、河流、道路等)弯弯曲曲地延伸。
	(1) 出了市区，车子驶入蜿蜒的山间公路。		
	(2) 村内由东向西有两条小溪蜿蜒流出村外。		

	注音	词性	释义
41. 摇头摆尾	yáo tóu bǎi wěi		原形容某些动物悠然自得的样子。也用于形容人得意轻狂的样子。

（1）小黑狗又摇头摆尾地进了客厅，我赶紧闪到一旁，怕再被咬住。
（2）人在顺境的时候，也应该保持清醒的头脑，不可得意忘形，摆出一幅摇头摆尾的轻狂相。

42. 呼啸	hūxiào	动	发出吹口哨的声音。特别指由于迅速运动而产生声音。

（1）消防车从我身边呼啸而过。
（2）子弹开始在树枝间呼啸。

43. 恢弘	huīhóng	形	宽阔，广大。

（1）天津大剧院整体建筑气势恢弘，雄伟壮观。
（2）今年的春节晚会场面恢弘盛大。

44. 平稳	píngwěn	形	没有波动，稳定。

（1）2005年，世界经济平稳增长。
（2）最近，上海二手房的价格平稳。

45. 雄壮	xióngzhuàng	形	（气魄、声势）强大。

（1）悼念仪式在雄壮的国歌声中开始。
（2）我已经有好多年没有听到这样激昂、雄壮的音乐了。

46. 磅礴	pángbó	形	（气势）盛大。

（1）1989年，郑胜创作出一首气势磅礴的歌曲。
（2）这幅大气磅礴的巨作深受中外贵宾的好评。

47. 立体	lìtǐ	名	具有长、宽、厚的物体；上下多层次的，包括各方面的。

（1）我们的想象力还停留在平面上，而不是立体的。
（2）《雷锋传记》从新的角度向人们展示了一个立体、丰满的雷锋形象。

48. 威力	wēilì	名	使人害怕的强大力量。

（1）她在发球时显现了她的威力。
（2）本周冷空气的到来，让我们感受到了-13℃的威力。

49. 子孙	zǐsūn	名	儿子和孙子，也指后代。

（1）难道我们的贫穷，还要在我们的子孙中延续下去吗？
（2）婚前的身体检查是关系子孙后代的大事。

第2课　陶醉壶口

注释词表

生词	注音	释义
1. 壶口	Húkǒu	地名。
2. 风轻云淡	fēng qīng yún dàn	形容天气好。
3. 变天	biàntiān	天气变化。
4. 岩磴	yándèng	石阶。
5. 水雾	shuǐwù	从水表面上升起来的轻雾或雾气。
6. 洪钟	hóngzhōng	大钟。
7. 闷雷	mēnléi	声音沉闷不响亮的雷。
8. 气吞山河	qì tūn shān hé	形容气魄很大。
9. 升腾	shēngténg	升入天空；往上升。
10. 长鲸饮涧	cháng jīng yǐn jiàn	鲸鱼在山间的水沟中喝水。涧：夹在两山间的水沟。
11. 飘忽	piāohū	（风和云）等迅速飘移，轻快迅疾的样子。
12. 游移	yóuyí	左右摇摆。
13. 危亡	wēiwáng	接近于灭亡的十分危急的局势。
14. 誓师	shìshī	出征前统帅向战士宣布作战意义，表示决心。
15. 出征	chūzhēng	外出打仗。
16. 河槽	hécáo	河底，河床。
17. 衍	yǎn	水流入海。
18. 波涛	bōtāo	江湖海中的大波浪。

课文　陶醉壶口

阅读提示　黄河是中华民族的母亲河。黄河壶口瀑布——天下奇观,是镶嵌在九曲黄河之上的一颗璀璨的明珠,是我国北方最富有特色的大型瀑布奇景,名列全国第二大瀑布。

到壶口看瀑布去!

清晨时还很大的兴趣却渐渐被漫长的旅途磨损了,加上黄土高原的平淡无奇,车厢内寂静下来,歌声笑语也被断断续续的鼾声取代了。

忽然有人从梦中猛地醒过来,惊呼雨来了。我们也确实听到隆隆的雷声,可窗外明明是风轻云淡,没有变天啊。司机笑着说,那就是壶口瀑布的响声。真是先声夺人,车上立刻活跃起来,每个人都侧耳倾听。那声音好像火车出站,航班起飞,放炮开山一般。大家的心全被强烈地震撼着,内心的激动从眼神里迸射出来。

车一停,我们便迫不及待地跳下去,快步走下岩磴,跑过石滩,来到面对瀑布的巨岩边。只见滚滚黄水从高高的崖头跌落下来,挟风带雨,雷霆万钧,溅起的水雾飘散在空中,蒸云弥漫,仿佛从水底冒出滚滚的浓烟。水底悬流激荡,这雾,这云,这烟,全部是黄色,散发着泥土气息,使这瀑布增加了厚重感,更使那吼声如洪钟闷雷,震荡峡谷,气吞山河。

大家聚精会神,不知什么时候云破日出,这瀑布骤然亮起来,闪耀着金属般的光泽。那升腾的水雾因为阳光的折射幻化出道道彩虹,有的从天际插入,似长鲸饮涧;有的横卧河上,如彩桥飞架;有的飘忽游移,像花团锦簇;有的续续断断,呈扑朔迷离。

我默立在瀑布面前，被这气势这风采惊得目瞪口呆，任飞溅的水花淋个痛快。我拜倒在这大自然的杰作脚下，不寒而栗，觉得自己这么渺小，骄娇二气荡然无存。我忽然领悟了李白"黄河之水天上来"的境界，光未然、冼星海《黄河大合唱》的灵感，明白了为什么在民族危亡的时刻，东渡抗日的将士们要选在这里誓师出征。

　　"欲穷千里目，更上一层楼。"我走到高处，观察壶口的构造。黄河从秦晋峡谷来，宽400多米，到这里骤然收缩，仅仅有四五十米，断崖落差40米，河槽真像一把巨壶，将每秒9000立方米的流量收入。就像诗中所说："源出昆仑衍大流，玉关九转一壶收。"壶口以下的河槽很窄，不过一二十米，水急浪高，槽深流远，当地人称"十里龙槽"，相传是大禹治水的时候用龙身穿凿而成。其实它是凭黄河自身的动力冲刷出来的。龙槽中的河水汹涌澎湃，仿佛一条蜿蜒浮游的黄龙，摇头摆尾，呼啸而去，有一种"奔流到海不复回"的恢弘气概。

以前，我曾经多次看到过黄河：在青海，它是美妙的一缕；在宁夏，它是平静的一湾；在郑州，它是浩荡的波涛；在山东，它是平稳的漫流；而在这壶口我看到了它性格的另一面，巨大的落差，雄壮的力量，磅礴的气势。我看到了一条立体的黄河，一条完整的黄河，看到了它漫长的历史，看到了它丰富的内涵，得到了它的真传。它的威力在我胸中鼓动，它的雄风在我血管内呼啸，它的精神在我眼睛里闪动。从今天起，我才成为一个真正的黄河的子孙。

壶口，天下第一壶，盛满了西凤、杜康，盛满了汾酒、竹叶青，盛满了陕北的米酒。当年灌醉了李白、王之涣，灌醉了光未然、冼星海，今天又灌醉了我，灌醉了我们大家。

啊！壶口，在你的怀抱里我陶醉了。

(据2005年2月2日《厦门晚报》，作者：尧山壁)

第2课　陶醉壶口

课文练习

一、根据课文回答问题：

1. 文中作者对瀑布的描写由远及近，请你找出书中描述瀑布声音的词句，并体会用得是否恰当、形象。
2. 站在壶口瀑布前，作者有什么感悟？你觉得"黄河之水天上来"是什么样的境界？请你谈谈你自己的感受。
3. 请你根据课文谈谈壶口瀑布是怎么形成的。
4. 作者为什么说"从今天起，我才成为一个真正的黄河的子孙"？

二、词语辨析与练习：

安静　平静　寂静

这几个词都是形容词，在语义侧重和搭配上有所不同。

"安静"指周围环境没有声音，无吵闹，还可以用来表示人"静"的性格和特点。例如：

(1) 教室里很**安静**。
(2) 孩子**安静**地坐在椅子上看电视。

"寂静"和"安静"意思差不多，不过它强调特别静，没有一丁点儿声音，而且"寂静"书面语色彩比较重，口语一般不说。例如：

(3) 小眉喜欢在**寂静**的夜里静静地思考问题。

"平静"通常指水波不翻滚，时局、环境安定、不动荡等，也可表示人的态度不紧张、不激动，还可表示人的心情从动荡不安到安定平和。例如：

(4) 大风过后，水面显得非常**平静**。
(5) 他**平静**地看着考官，一点儿也不紧张。

突然　忽然　骤然

"突然"是形容词，"忽然"、"骤然"是副词，三者都表示迅速而出乎意料。做状语时，"突然"、"忽然"两词基本可以互用，但"突然"更侧重于表示事情的出乎意料，"忽然"则更侧重于表示事情发生得迅速，而"骤然"在程度上比

"忽然"、"突然"深,更强调变化之大和变化之迅速,而且做状语时,"骤然"一般只置于主语后。例如:

(1) 大家在热烈地讨论着,**突然**老板走了进来,办公室里顿时安静了下来。
(2) 门帘**忽然**被掀开了,王宇明恨恨地走了进来。
(3) 人工降雨快要开始时,机舱内温度**骤然**下降,令身着短袖衬衫的记者打了一个寒战。

"突然"还可以做谓语、定语和补语,"忽然"、"骤然"都没有这些用法。例如:

(4) 事情**突然**,我也来不及准备什么。
(5) 面对**突然**的变故,李明有点儿不知所措。
(6) 他走得很**突然**,没有通知任何朋友。

激烈　剧烈

两者都是形容词,都有力量大、气势强的特点,但在具体的语义和搭配上有区别。

"激烈"指动作又快又紧张,常用于形容言论、情绪、比赛、斗争等。如:

(1) 百米赛跑是一项很**激烈**的运动。
(2) 他俩争论得非常**激烈**。

"剧烈"指运动、疼痛、大自然的变化等力量大、程度高、来得急。如:

(3) 地震时,大地**剧烈**地震动着。
(4) 这个病人发高烧,而且有**剧烈**的头痛。

震动　震撼

都是动词,两者都有"使不平静"的意思,但"震撼"主要指心理受到强烈冲击。"震动"还有"颤动"的意思,"震撼"则没有这个意思。例如:

(1) 火车**震动**了一下,开走了。
(2) "桂海"事件在全国旅游界都引起了**震动**。
(3) 这部影片所展示的人与人、人与自然、生与死、善与恶的斗争和冲突,最让观众**震撼**。

气势　气概

两者都是名词，都有"表现出来的某种声势"的意思，但在词义侧重、色彩和搭配对象上都有不同。"气势"主要用于事物，表现的是事物所表现出来的力量或声势。有时也可用于人，但常表现出贬义色彩，如"气势汹汹"、"气势吓人"等，只有和"威严"、"威武"等词结合时才没有贬义。例如：

（1）万里长城**气势**雄伟。

（2）我们比的是技术、能力，不要以**气势**压人。

（3）贩毒分子被边防战士的威严**气势**震慑住了。

"气概"主要用于人，表示的是在面临重大问题或危险局面时表现出来的态度、举动和精神，具有褒义色彩。例如：

（4）在洪水面前，解放军战士们表现出了一种大无畏的英雄**气概**。

（5）不畏艰险，勇往直前，这是军人应有的**气概**。

辨析练习

选词填空：

> 安静　平静　寂静　突然　忽然　骤然
> 激烈　剧烈　震动　震撼　气势　气概

1. 在嘈杂的大城市呆久了，我真想找个_____的地方休息几天。

2. 听了英雄们的事迹，同学们激动得心久久不能_____。

3. 在_____的夜晚，能听到的只有公路上依稀的过往车辆声和队员拍打蚊虫声。

4. 她是一个那么美丽那么_____的女孩子。

5. 俄外交部强调，重要的是应使事态_____下来，绝不能让极端势力乘机破坏局势稳定。

6. 昨天中午，暴风雨_____而来。

7. 在国奥队的动员大会上，国奥队的队员和众多记者都被王圣的_____出现惊呆了。

8. _____，狂风大作，豆大的雨点落了下来。

9. 刑警小白将自己与小偷铐在一起，谁料小偷_____跳崖，小白也从30多米高的悬崖坠下。

10. 两个队实力相当，因此场上的比赛进行得十分_____。

11. 在酷热的天气下连续_____运动数小时以上，大部分人都会受不了。

12. 在太平洋海啸的图片展上，每一张照片都令人_____。

13. 这些举措在公司内部引起的_____很大，如何实现这些举措是个挑战性很大的工作，要说服很多人。

14. 这部作品兼具生活中细腻的悲伤感，具有_____人心的魅力，是一部感人至深的史诗。

15. 铝合金技术减轻了重量，带来的好处是发动机的自身_____不会很明显。

16. 天安门是一座_____雄伟的建筑。

17. 他们面对歹徒毫不退却，显示出了人民警察的英雄_____。

18. 一进门，他就_____汹汹地喊起来了。

19. 今年，将是十分困难的一年，我们必须拿出大无畏的_____，迎难而上，为全面完成今年各项工作任务而努力。

20. 舞台宽约170多米，高约35米，庞大的布景真实再现了紫禁城的恢弘_____。

三、语法讲解：

1 到壶口看瀑布去！

"看瀑布去"是一个连动句（VP+去），"去"在这里读轻声，是虚化了的动词，动作性减弱，主要表示趋向，口语中常见。这个句子我们还可以转换成"去看瀑布"（去+VP），意思基本不变，但在这儿"去"读原来的声调，"去"在这儿有很强的动作性。

需要注意的是，虽然在口语中以"去"构成的这两种连动句常常能相互转换，但是以下情况是不可以转换的：

(1) 如果动词后出现了补语，那么就不能转换成"VP+去"的形式。例如：
你**去**叫上他。　　＊你叫上他**去**。
(2) 如果套有"把"字句，也不能转换成"VP+去"式。例如：
去把衣服洗干净。　　＊把衣服洗干净**去**。
(3) "去"后有处所宾语时，不能转换成"VP+去"式，但是可以转换成"去+VP+去"。例如：
我**去**教室看书。　　＊我看书**去**教室。
我**去**教室看书。　　→我去教室看书**去**。

2 只见滚滚黄水从高高的崖头跌落下来，挟风带雨，雷霆万钧，溅起的水雾飘散在空中，蒸云弥漫，仿佛从水底冒出滚滚的浓烟。

"仿佛"，动词，好像，似乎，多用于书面语。
(1) "仿佛"后可加名词短语。例如：
① 他穿着有很多洞的绿色衣服，**仿佛**人猿泰山，既时尚，又现代。
② 从山上望下去，脚下60米的地方是教练缩小成一点儿的身影，我**仿佛**一个误入小人国的巨人。
(2) "仿佛"后可加形容词短语。例如：
① 他的脸很苍白，**仿佛**很难受。
② 这些"流浪歌手"拉着二胡，背着大音箱，**仿佛**很专业。
(3) "仿佛"后可加动词短语。例如：
① 走下银幕的陈向**仿佛**生活在人们的视野之外。
② 金戈铁马、战火纷飞的雄壮景观**仿佛**又一次出现在我面前。

3 任飞溅的水花淋**个**痛快。

"个"，用在动词的后面，说明动作的情况和结果，作用与助词"得"相近。格式为：动＋个＋形／动。例如：
(1) 我要去找他问**个**明白。
(2) 这几天他天天加班，几乎累**个**半死。
(3) 她很爱笑，常常笑**个**不停。

4　壶口以下的河槽很窄，不过一二十米，水急浪高，槽深流远，当地人称"十里龙槽"，相传是大禹治水的时候用龙身穿凿而成。

"不过"，副词，意思相当于"只"、"仅仅"，指明范围，含有往小处说的意思。例如：

目前，西安保存下来的传统民居**不过**三十几处。

另外，"不过"还有以下用法：

(1) 连词，用在后半句的开头，表示转折。例如：

　　① 这件衣服很漂亮，**不过**面料不太好。

　　② 这个病人的身体已经恢复了，**不过**胃口还是不太好。

(2) 用在形容词性短语后或双音节形容词后，表示程度最高。例如：

　　① 休息两天对我来说，是件再好**不过**的事了。

　　② 他这个人再老实**不过**了。

(3) 与形容词或"比"一起使用，有"不超过"的意思，表示比较。例如：

　　① 这种飞机虽然快**不过**战斗机，但已足够完成几乎所有的民用航空任务。

　　② 二手房的交易量还比**不过**一手房，但其选择性大的优势，也已经得到了越来越多购房者的认同。

语法练习

(一) 判断正误，并改正错误的句子：

1. 我一定问清楚去。
2. 晚上我们看电影去。
3. 我打球去球场。
4. 我把鸡杀了去。
5. 他去我家喝酒去了。
6. 我打了一会儿排球去。

(二) 为句中下面的词语选择合适的义项：

不过：A. 表示"只"、"仅仅"　　B. 连词，表示转折
　　　C. 表程度最高　　　　　D. 表比较

(　) 1. 最早参加这个小团体的人不过四五个人，最多的时候从没有超过十二人。
(　) 2. 俗话说，计划快不过变化。
(　) 3. 这次比赛汪明得了冠军，不过他并不骄傲。
(　) 4. 我们班学习最好的同学，这次考试也就不过75分。
(　) 5. 你明天能来真是再好不过了。
(　) 6. 只怕有些疏于锻炼的中年人还比不过我呢。
(　) 7. 麦克今天有点儿不舒服，不过他还是来上课了。
(　) 8. 小王做这个工作真是再合适不过了。

(三) 完成下列成语：

雷霆____　　迫不____　　不寒____　　扑朔____
目__口__　　____无存　　花__锦__　　聚__会__

(四) 选词填空：

　　　仿佛　迸射　陶醉　境界　领悟　弥漫　平淡无奇

1. 香奈尔为顾客示范帽子的戴法，使一种原本_____的帽子变得又可爱又洋气。
2. 将心比心，以心换心，这是心灵交流与碰撞的最高_____。
3. 演唱会结束了，但是一些歌迷仍然拥挤在场地周围，似乎还_____在美妙的音乐中。
4. 卡通人物在这些自然环境中完成成长的经历，带给小朋友欢乐的同时也让他们_____人生的道理。
5. 白天，大街上没有一个人影，_____一座百年空城。
6. 这辆车汽油外漏情况十分严重，车辆周围_____着刺鼻的气味。
7. 突然，一声闷响传来，一团火球从库房门内_____而出，蹿起8米多高。

字词扩展练习

仿照例子组词，并从中选择10个词造句：

例				
突然	___然	___然	___然	___然
寂静	___静	___静	___静	___静
强烈	___烈	___烈	___烈	___烈
巨岩	巨___	巨___	巨___	巨___
雷声	___声	___声	___声	___声
厚重感	___感	___感	___感	___感
淋个痛快	___个痛快	___个痛快	___个痛快	___个痛快

阅读扩展及泛读练习

副课文

白水江漂流

　　青山、绿水、蓝天、白云，又是一个适合旅游的季节！恰逢"五一"长假，忙不暇地打点行囊，邀上几位好友，一起到甘肃省文县的白水江来了一次木筏漂流。

　　一天的旅行充实而愉快，傍晚时分抵达文县的东峪口。我们很快在白水江边搭起野营帐篷，点燃篝火，搭灶、做饭、吃饭，围坐在篝火旁说笑弹唱，温暖而快乐。

　　夜里下起了小雨，淅淅沥沥的小雨无声地滋润着大地，正所谓"润物细无声"。帐篷里温暖而舒适，白水江的水声，森林的哗哗声，在静静的夜里竟也温柔起来。舒适地享受着乡间的静谧，又安然地沉入了梦乡。阵阵的鸡鸣打破了清晨的宁静。伸伸懒腰，深深吸一口乡间的清新空气，心情很快舒畅起来。在白水江边洗漱完毕，我们一起四处走走，难得体验乡间的青山绿色，对下午要进行的漂流也开始期待起来。

下午，终于可以开始漂流了。大家收拾好行囊，穿好救生衣，欢快地跳上了木筏。由粗大楠木扎成的木筏每次可以乘坐6名游客，前后有两名筏工掌握着木筏前进的方向和速度。

河道时宽时窄，江水时而湍急，时而平静。河流湍急时，木筏竟似脱弦之箭飞快地向前冲去，每个人的心都提到了嗓子眼，神经绷得紧紧的，幸有两端筏工灵活掌握着木筏前进的方向和速度，有惊而无险。而到河道宽阔处，木筏则静静地漂在江面上，如处子般"凌波微步"。我们便可以利用这难得的时间欣赏两岸的美景，甚至还可以在木筏边从江中掬一捧江水，将双脚浸于水中，零距离地体验白水江的清凉舒适。

这时筏工突然扯起嗓子唱起了当地的民歌，歌声粗犷而动听，歌词赤裸而热烈，我们听着，慢慢地附和起来，紧绷的神经慢慢松弛了下来。大约过了一个半小时，结束了全程8公里的漂流。上岸后我们仍兴奋不已，心仍然在怦怦跳个不停，彼此交流着新鲜刺激的感受，为参加这项时尚的旅游体验而兴奋不已，遗憾的是漂流路程太短，有点儿不尽兴。

漂流是勇敢者的游戏，智慧与勇气的历程。人生之路或许恰如漂流之过程。你无法预见前方是什么样子，或许阳光灿烂，或许阴云密布，但是只要掌好人生之舵，生命之船就会快乐前行！同时，不要忘记欣赏生命中的美景！

（据2005年6月21日《厦门晚报》，作者：边海涛）

请简要回答下列问题：

1. 开始漂流前，"我们"的心情怎么样？为什么？
2. 为什么说在河流湍急时，漂流给人的感觉是"有惊无险"？
3. 这次漂流有什么让"我们"兴奋的地方，又有什么让"我们"遗憾的地方？
4. 为什么说"人生之路或许恰如漂流之过程"？

第3课　融水大苗山情歌伴婚俗

生　词

	注音	词性	释义
1. 情歌	qínggē	名	表现男女爱情的歌曲。
（1）土家船工个个有副好歌喉，嘹亮的号子和悠扬的情歌总能赢得游客的阵阵掌声。			
（2）歌曲多为情歌，旋律简约，演唱自然流畅。			
2. 伴	bàn	动	陪伴；陪同。
（1）一本好书可以伴人一生。			
（2）他在新年演唱会上伴唱。			
3. 婚俗	hūnsú	名	有关婚姻的习俗。
（1）不同的民族有不同的婚俗。			
（2）如今的婚俗跟古代有很大的差别。			
4. 寨	zhài	名	四周有栅栏或围墙的村子。
（1）她带着心爱的相机，走过了西南的一村一寨。			
（2）在贵州省山区的一座苗寨里，我见过这样一位母亲。			
5. 茂密	màomì	形	（草木）茂盛而繁密。
（1）小溪边有一片茂密的竹林。			
（2）图书馆前是一片茂密的树林。			
6. 绿油油	lǜyōuyōu	形	形容浓绿而润泽。
（1）田地里到处都是绿油油的麦苗。			
（2）鹦鹉一身绿油油的羽毛，真叫人喜欢。			

新 汉语高级教程（下册）

	注音	词性	释义
7. 未婚	wèihūn	动	没结婚。

(1) 他一生未婚，生活非常简朴。
(2) 这两篇小说的主人公都是因战争致残的未婚青年。

8. 异性	yìxìng	名	性别不同的人。

(1) 不久，李伟便收到很多异性来信，要同他建立恋爱关系。
(2) 在瑞典，男女讲究平等，异性之间的交往相当开放。

9. 社交	shèjiāo	名	指社会上人与人的交际往来。

(1) 中国是礼仪之邦，注重社交礼仪是中国的传统和特色。
(2) 这是一座供当地青年读书、社交和娱乐的现代化建筑。

10. 四季	sìjì	名	春、夏、秋、冬四个季节，每季三个月。

(1) 一幢幢新建的楼房拔地而起，四季常青的热带树木，摄入镜头宛如一幅风景画。
(2) 每个独立值勤的部队都有一两个塑料大棚，使部队基本实现了蔬菜自给，一年四季都能吃上新鲜蔬菜。

11. 伴奏	bànzòu	动	歌唱、跳舞或独奏时用器乐配合。

(1) 三个能歌善舞的青年在音乐的伴奏下跳着欢快的舞步。
(2) 歌舞团体不再使用乐队演奏与伴奏，因为歌手演唱都是先期录音的。

12. 爱慕	àimù	动	喜爱倾慕；喜欢羡慕。

(1) 12月15日，他给陆若冰写了一封信，表达了自己对陆若冰的爱慕之情。
(2) 他并不是一个爱慕虚荣的人，所以不喜欢在别人面前炫耀。

13. 从小	cóngxiǎo	副	从年纪小的时候。

(1) 他从小就爱运动。
(2) 我从小长在河边，可以说是吃鱼长大的，懂得一点儿这方面的知识。

14. 会心	huìxīn	动	领会别人没有明白表示的意思。

(1) 他的脸上露出了会心的微笑。
(2) 王老师会心地笑了一笑，就走出教室去了。

15. 许久	xǔjiǔ	形	很久。

(1) 大家讨论了许久，还是没有什么结论。
(2) 盼望了许久的兰州人终于在"三九"的第一天迎来了漫天瑞雪。

	注音	词性	释义
16. 缠绵	chánmián	形	婉转动人。

(1) 她的歌声柔和缠绵。
(2) 这个缠绵动人的爱情故事如今被拍成了电影。

	注音	词性	释义
17. 回旋	huíxuán	动	绕来绕去地活动；可商量。

(1) 飞机在空中回旋着。
(2) 留点儿回旋的余地，别把话说死了。

	注音	词性	释义
18. 上空	shàngkōng	名	指一定地点上面的天空。

(1) 接受检阅的机群在天安门上空飞过。
(2) 气球顺利地跨越大西洋，穿过地中海，并于美国东部时间四日下午三时飘到黑海上空。

	注音	词性	释义
19. 观	guān	动	看。

(1) 我们去海边观日出。
(2) 缆车观景，别有一番风味。

	注音	词性	释义
20. 习俗	xísú	名	习惯和风俗。

(1) 我们要尊重少数民族的习俗。
(2) 中国是礼仪之邦，拜年贺节、礼尚往来的习俗由来已久。

	注音	词性	释义
21. 壮观	zhuàngguān	形	景象雄伟。

(1) 用数不清的红旗装饰起来的长江大桥，显得格外壮观。
(2) 记者看到了工地壮观的景象。

	注音	词性	释义
22. 高手	gāoshǒu	名	技能特别高明的人。

(1) 在深山寺庙里，经常隐藏着不少武林高手。
(2) 今天晚上，两个围棋高手将再度交锋。

	注音	词性	释义
23. 盘问	pánwèn	动	仔细查问。

(1) 再三盘问，他才说出实情。
(2) 警察进行了严厉的盘问，要他交代为何要帮助这个逃犯。

	注音	词性	释义
24. 古往今来	gǔ wǎng jīn lái		从古代到现在。

(1) 古往今来，做大事的人，没有不经历挫折的。
(2) 古往今来，人们总是把许多美好的期待和良好的祝愿寄托给春天。

	注音	词性	释义
25. 时事	shíshì	名	最近期间的国内外大事。
	（1）他经常看报，很关心时事。 （2）每个学生需要写一份时事报告。		
26. 歌手	gēshǒu	名	擅长歌唱的人。
	（1）赛歌会上，歌手如云。 （2）在当地，他是一名小有名气的歌手。		
27. 随机应变	suí jī yìng biàn		跟着情况的变化，掌握时机，灵活应付。
	（1）谁善于随机应变，捕捉住"亮点"，谁就能把生意做活，找到财源。 （2）不懂得玩笑和幽默并不是说一个人缺乏知识，而可能是由于他没有随机应变的智慧。		
28. 欢快	huānkuài	形	欢乐轻快。
	（1）望着小水电站，人们发出了欢快的笑声。 （2）夜幕降临，一阵欢快的乐曲声打破了小镇的宁静。		
29. 安眠	ānmián	动	安稳地熟睡；使人安稳地熟睡。
	（1）随着工作压力的加大，他经常整夜不得安眠。 （2）我这个人啊，工作一紧张，晚上就难以安眠。		
30. 缕	lǚ	量	用于细的东西，重叠后形容一条一条，连续不断。
	（1）一缕白发垂下来，她也不用手拢一拢。 （2）村中炊烟缕缕上升。		
31. 赢得	yíngdé	动	博得；取得。
	（1）精彩的表演赢得全场喝彩。 （2）他认真的工作态度赢得同事们的信任和支持。		
32. 频频	pínpín	副	连续不断地。
	（1）在宴席上，客人们频频举杯，互相祝福。 （2）在地铁里频频得手的小偷已经被警察抓住了。		
33. 光顾	guānggù	动	敬辞，称客人来到，商家多用来表示欢迎顾客。
	（1）半年来，游泳馆已实现收入200万元，情况最好时每天有2000客人光顾。 （2）值得一提的是，光顾批发市场的人中大约一半是市内居民。		

注释词表

生　词	注　音	释　义
1. 融水	Róngshuǐ	地名。
2. 大苗山	Dàmiáo Shān	山名。
3. 自治县	zìzhìxiàn	相当于县一级的民族自治地方。
4. 山寨	shānzhài	有寨子的山区村庄。
5. 皓月当空	hàoyuè dāng kōng	明亮的月亮在天空。
6. 田坝	tiánbà	山脚围绕的平坦农田。
7. 银妆	yínzhuāng	银白色的装饰。
8. 游逛	yóuguàng	游览；为消遣而闲走。
9. 对唱	duìchàng	两人或两组歌唱者的对答式演唱。
10. 山歌	shāngē	流行于中国南方农村或山区，多在山野劳动时歌唱的民间歌曲。
11. 更为	gèngwéi	更加。
12. 火塘	huǒtáng	房间里地上挖成的小坑，四周垒砖石，中间生火取暖。
13. 二弦牛腿琴	èrxián niútuǐ qín	一种琴。
14. 低吟浅唱	dī yín qiǎn chàng	轻轻地唱歌。
15. 如泣如诉	rú qì rú sù	好像在哭泣，又好像在诉说什么。
16. 对歌	duìgē	双方一问一答地唱歌，是一种民间的歌唱形式，多流行于中国某些少数民族地区。
17. 坠入	zhuìrù	落入，掉进。
18. 情网	qíngwǎng	像网一样不能摆脱的爱情。
19. 两情相悦	liǎng qíng xiāng yuè	男女双方彼此喜欢对方，觉得在一起很愉快。
20. 村野	cūnyě	乡村和田野。

生　　词	注　　音	释　　义
21. 火把	huǒbǎ	用于夜间照明的东西。
22. 迎亲	yíngqīn	旧俗结婚时男家用花轿鼓乐等到女家迎接新娘。
23. 呜嘤	wūyīng	拟声词。
24. 芦笙声	lúshēngshēng	苗、侗等少数民族的管乐器发出的声音。
25. 屯寨	túnzhài	四周有栅栏或围墙的村子。
26. 通明	tōngmíng	十分明亮。
27. 歌卡	gēqiǎ	需要对歌才能通过的关卡。
28. 应答如流	yìng dá rú liú	形容回答得很流畅。
29. 方许	fāngxǔ	方才允许。
30. 即兴	jíxìng	对眼前景物有所感触，临时发生兴致而创作。
31. 脱口而出	tuō kǒu ér chū	不加考虑，随口说出。
32. 应对	yìngduì	回答。
33. 笙歌	shēnggē	泛指奏乐唱歌。
34. 洞房	dòngfáng	新婚夫妇的房间。
35. 稍事	shāoshì	稍微。
36. 循声	xúnshēng	跟着声音。
37. 轻歌曼语	qīng gē màn yǔ	轻松愉快的音乐和柔和优美的话语。
38. 互诉衷肠	hù sù zhōng cháng	互相倾诉内心的话。
39. 五彩	wǔcǎi	多种颜色。
40. 丝绒	sīrōng	用蚕丝和人造丝为原料织成的丝织品。
41. 羞红	xiūhóng	害羞而脸红。
42. 回赠	huízèng	接受赠礼后，还赠对方礼物。
44. 绣花	xiùhuā	绣出图画或图案。
44. 绑带	bǎngdài	绑腿的布带。
45. 刷啦	shuālā	拟声词。

生词	注音	释义
46. 搅动	jiǎodòng	用棍子等在液体中翻动。
47. 相中	xiāngzhòng	看中。
48. 纳客	nàkè	接纳来客。
49. 通宵达旦	tōng xiāo dá dàn	从天黑到天亮。

课文　融水大苗山　情歌伴婚俗

阅读提示：本文讲的是在广西融水苗族自治县大苗山苗瑶侗族区里，不少山寨至今还保留着的那些古老的婚俗。通过学习本课可以了解中国少数民族的婚俗习惯及其特有的文化。

在广西融水苗族自治县大苗山苗瑶侗族区里，不少山寨至今还保留着那些古老的风俗。

元宝苗寨听"坐妹"

到元宝苗寨已是晚上7时。皓月当空，茂密的山林和绿油油的田坝披上一身银妆。只见孩子们欢叫奔跑，小伙子三五成群在寨街上游逛。他们是"坐妹"去的。

未婚的苗家男青年，晚上都可以去姑娘家对唱山歌，自由地谈情说爱，苗家把这种传统的公开寻找异性朋友的社交活动，称为"坐妹"或"坐寨"。"坐妹"不受时间限制，一年四季均可，逢年过节更为普遍。

我们走进一座木楼，只见火塘边正围坐着十多个男女青年。一位小伙子拉起二弦牛腿琴，一个姑娘则吹着苗笛伴奏。小伙子和着苗笛和琴声低吟浅唱起"单身苦"。唱着唱着，琴声笛声变了音，小伙子的歌变了调，一个姑娘和小伙子对唱起来了，如泣如诉。接着，其他人也纷纷对唱。为我们做向导的老贾说，要经过几十次甚至数百次的对歌，才能相互了解。即使有了爱慕之心，但对歌是不能停的。所以，苗家人从小就学歌，不会唱歌的年轻人，连对象也找不着。

我们又走向另一户，推门而入，只见一对男女在会心地对唱着，我们走进去，他们好像不知道，仍在一唱一答。许久，老贾说，双方都已坠入情网。苗家男女青年以"两情相悦"作为他们挑选对象的标准。

这一晚，从村头至村尾，从木楼里传出的缠绵歌声不停地回旋在村野上空……

锦洞苗寨观"夜娶"

在锦洞苗寨有"夜娶"、"夜嫁"的习俗。我们正好赶上岩罗老人儿子的婚礼。

女家发亲一般都在深夜，我们也跟着男家的火把队伍去女家迎亲。

火把是壮观的，近30人的迎亲队伍，随着"呜嘤—呜嘤"的芦笙声到达新娘家的小河屯寨。寨脚下已是灯火通明，但寨门紧闭，设有道道"歌卡"。迎亲队伍每进一道寨门都要对歌，一盘一对，应答如流,方许通过。进了寨,新娘屋里的对歌高手又即兴盘问,古往今来,天文地理,时事政策,随意编成,脱口而出。迎亲的男家歌手则随机应变,巧妙应对。

在欢乐的歌声中,女家宣布发亲。新娘由女伴陪同,在热烈欢快的笙歌中上路了。

迎亲队伍回到男方家。新娘入洞房稍事休息,吃完"半夜饭"后,又开始对歌。新娘和女伴在房里,新郎和男伴在门外,互相对唱,一直唱到早晨。

夜访瑶族"探婚房"

在瑶寨的日子里,我每晚都不能安眠,常常被缕缕歌声唤醒。那一天,我循声找去,发现一家房屋的墙上有个大碗口大小的洞,屋内正有一对男女青年在火塘边轻歌曼语,互诉衷肠。唱着唱着,小伙子将一包五彩绣衣丝绒赠给姑娘,姑娘收下,满脸羞红地回赠了一双绣花绑带。接着,两人又缠绵地唱了起来……

这时,在另一家木楼下,我见有人用一截小竹棍往墙里插去,刷啦刷啦搅动着,一会儿,从洞口处跟里面说些什么。接着一个姑娘开门把他接进去了。

我把这个发现回来一说,村长笑着对我说,这儿每家都有侧房,是专为女儿盖的"探婚房"。墙上留个洞,叫"探婚洞",正对着床头。女儿长到十七八岁,就住进去,如果哪个小伙子相中这家姑娘,深夜时用竹棍在洞内轻搅。姑娘闻声起坐,隔着小洞与小伙子悄悄说话,如果满意,就开门纳客,自然会通宵达旦歌唱。

村长还说:"探婚洞有大有小。瑶家恋爱自由,漂亮姑娘能赢得更多小伙子的频频光顾,自然,洞也越掏越大。"

(据2004年11月13日《人民日报》海外版,作者:徐如风)

课 文 练 习

一、根据课文回答问题:
1. 根据课文,苗族的"坐妹"是指什么?
2. 在苗家,如果一个年轻人不会唱歌,他将来可能会有什么结果?
3. 在锦洞苗寨有"夜娶"、"夜嫁"的习俗,具体情况是怎么样的?
4. 在瑶寨,为什么每户人家房屋的墙上都有一个洞?
5. "探婚洞"的出现,体现了苗家什么样的恋爱观?

二、词语辨析与练习:

爱慕　倾慕

"爱慕"与"倾慕"都是动词,都有心里喜爱的意思。

"爱慕"指由于喜爱或敬重而愿意接近,侧重在喜爱;语义较轻;适用范围广,适用对象可以是人,也可以是美好的事物,有时还可以是思想意识;可用于书面语和口语;一般不受程度副词修饰。例如:

(1) 孩子**爱慕**虚荣,多半与父母有关。

"倾慕"侧重强调一心向往,把爱全部倾注,语义较"爱慕"重;适用范围较窄,只能用于人;一般用于书面语;可受程度副词修饰。例如:

(2) 年轻的胡松对梁山泊的英雄好汉流露出十分**倾慕**的神情。

随意　随便

"随意"与"随便"都有不受拘束、不加限制的意思。

"随意"是动词,侧重于任凭自己的意愿;经常做状语;不能重叠。例如:

(1) 大家别客气,请**随意**点菜。

"随便"作为形容词,侧重于不在范围、数量等方面加以限制,怎么方便就怎么做;能重叠成AABB式。例如:

(2) 他说话很**随便**,你千万别在意。
(3) 写文章不能**随随便便**,要对读者负责任。

"随便"还可用做连词,表示无论、不管的意思,后面跟名词或小句;用于口语,表示在任何情形下都不会改变;句子里常有表示选择关系的并列成分;句中常用"也、都、总"等词呼应。例如:

(4) **随便**什么书,他都喜欢翻一翻。

(5) 真也好,假也好,**随便**你说什么,我一概不信。

"宣布"和"宣告"都是动词,都有公开正式告诉的意思。

"宣布"侧重在将事情公开,让大家知道;可用于重大事情或决定,也可用于一般的情况或安排;主语是人,不能是事件或其他情况;"宣布"的内容一般带有约束性,甚至有强制意味;可用于口语和书面语。例如:

(1) 校长在会上当众**宣布**了对他的处理结果。

"宣告"强调郑重、严肃地宣布;主语可以是人,也可以是某一事件或情况本身;"宣告"的内容大多比较抽象;多用于书面语。例如:

(2) 1949年10月1日,毛主席在天安门城楼上**宣告**了中华人民共和国成立。

(3) 蒸汽机的发明**宣告**人类历史步入新时代。

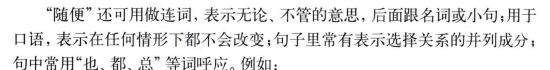

选择填空:

爱慕　　倾慕　　随意　　随便　　宣布　　宣告

1. 她怎能就和所有的人一样,一样地,这样被_____塑造!

2. 审判长_____依据《中华人民共和国婚姻法》第二十五条规定的精神,判决不准离婚。

3. 我_____张璐,就像一个人_____自己年轻的照片。

4. 说到这里,他突然从炕沿上溜下来了,三步并作两步奔到锅台边,双手挡住准备做饭的玉兰,嘴里连连说:"好大嫂哩,不要做了,你_____拿点儿干粮我吃两口就行。"

5. 马锐不止一次发现，当父亲和齐怀远相对而坐说话时，父亲的表情是轻松的、怡然自得的，说话的口吻也相当亲密无间，甚至带有几分调情和_____。

6. 正当我已灰心失望，_____敲击键盘并准备退出的时候，突然发现一扇"柴扉"悄然而启。

7. 她正是那个我_____已久的女孩儿，在学校宣传队跳舞，我实在很喜欢她娇羞动人的神态。

8. 新郎说："这可真是喜上加喜，让我也觉得吉利。"然后转身便向公众_____。一时间李亚周围掌声四起，并伴随着哇哇的尖叫和欢呼。

9. 要是仅此一点也罢，不幸的是，这对相互_____的生活伴侣，在事业上却不相互理解。

10. 因为双方都同意，所以离婚手续办得很顺利。一张纸片_____了一个家庭的解体。

11. 书你念不念的也没关系，想在美国呆下，就_____再去念点儿什么实用的专业，或干脆找工作算了。

12. 伴随着这些夸海口的吆喝，国营旅馆介绍处的大喇叭也在一阵阵雄壮的进行曲之间郑重_____："非经本处介绍……产生的一切后果，本处概不负责！"

13. 芭蕾舞也好，民族舞也好，_____什么舞蹈他都爱看。

14. 当时，我正在和我过去十分_____的一个女同学聊天，她刚离了婚，不那么清高了。

15. 可肖济东这算什么？这不明摆着向世界_____：大学老师还不如一个司机吗？别的毕业生见如此这般还肯来大学教书？

16. 两天以后，兵兵的病完全好转了。当主任医生查完病房，_____这孩子一切恢复了正常时，高广厚和刘丽英都忍不住咧开嘴笑了。

17. 我_____飘荡着，几乎忘记了自己进入网络的目的。

三、语法讲解：

1 一位小伙子拉起二弦牛腿琴，一个姑娘则吹着苗笛伴奏。

　　量词"个"、"位"和"名"都可以与指人的名词配合，"个"是中性词，有时含贬义；"名"也是中性词，有时含褒义；"位"总含尊义。如"一个/名/位教师（战士）"、"一个/名学生（士兵）"、"三名/位来宾"。表示职业或人们在社会、组织中身份、职位的名词可以与它们分别配合，如"博士、大夫、工人、同学、服务员、飞行员"等。有的名词能分别与"个"、"位"配合，但不能与"名"配合，如"阿姨、姑娘、客人、模范、朋友、师傅、先生、作家"等。有的名词能与"个"、"名"分别配合，但不能与"位"配合，如"帮手、帮凶、标兵、角色、士兵"等。

　　"个"是物量词中用得最为普遍的。"个"不仅可以与指人名词配合，而且可以与非指人名词配合，如"办法、本子、蚊子、村子、盖子、故事"等。单就与指人名词配合而言，也有一些是能用"个"，而不能用"位"和"名"的，如"孩子、家伙、骗子、强盗、亲戚、人、傻子、小偷"等。这些名词有两种：一种是普通的指人名词，不表示人的职业或职位，如"孩子、人、亲戚"等；另一种是表示不受欢迎的人，如"骗子、强盗、小偷"等。

　　能与"位"配合但不能与"个"、"名"分别配合的名词很少，如"来宾"。

　　一般说来，与指人名词的配合，"个"的适用范围最广，只要是指人的个体名词都可以与"个"配合；与"名"配合的名词表示的多是某个集体、社会组织中的成员；名词与"位"配合多表示对名词所代表的人物的尊称。"位"不与"孩子"配合，但可以与"老人"配合，正是对"老人"的敬称。另外，"个"可以重叠，如"个个"、"一个个"，表示"每一个"；而"位"和"名"一般没有重叠形式。

2 即使有了爱慕之心，但对歌是不能停的。

　　"是"是个特殊的动词，形式上它是谓语的一部分，但是实质上它不是谓语的主要部分，谓语的主要部分最常见的是名词短语，其次是"的"字短语，也可以是动词以及其他形式。

(1)"是"+名词短语。这种句子除表示等同和归类关系外,还允许谓语动词和主语名词不相应,用来表示别种联系。例如:

① 王老师是我们的语文老师。(等同)

② 槐树是豆科植物。(归类)

③ 这个字是什么意思?(=这个字的意思是什么?)

④ 他是个慢性子,你不要计较。(=他的性子慢,你不要计较。)

(2)"是"+"……的"。有的句子里的"……的"可以理解为省掉一个名词(可是事实上从来不说出来)。另外一些句子不能这样理解,只是在一般句子里加进去"是……的",表示肯定的语气。例如:

① 我的词典是新的。

② 你这样做是很好的。

(3)"是"+动词/形容词短语。这种句子比没有"是"字的语气重些,有时候带有申辩的意味,常常由并列的两个小句组成。例如:

① 我不是不管,我是管不了。

② 这两遍都念得不太好,第一遍是太快,第二遍是太慢。

(4)"是"+介宾短语,"是"+连词+小句。这种句子突出"是"字后边的部分。例如:

① 我第一次认识他是在一个座谈会上。

② 我昨天没去是因为家里来了客人。

(5)"是"+小句。整个句子做谓语,"是"字前边没有主语。这种句式的作用在于强调。例如:

① 是谁把窗户打开的?

② 不是我不管,是我管不了。

总的来说,"是"字的基本作用是表示肯定。名词谓语句里经常用"是"字,因而肯定的意思就冲淡了,好像只有联系的作用了。名词谓语句以外的句子,因为一般不需要用"是"字联系主语和谓语,用了"是"字就突出它的肯定作用,也就是加强了语气。

2 新娘由女伴陪同,在热烈欢快的笙歌中上路了。

"由"用做介词,主要有以下用法:

(1)引进施动者,跟名词组合。代表受动者的名词或在前做主语,或在动词后做宾语。例如：

① 运输问题**由**你们解决。／**由**你们解决运输问题。

注意："由"用做动词，重音在"由"上；用做介词，重音在后面的名词上。比较：

② 花色很多，＇**由**你挑选。（动词，表示不加限制）

③ 花色样式，**由**＇你决定。（介词，引进施动者）

(2) 表示方式、原因或来源。跟名词、动词组合。例如：

① **由**感冒引起了肺炎。

② 原子核**由**质子和中子组成。

(3) 从。

1) 表示处所起点或来源。跟处所词语组合。例如：

① **由**会场出来。

② **由**学生中间选出十名代表参加比赛。

2) 表示时间起点。跟时间词语组合。例如：

① **由**早上八点到晚上八点。

3) 表示发展、变化、范围的起点。跟名词、动词、形容词组合。例如：

① **由**新手到高手需要不断训练。

② **由**不懂到懂。

③ 晚霞**由**深红变成淡紫。

4) 表示经过的路线、场所。跟处所词语组合。例如：

① 参观博物馆请**由**东门入场。

5) 表示凭借、根据。跟名词组合。例如：

① **由**试验结果看，效果很好。

一般来说，用"从"的地方都可以用"由"，但是"从"比"由"更加口语化。"自"和"打"都可以表示处所或时间的起点，"打"多见于北方口语，"自"多用于书面语。"自从"只表示时间的起点，而且只能用于过去。

语法练习

（一）把下列句子改写成"是"字句：

1. 我真的不知道这件事，所以我不能告诉你什么。
2. 小李虽然来过了，可是你要的东西没有给你带来。
3. 小王的那篇论文写得确实好，难怪得了优秀论文奖。
4. 无论学习什么都应该做到：懂了就说懂了，不懂就说不懂，不要装懂。
5. 这是一座花园城市，走到哪里，哪里都有花草。

（二）把下列各句中不正确的句子改正过来：

1. 这本汉语书是老师不是？
2. 这本词典是你吗？
3. 这件黑色的衬衫是新，那件白的是旧。
4. 您以前是过我们老师，现在是还我们的老师。
5. 以前你是没是这个学校的学生？

（三）选词填空：

由　从　自　打　自从

1. ＿＿＿今以后，我们应该保持联系。
2. 这一句话引＿＿＿《鲁迅全集》。
3. 这个剧团＿＿＿二十名演员组成。
4. ＿＿＿古以来，这里就是一个繁华的地方。
5. 这项科研工作＿＿＿王教授负责。
6. 事情还得＿＿＿他们结婚时说起。
7. ＿＿＿此可见，我们原先的分析是对的。
8. 玛丽＿＿＿来中国以后，汉语水平提高得很快。
9. ＿＿＿养蚕的季节来说，有春蚕、夏蚕、秋蚕之分。
10. 花瓶里的花是＿＿＿哪儿掐来的？

（四）在下列横线上填上量词"个"、"位"或"名"：

1. 他慢慢地把那几___姑娘一___一___地打量了一番，然后指着其中的一___说："我想你可能会跳舞！"
2. 然而更使我惊讶的是下面朋友向我介绍的一段生活插曲：事情发生在一___教授的家里。
3. 的确，她们___ ___年轻漂亮，没有一___超过22岁。
4. 曼迪说："我父亲是___尼日利亚人而我母亲是英国人，虽然我像托马斯一样是___英国人，但我的皮肤是深色的。"
5. 42天以后，意大利突击队员以迅雷不及掩耳之势，冲进了米兰市附近帕多瓦城里的一座公寓，使这___美国将军重获自由。
6. 今年还将有十多人被处死，其中包括安哥拉监狱死牢里27___死犯中的几___人。
7. 希拉里是全美百___优秀律师之一，切丽在1985年就被任命为具有极高荣誉的玉宝法律顾问团成员。
8. 由于他仍然是___没有护照的逃犯，意大利官员不得不为他伪造一份证明。
9. 哥儿几___聚在一起，各色西服潇洒无比，只是衬衣领下空空荡荡，就像一幅幅忘盖朱印的水墨画。
10. 打电话者在为第一分钟付2美元后，随后就能听到另一___"忏悔者"的"坦白"，代价是每分钟45美分。
11. 当她第那次聚会看到美丽的大草原时，她就像___天真的孩子一样，大声地尖叫起来。
12. 不久前的那次聚会，有49___男士和39___女士参加。
13. 今年，两___双胞胎共同分享一块大奶油蛋糕来庆祝他们的生日。
14. 八___被告被法庭出示的确凿无疑、自己亲自"签名"的文件弄得目瞪口呆，难以申辩。
15. 特工机构掌握有26000___可疑分子的档案。
16. 新老两___总统就在这种不愉快的气氛里开始了交接工作。
17. 一时的犹豫竟又害死了一___天真无邪的孩子，他仿佛觉得自己也是___凶手，内心痛苦万分。
18. 目前，这家只有600___职工的企业，98%的产品用于出口，年销售额达5亿美元。

19. 布劳迪内心悲愤万分，不过半天的时间，两____活生生的人竟在他的眼皮底下被鲨鱼所害。
20. 事后这____教授解释道："在我们这个社会里，子女能对父母坦诚相见，当父母的就得尊重他们的自由。"

字词扩展练习

仿照例子组词，并从中选择10个词造句：

绿油油	红____	绿____	蓝____	金____
	灰____	黄____	黑____	白____
异性	____性	____性	____性	____性
推门而入	____而____	____而____	____而____	____而____
一唱一答	一__一__	一__一__	一__一__	一__一__
歌手	____手	____手	____手	____手
村长	____长	____长	____长	____长

阅读扩展及泛读练习

副课文

中秋佳节话婚俗

"八月十五这天，月下老人会抛出无数红线，把一对对青年男女拴在一起。"曾客居云南等地的四川人唐晓茂，向记者讲起了一个在中国流传千年的动人传说：农历八月十五是中国人的中秋节，这天晚上，中国各地不同民族的青年男女，都有在皎洁月光下寻找意中人的风俗。

第3课　融水大苗山　情歌伴婚俗

云南西双版纳是"中秋拜月"。傣族青年男女在"泼水节"寻到意中人后,"中秋节"双双行个"拜月礼",以求婚姻美满。这天小伙子打猎,姑娘捕鱼。晚上全家人围坐竹楼平台之上,把猎物做的菜肴摆在餐桌上,餐桌四个角上各摆一个糯米圆饼,象征四海升平。长辈点燃冷香,小伙子对空鸣放火枪,情侣开始跪拜月神,然后围坐饮酒赏月至天明。

云南大理是"漂烛求偶"。白族未婚青年男女在中秋之夜,一人一桨从四面八方将小船划向剑湖湖心,交错停泊后找人对歌,男女相互试探。小伙子发现意中人后,就把事先备好的烛灯点燃,放在水面上,向姑娘的小船推去,如果姑娘看不中小伙子,便撩水将烛灯浇灭;如果姑娘有意,就会捞起烛灯捧在手中,含笑摇晃。小伙子便跳上姑娘的船头,两人共泛一舟。面对面坐在船的两端,一边划桨一边对唱"搭桥"调,向对方通报姓名、年龄、志向,以相互了解。

广西侗族是"赛歌求婚"。中秋之夜,侗族小伙子身着节日盛装,手持芦笙,成群结队踏着月光,吹奏着美妙的乐曲,跳着欢快的舞步从四面八方涌向赛歌场地,一人领歌领舞,众人相伴相合。观众如云,乐声震耳。能歌善舞的小伙子很快就被漂亮的姑娘引到一边,两人对唱对舞。当一双双青年男女舞向山间小路后,赛歌场上的人也越来越少,单独离开的青年男女只有等待月老来年再抛红线。

江苏是"借月幽会"。苏南人认为,男女恋人如果能在月老眼底下幽会,互相倾吐衷肠,爱情就会纯洁美好。中秋之夜,青年男女会穿上漂亮的衣服,邀心上人踏月漫步,卿卿我我直到天明。

四川是"风筝联姻"。过去川北有一种习俗,中秋之夜,青年男女各自在月光下放风筝。如果一对男女的风筝绞在一起,会被认为是月老"仙示":二人今生有缘。

贵州是"众星捧月"。贵州多云雨,中秋之夜也常常见不到月亮。一些农村的青年男女用木板做一个月亮,由一名身材伟岸的小伙子举着,其余青年手举火把,围着"月亮"载歌载舞,如同点点繁星捧着月亮。青年男女在"月亮"照耀下寻找意中人。

(据2004年9月25日南方网)

请简要回答下列问题:

1. 哪个少数民族的青年男女在中秋之夜要跪拜月神?
2. 在云南大理的"漂烛求偶"婚俗中,如果小伙子发现意中人后,一般会怎么样?
3. 在广西,什么样的侗族小伙子是最早离开赛歌场的?
4. 在四川,中秋之夜青年男女放风筝,如果他们的风筝线绞在一起,会被认为有什么含义?
5. 在上文介绍的中秋婚俗中,你认为最浪漫的婚俗是哪一个?为什么?

第4课　聪敏只是一张漂亮的糖纸

生　词

	注　音	词　性	释　义
1. 聪敏	cōngmǐn	形	聪明敏捷。
	（1）他是个聪敏的人。		
	（2）他天生聪敏。		
2. 如故	rúgù	动	同过去一样。
	（1）室内摆设依然如故。		
	（2）杭州的经济发展了，但西湖依旧如故，没什么变化。		
3. 甘心	gānxīn	动	（1）愿意。（2）满意；满足。
	（1）既然他甘心做无名英雄，你就别管他了。		
	（2）不达到目的，我绝不甘心。		
4. 蛛丝马迹	zhūsī mǎjì		沿着蛛网的细丝可以找到蜘蛛的所在，按照马蹄的痕迹可以找到马的去向。比喻细微的痕迹。
	（1）一些隐藏得很深的腐败分子也露出了蛛丝马迹。		
	（2）根据地铁工作人员的回忆，已经找到了一些作案人的蛛丝马迹。		
5. 脸盆儿	liǎnpénr	名	用于洗手、洗脸的盆子。
	（1）一位身材修长的姑娘端着脸盆儿走了进来。		
	（2）他们敲打着脸盆儿、牙缸，喊起了胜利的口号。		
6. 名称	míngchēng	名	用以区别某种人或事物的专门称呼。
	（1）这种水果的名称叫苹果。		
	（2）这次登记的内容包括：企业名称、产品名称、商标、质量标准、生产日期等等。		

	注音	词性	释义
7. 书桌	shūzhuō	名	供书写或阅读用的桌子，通常配有抽屉。

(1) 书桌上堆满了信件。
(2) 到他家看他时，书桌上已经摊开了稿纸。

8. 音响	yīnxiǎng	名	播放声音的电子装置。

(1) 这种音响的效果很好。
(2) 市场上最好的音响要三万元左右。

9. 忙碌	mánglù	形	做事多而且忙，不得空闲。

(1) 这一段时间，大家都很忙碌。
(2) 为了整个家庭，她成天忙忙碌碌。

10. 付出	fùchū	动	给出。

(1) 只有付出超人的代价，才能获得超人的成绩。
(2) 用这样的态度做事情，往往要付出很大的代价。

11. 默默	mòmò	形	不说话、不出声的样子。

(1) 他就默默地跟在我身后，一直到家。
(2) 大部分时光，他们都默默地看着春来春去，默默地看着花开花落。

12. 童话	tónghuà	名	儿童文学体裁之一，借助想象、幻想和夸张手法等编写故事，适于儿童阅读。

(1) 他喜欢看童话。
(2) 安徒生是著名的童话作家。

13. 神奇	shénqí	形	非常奇妙的。

(1) 拿着这张神奇的纸，就可以和我一样通行无阻。
(2) 这一切初听起来过于神奇怪诞，却正反映了人民对屈原的无限怀念之情。

14. 枯燥	kūzào	形	单调，无趣味。

(1) 有些人文化生活枯燥，听新闻传闲话是他们最大的乐趣。
(2) 想象能给我们枯燥的生活带来情趣。

15. 夸奖	kuājiǎng	动	赞美；称赞。

(1) 最近，老师经常夸奖他进步快。
(2) 一位哲人说过，绝不能当着一个女人的面夸奖另一个女人。

16. 庆幸	qìngxìng	动	为事情意外地得到好的结局而感到高兴或非常喜悦。

(1) 值得庆幸的是，在西安他遇到了一位好领导。
(2) 我庆幸自己的选择，在博士后流动站工作，没有太大的压力，但又有一定的保障。

		注音	词性	释义
17.	牢靠	láokào	形	牢固；结实。
	(1) 这墙很牢靠。 (2) 我说过，崇拜性的爱情不纯洁、不牢靠。			
18.	虚荣心	xūróngxīn	名	对虚荣的渴求心理；对自身的外表、学识、作用、财产或成就表现出的自大。
	(1) 女孩的虚荣心驱使她常常去照镜子。 (2) 有一点儿虚荣心没关系，但是虚荣心太强就不好了。			
19.	高考	gāokǎo	名	指高等学校的招生考试。
	(1) 同人生的任何关口一样，高考也是一次严峻的考验。 (2) 高考是选拔优秀人才的考试，所以并不是所有的人都有机会进一步深造。			
20.	注解	zhùjiě	动、名	(1) 对文句进行批注解释。 (2) 批注解释的文字。
	(1) 由于语言发生了很大的变化，所以注解古书是一项必不可少的工作。 (2) 注解一般都放在文章后面。			
21.	抽屉	chōuti	名	附于桌子、柜子等家具上可抽动的匣子状的东西，用来放东西。
	(1) 我的书桌有两个抽屉。 (2) 老朋友是抽屉上的铁锁，有了他心里便觉得踏实。			
22.	草稿	cǎogǎo	名	初步创作的文章或画。
	(1) 他写文章不打草稿。 (2) 草稿上的字迹很潦草，看不清楚。			
23.	频繁	pínfán	形	(次数)多。
	(1) 今年，中国和世界各国的交往十分频繁。 (2) 最近，两国民间文化交流更为频繁。			
24.	跳跃	tiàoyuè	动	两脚用力离开原地向上或向前跳。
	(1) 从整个比赛来看，我国运动员的跳跃难度可以称得上一流。 (2) 冷冷的寒风冻红了学生们的双颊，但热情的小火苗却在每个人的心里跳跃。			

	注音	词性	释义
25. 雷打不动	léi dǎ bú dòng		比喻已经决定的事在任何情况下都不会变动。
	（1）这是母女晚饭后例行的一种享受，简直有点儿雷打不动的意思。		
	（2）每天中午十二点半到两点，是他雷打不动的休息时间。		
26. 家长	jiāzhǎng	名	父母或其他监护人。
	（1）学校一般在周五下午开家长会。		
	（2）一些学校也公开贴出告示，谢绝学生及其家长送挂历。		
27. 听话	tīnghuà	形、动	听从上级或长辈的话。
	（1）他是一个很听话的好孩子。		
	（2）听话要听老人言，饮茶要品茶的味。		
28. 种种	zhǒngzhǒng	量、代	各种，样样；指各种各样的事物。
	（1）他克服了种种困难，胜利地完成了任务。		
	（2）从前种种譬如昨日死，从今种种譬如今天生。		
29. 诱惑	yòuhuò	动	使用手段，使人认识模糊而做坏事；吸引，招引。
	（1）在我们这项职业中，诱惑人的东西太多了。		
	（2）人要面对的首先是物质诱惑，其次才是精神诱惑。		
30. 极点	jídiǎn	名	程度上的最高限度。
	（1）他现在简直是荒唐到了极点。		
	（2）在抢修天线的过程中，大家都紧张到了极点。		
31. 聊天	liáo tiān		以轻松随便的方式谈话。
	（1）那时候，我们常在一块儿聊天。		
	（2）老朋友见面时，多以喝咖啡和聊天为主。		
32. 唠叨	láodao	动	闲聊或无目的地说个不停。
	（1）那几个人当班的时候，只看见她们唠叨，从来不干正事儿。		
	（2）护士应该耐心听取病人的诉说，对他们的唠叨不要加以阻拦或指责。		
33. 没完没了	méi wán méi liǎo		没有结束的。
	（1）她有着没完没了的牢骚和抱怨。		
	（2）这次重感冒来得很猛，她没完没了地咳嗽。		
34. 熄灯	xī dēng		关灯。
	（1）快到熄灯时间了。		
	（2）每天熄灯以后，他还要在床上做几百个仰卧起坐。		

第4课　聪敏只是一张漂亮的糖纸

	注音	词性	释义
35. 熬夜	áo yè		到深夜还不睡或一夜不睡。

(1) 他们白天全有工作，要他们熬夜，是不合情理的。
(2) 每逢考试，她就要熬夜突击准备功课。

36. 通宵	tōngxiāo	名	整个夜晚。

(1) 这次我们一定要玩儿个通宵。
(2) 仅仅用了半天和一个通宵，公安人员就将此案彻底查清了。

37. 智力	zhìlì	名	认识、理解客观事物并运用知识经验等解决问题的能力。

(1) 他经常参加智力测验。
(2) 学习国际象棋，对提高孩子的智力有很大的帮助。

38. 外表	wàibiǎo	名	外部形象。

(1) 这座房子的外表完全改变了。
(2) "诚于内，形于外"这句古话，告诉我们礼仪不仅是外表形式，更是人的内在素质。

39. 闪闪	shǎnshǎn	形	形容光亮四射或闪烁。

(1) 白色瓷砖的楼面闪闪发亮。
(2) 那常年积雪的山峰，银光闪闪。

40. 包裹	bāoguǒ	动、名	包起来。包起来的小包。

(1) 这些东西怕潮，把它包裹好，放在干燥的地方。
(2) 今天上午我要到邮局去寄包裹。

41. 搬家	bān jiā		全家迁移，从一所房子到另一所房子。

(1) 下星期他们将搬家。
(2) 几年时间，出现了各种各样的公司：负责搬家的、清洁卫生的、送花的、送饭的……

42. 好多	hǎoduō	数	许多。

(1) 有很多人花好多钱去娱乐，去消费，但是舍不得在健身上投资。
(2) 妈妈治病已经花去好多好多钱，我哪有钱继续上学啊？

43. 岁月	suìyuè	名	年月，日子；时间，指人生命的时间。

(1) 岁月如流水。
(2) 岁月的篇章翻到了1994年的5月。

44. 玩具	wánjù	名	专供玩儿的东西。

(1) 我最喜欢的玩具是长毛狗。
(2) 我在广东省一个玩具厂打工一年多了。

注释词表

生词	注音	释义
1. 初二	chū'èr	初级中学二年级的简称。
2. 眼尖	yǎnjiān	视觉敏锐。
3. 水管	shuǐguǎn	供水流动的管道。
4. 衣橱	yīchú	一种收藏、放置衣服的家具。前面有门。
5. 抚摸	fǔmō	用手轻轻按着并来回移动。
6. 当着	dāngzhe	面对着。
7. 每当	měidāng	每次面对着。
8. 忘乎所以	wànghū suǒ yǐ	因过度兴奋或骄傲而忘记一切。
9. 座谈	zuòtán	比较随便地、不拘形式地讨论。
10. 万无一失	wàn wú yì shī	形容有把握,一点儿差错也不会出。
11. 绝	jué	一定的,肯定的。
12. 贪	tān	求多,不知足。
13. 迷恋	míliàn	强烈的、通常是极度地爱慕。
14. 为此	wèicǐ	因为这个。
15. 羊羔儿	yánggāor	小羊。
16. 赶	gǎn	驱逐,驱使。
17. 慵	yōng	困倦,懒得动。
18. 好不容易	hǎo bu róngyì	很难。
19. 节制	jiézhì	限制;控制。
20. 应急灯	yìngjídēng	供紧急情况下使用的灯。
21. 温	wēn	复习。
22. 发光	fā guāng	放射光芒。
23. 一根筋	yìgēnjīn	不知变通,不灵活。
24. 命根	mìnggēn	生命中最重要的东西。
25. 未能免俗	wèi néng miǎn sú	没能做到不按风俗习惯做事。
26. 空荡荡	kōngdàngdàng	形容冷冷清清的情景,也指心里没着落的感觉。

课文　聪敏只是一张漂亮的糖纸

阅读提示　作者写孩子贴纸条学英语的典型事件，揭示成绩的取得必须依靠刻苦努力，而不能只是依靠聪敏和天赋，同时表达了自己对孩子的欣赏和思念。

小铁上初二的时候，有一天下午我和他妈妈出门，问他去不去，他摇摇头，说要一个人在家。晚上，我们回到家，他问我："你发现咱家有什么变化吗？"我望了望四周，一切如故，没发现什么变化。他不甘心，继续说："你再仔细看看。"我还是没有发现什么蛛丝马迹。倒是他妈妈眼尖，洗脸时一下子看见脸盆儿和脸盆儿旁边的水管上贴着小纸条，上面写着脸盆儿和水管的英文名称。

我这才发现屋子里几乎所有的地方，衣橱、书桌、房门、厨房、暖气、音响、书架……上面都贴着小纸条，纸条上面都用英文写着它们的名称。每一张小纸条剪得大小都一样，都是手指一般窄长形的，不仔细看还真不容易看到。

他很得意地望着我笑。

不用说，这是他忙碌了一下午的结果。

我表扬了他。

那一年，他对外语突然有了兴趣。他就是这样开始外语学习的。他所付出的努力一般是在家里，是默默的。他贴满在家里的那些小纸条，仿佛是安徒生童话中神奇的手指。他抚摸着那些东西，使得那些东西花开般地有了生命，和他对话，彼此鼓励，让枯燥而艰苦的学习有了兴趣和色彩，有了学下去、学到底的诱惑力。

从小到大，总是有人夸奖小铁聪敏。读中学时，他的老师当着班上的同学表扬他，说："只要肖铁想学好哪一门功课，他总是能把它学好。"大学期间，同学们也都认为他很聪敏，都说他总是很轻松地把学习学好了。我应该庆幸的是，小铁一直很清醒。每当别人夸他聪敏时，他从来只是笑笑，没有骄傲而忘乎所以。他知道要论聪敏，比他聪敏的同学有的是，比如他当时最佩服的同学，后来都考上了清华大学。他所要做的就是认真，而且重复，把要学的东西弄得牢靠扎实。

当别人夸奖小铁聪敏时，我当然很高兴，虚荣心得到了满足。但是我很清楚，孩子是以他的刻苦取得他应有的成绩的。

有一次，和另外一所学校的同学开座谈会，有个同学问他为什么能取得那么好的成绩。他回答说："没有别的好办法，就是得学、得背。比如历史，高考前老师带领大家复习之前，我已经把书从头到尾背了三遍了，而且要注意背那些图边上和注解的小字，要背得仔细，才能万无一失。"

那次座谈，我坐在他的身边，听到他的话，我很高兴，比他取得好成绩还要高兴。也许，只有我知道他是如何刻苦的。他小

第4课 聪敏只是一张漂亮的糖纸

学毕业时，我整理他书桌的抽屉，光从四年级到六年级三年作文练习的草稿，就装满了一抽屉，每一篇都改过不止一遍。小学毕业准备考中学，他把所有要背的准确答案都录在录音机里，每天晚上躺在床上时把录音机打开，一遍又一遍地听，哪怕是睡觉前那一点儿时间也绝不浪费。而光他抄写别人文章的本子、记笔记的本子，不知道有多少，虽然许多本子都只记了半本就扔下换了新本子。尽管我批评他太浪费了，他还是愿意一个本子一个内容，频繁地跳跃着他的新内容。

有时候，他很贪玩儿。读中学时特别迷恋NBA，哪怕考试再忙，只要播NBA的比赛，他是必看不误，你怎么说，他也雷打不动。为此，我和他发生过多次冲突。你想想，都快要考试了，他还在整晚整晚地看电视，做家长的心里能不慌？做家长的都希望孩子是个听话的小羊羔儿，到了晚上都要赶进圈里去学习，不要受外面的种种诱惑，外面净是大灰狼。冲突到了极点，弄得他哭着对我说："我什么时候因为看NBA把功课耽误了？我现在看电视耽误的时间，我会安排时间补回来。"

现在，我相信他了。他读大学期间，时间更紧张了。偶尔回家一趟，或是陪他妈妈逛商店，或是陪我聊聊天，其实都是挺耽误他时间的。我知道我们大人的时间显得越来越慵散了，但孩子正是忙的时候。而且，我发现我变得爱唠叨了，也许好不容易看到孩子回家一趟，总想和他多说说话，便缺少节制。而他变得懂事了许多，从来没有不耐烦过，总是放下手中的书本，听我没完没了地说。听我说完之后，他会对他妈妈开句玩笑："妈，你看我爸又耽误了我的时间，我得晚睡几个小时了。"

又一次，他让我帮他买盏应急灯。说晚上过11点，宿舍就熄灯了。我劝他少熬夜。他说同学都这样，每个人的床上都有一盏应急灯。应急灯要是妨碍同学了，他会骑上车跑出校园，到学校旁边的24小时永和豆浆店，买点儿吃的，就开始温书，一坐就是

一个通宵或半夜。

虽然我不赞成他熬夜，但我赞成他刻苦、努力。在智力方面，孩子之间的差别不是很大，关键在于每个人付出的努力不一样，结果就会不一样。要知道，聪敏只是一张漂亮的糖纸，外表可能闪闪发光挺好看，但包裹在里面的东西才是最重要的，这重要的东西就是刻苦。

大三的一天晚上，小铁来电话告诉我和他妈妈："英语六级成绩出来了，我得了89.5分。"他知道做家长的就是一根筋只认成绩，他很遗憾地说："就差半分，要不就90分了。"这个成绩是他们系里的第一。他的英语四级考试也是全系第一，得了92分。

我忽然想起初二时他贴满在家里几乎每一个地方的那些小纸条。

大四的那一年，他考了托福和GRE，成绩分别是647分和2390分，考得都不错。都说分数是学生的命根，其实分更是家长的命根，做家长的只有看着分才踏实，我也一样，未能免俗。

我再一次想起初二时他贴满在家里几乎每一个地方的那些小纸条。

前两年搬家的时候，我发现厨房、房门、厕所……好多地方居然还保留着那些小纸条，只是颜色已经变得发黄，但蓝色圆珠笔写的英文字依然清晰，好像岁月在它们的上面没有留下什么痕迹。

十年过去了。孩子如今在美国读书。他的房间空荡荡的，却总能发现在他的茶杯和玩具的背后贴着当年他写着英文的小纸条。就让这些小纸条一直保留着吧，保留着那一份回忆和感情。

（据《中国教师》2004年第1期，作者：肖复兴）

第4课　聪敏只是一张漂亮的糖纸

课文练习

一、根据课文回答问题：

1. 爸爸妈妈出门时，小铁做了些什么？
2. 小铁为什么要贴纸条？
3. 别人夸奖小铁时，为什么他不骄傲？
4. 为什么"我"听到小铁的话，比他取得好成绩还要高兴？
5. 小铁是如何刻苦的？
6. "我"和小铁为什么会有冲突？
7. 为什么说小铁大学期间变得懂事了许多？
8. 为什么说"聪敏只是一张漂亮的糖纸"？
9. 小铁取得了哪些好成绩？
10. 画出课文中写"小纸条"的句子，作者为什么反复提到小纸条？

二、词语辨析与练习：

忙碌　繁忙　匆忙　急忙

这几个词都有"事情多，没有空闲"的意思。区别在于"忙碌"可做形容词，意为做事多而忙，一会儿也不得闲（跟"清闲"、"悠闲"相对），有重叠式"忙忙碌碌"。例如：

(1) 大家都很**忙碌**。
(2) 他总是**忙忙碌碌**。

"繁忙"只能做形容词，没有重叠式，不能说"繁繁忙忙"。例如：

(3) **繁忙**的收获季节到来了。

"匆忙"只能做形容词，强调某人做事情太急促，可能会导致失误，有重叠式"匆匆忙忙"。例如：

(4) 出门**匆忙**，忘记带雨具了。
(5) 他**匆匆忙忙**回学校去了。

"急忙"是副词，只能做状语，有重叠式"急急忙忙"。例如：

(6) 旅客们**急急忙忙**涌进车站。
(7) 一听说是急诊病人，大夫们**急忙**进行抢救。

佩服　崇拜　信服

这三个词都是动词,"佩服"的意义是感到尊敬而心服。例如:

(1) 我很**佩服**老赵。

(2) 他出口成章,令人**佩服**。

"崇拜"的程度比"佩服"重,有时甚至达到过分的、迷信的程度,对象可以是人、神,也可以是某种事物。"崇拜"是中性词,现在更多的用于贬义,如"崇拜金钱"、"盲目崇拜",又如:

(3) **崇拜**伟大人物。

"信服"的程度比"佩服"轻。因某种理论或技艺而相信并佩服,可能未到尊敬的程度。例如:

(4) 他高明的艺术令人**信服**。

偶尔　偶然　有时

这三个词都可做状语,表示频率。"偶尔"、"偶然"有"不经常"的意思,"有时"表示的频率高些。例如:

(1) 他**有时**也出去走走。

(2) 这里的天气,**有时**刮风,**有时**下雨。

"偶尔"是副词,只能做状语。例如:

(3) 刚去的那晚是个阴天,**偶尔**依着楼窗一望:奇怪啊,怎么楼前凭空涌起那么多黑黝黝的小山,一重一重的,起伏不断。

"偶然"除了做状语,还可以做定语和谓语,具有形容词的特点。例如:

(4) 期中考试失败是有原因的,不是**偶然**的,今后一定要努力赶上。

(5) 当今中国的现状,是中国几千年各种因素继续或发展的产物,并不是**偶然**的。

此外,"偶然"还可构成"偶然性","偶尔"没有这种构词能力。

辨析练习

选择填空：

佩服　崇拜　信服　偶尔　匆忙　繁忙　偶然　有时　急忙　忙碌

1. 白度_____跪下："万能的主呵……"
2. 出来进去的日本人像蚂蚁搬家那么紧张_____。
3. 她没再和我说一句话，和别人也不再说话，默默地、一动不动地_____着。
4. 临出门时，李建平曾问他："这么_____去哪儿？"
5. 女秘书走后，孙国仁_____问了一些问题。
6. 倒不是我_____明星，那时连郭允泰自己也不知道啥叫明星。
7. 后来，那群刺儿头都被你给降服了，大伙挺_____你，都说："这个新媳妇可给我们出了气"。
8. 官至科长后，他开始_____汉斯豪斯那一套理论。
9. 那时我正_____苏联文学，连文风都模仿翻译文字。
10. 除去广岛有个舅舅_____接济一下，谁也不肯帮她们的忙。
11. 但在沈阳故宫却可看到，入关前皇帝的住房已开始受四合院的影响了，所以进关后全盘接受四合院建筑绝非_____。
12. 在谈到促进两岸交流，加深了解，发扬中华民族传统美德，振兴民族文化时，_____是很难分辨出谁来自海峡的哪一侧。
13. 随着城市经济日趋第三产业化，银行、商业、服务业比工业发展快，越来越多的人改变了过去那种两点一线的移动方式，移动量和_____性移动都增多了。
14. _____想叫除雪车来除雪，连电话也打不通。
15. 临近年关，会多事多，大家都很_____。

三、语法讲解：

1 你发现咱家有什么变化吗?

"咱家"也可说成"咱们家"。"咱/咱们"，代词，包括说话人(我、我们)和听话人(你、你们)双方：

(1) **咱们**的练习本该交啦。
(2) **咱们**中国人从来说话算数。
(3) 这项任务**咱们**车间能完成。
(4) 他们给**咱们**来过两次信了，**咱们**商议一下该怎么回信。

注意："咱们"一定包括听话人在内，与"他们"相对；"我们"有可能包括听话人，也有可能不包括听话人。"让我们团结起来，从胜利走向胜利！""我们"包括听话人。"我们明天去西山游览，你要是愿意，咱们一块去。""我们"不包括听话人。

2 没有别的好办法，就是得学、得背。

"得"读"děi"，用做助动词，意思是必须，推测必定如此：

(1) 这事**得**开会研究。
(2) 你病了，**得**快去找大夫看看。
(3) 降温了，要不加衣服，又**得**着凉。
(4) 这么大雨，你也没有带雨具，一上路就**得**挨淋。

"得"读"děi"，还可以做一般动词，后跟数量词，是需要的意思：

(5) 修建这座大桥，至少**得**两年。
(6) 做完这项工程少说也**得**半个月二十天。

"得"读"dé"，是得到的意思，如：

(7) 他学习很努力，成绩很好，经常**得**奖。

"得"读做轻声"de"，用在动词或形容词后面，连接表示结果或程度的补语，如：

(8) 来**得**早不如来**得**巧。
(9) 最近几天天气冷**得**很。

3　哪怕考试再忙，只要播NBA的比赛，他是必看不误……

　　让步复句的前一分句先退一步，姑且承认某种假设的情况，而后一分句说出的结果与假设情况应得的结果正相反。结果与假设的条件不一致。常见的关联词语有"即使……也"、"哪怕……也"等。例如：

(1) 多少年来，**哪怕**是在最干旱的沙漠里，他**也**没有忘记森林。

(2) 从这种"植物人"的状态中恢复过来，大概只有千分之一、万分之一的可能，**即使**恢复意识，恐怕**也**只是几岁孩子的智力水平。

(3) 她在接待客人的时候也总是一副随和模样，**即使**是她讨厌的客人她仍然可以露几丝笑意在脸上。

语 法 练 习

（一）完成下面的让步复句：

1. 学生考试，不及格就是不及格。哪怕是考了59分，_____。

2. 这一次我们一定要完成任务，即使冒着危险也 _____。

（二）下面句子中的"咱们"用得正确还是不正确？为什么？

1. （姥姥劝我和她一起回家）：今天<u>咱们</u>先回去，后天就是星期天了，你爸爸妈妈忙完肯定来接你。姥姥的话你还不信吗？

2. 我拉起她的手兴高采烈地建议：<u>咱们</u>玩儿打仗吧。

3. 这是这里最大的楼，就在你们班的楼对门，<u>咱们</u>班小朋友多数都住在这幢楼里。

（三）下面句中的"得"该怎么读，是什么意思？

1. 别人回答正确他就朝天翻白眼，稍有不对他便做鬼脸，先老师一步大声批驳："错了！"接着嘲笑人家，欢快得胜地向老师举手："老师老师，我会答。"
2. 朝阳把枫树成行的道路照得十分亮堂，一个树影也没有，好像那是一条前途远大的金光大道。
3. 方枪枪一抬头就把他们脸上幸灾乐祸的表情看得一清二楚。
4. 上语文课就得全听语文老师的。
5. 同学们拿到试卷后，看到自己的得分，或大声遗憾或喜出望外。
6. 在中国上大学一年的学费得好几千元。

四、写作：

写一篇200～600字的文章，介绍一位刻苦勤奋的人，要求最好写真人真事，并用两到三件具体的事情来表现她/他刻苦勤奋的特点。

字词扩展练习

仿照例子组词，并从中选择10个词造句：

居然	___然	___然	___然	___然
	___然	___然	___然	
如故	如___	如___	如___	如___
	___如	___如	___如	___如

第4课　聪敏只是一张漂亮的糖纸

阅读扩展及泛读练习

副课文

素质创造财富

一般人眼中，拾破烂的一定是穷人，靠拾破烂成百万富翁，几乎不可能。可是，真就有人做到了。

沈阳有个以拾破烂为生的人，名叫王洪怀。有一天他突发奇想：收一个易拉罐，才赚几分钱。如果将它融化了，作为金属材料卖，是否可以多赚几分钱？他于是把一个空罐剪碎，装进自行车的铃盖里，融化成一块指甲大小的银灰色金属，然后花了600元在市里一家研究所做了化验。化验结果出来了，这是一种很贵重的金属！当时市场上的价格，每吨在14000元至18000元之间，每个空易拉罐重18.5克，54000个就是一吨。这样算下来，卖融化后的金属比直接卖易拉罐多赚六七倍的钱。他决定回收易拉罐炼金属。

从拾易拉罐到炼易拉罐，一念之间，不仅改变他所做的工作的性质，也让他的人生走上了另外一条轨道。

为了多收易拉罐，他把回收价格从每个几分钱提高到每个一角四分，又将回收价格和收购地点印在卡片上，向拾破烂的人散发。一周以后，他骑着自行车到收购地点一看，只见一大片货车在等他，车上装的全是空易拉罐。这一天，他回收了13万个，足足两吨半。

向他提供易拉罐的同行们，仍然又去拾他们的破烂，而王洪怀却彻底变了。他立即办了一个加工厂。一年内，加工厂用易拉罐炼出了240吨金属，三年内赚了270万元。他从一个拾破烂的人一下子变为百万富翁。

一个收破烂的人，能够想到不仅是拾，还要改造拾来的东西，这已经不

79

简单了。改造之后能够送到研究所去化验,就更是具有了专业眼光。至于600元的化验费,得拾多少个易拉罐才赚得回来,一般拾破烂的人是绝对舍不得的,这就是投资者和打工者的区别。

虽然是拾破烂,却少有穷人心态,敢想敢做,而且有一套巧妙的办法。这种人,不管他眼下处境怎样,兴旺发达只是迟早的事。

(据《分忧》2004年第1期,作者:鲁稚)

请简要回答下列问题:

1. 有一天,王洪怀产生了一个想法,这个想法是什么?
2. 他为什么要花600元在市一家研究所做化验?
3. 他为什么决定回收易拉罐炼金属?
4. 为了多收易拉罐,他采取了什么措施?
5. 为什么说"他从一个拾破烂的人一下子变为百万富翁"?
6. 王洪怀与一般拾破烂的人的区别有哪些?

第5课　　四合院——中国式盒子

生　词

	注音	词性	释义
1. 式	shì	名	样式。常用做词尾。
	(1) 该地区新房将面向市民进行"拍卖式销售"。		
	(2) 他们公司第一个建起别墅式的住宅楼。		
2. 造型	zàoxíng	名	创造出来的物体形象。
	(1) 这些别墅全部采用欧式设计，造型美观。		
	(2) 看着这些色彩亮丽、造型各异的家具，大家称赞不已。		
3. 福	fú	名	幸福，福气，与"祸"相对。
	(1) 大家都说她是个有福之人。		
	(2) 现在通电话了，办事、看病都方便了，村里的老百姓开始享福了。		
4. 格局	géjú	名	格式，布局。
	(1) 鲁镇的酒店格局，是和别处不同的。		
	(2) 1994年签订的协议确立了纺织品贸易一体化的基本格局。		
5. 缘	yuán	名	某种必然存在的相遇的机会和可能。
	(1) 也许是与足球有缘，张晨很小就进入了西安市体校。		
	(2) 俗话说，有缘千里来相会。		
6. 现存	xiàncún	动	现在有或仍然有生命力的。
	(1) 鸵鸟是地球上现存最大的鸟。		
	(2) 乔家大院是山西现存相对完好的明清民居。		

	注音	词性	释义
7. 遗物	yíwù	名	古代或死者留下来的东西。

(1) 此次发现的文物中，未发现清代的遗物。
(2) 通过一件件遗物，一页页日记，人们清晰地看到了他的成长经历。

8. 感	gǎn	名	感觉，情感。常用做词尾。

(1) 消费者对名牌的信任感是他们乐意花高价购买的最直接原因。
(2) 在欧洲，很多人家的窗户都是很小很窄的，让人有一种安全感。

9. 守护	shǒuhù	动	看守、保护。

(1) 这些物品由军队守护，运往上海。
(2) 海关对国门的守护是非常严格的。

10. 福气	fúqì	名	享受幸福生活的命运。

(1) 你的鼻子形状很好，看起来很有福气。
(2) 李华的老爸老妈总是很理解她，有这样的父母是她的福气。

11. 夸耀	kuāyào	动	主动向人说出自己的长处、优势、功劳等。

(1) 他觉得他们的成绩并不值得夸耀。
(2) 虽然他对孩子的表现感到十分满意，但是从不向人夸耀。

12. 陈设	chénshè	名	陈列摆设的物品。

(1) 小屋里的陈设非常简单，只有一张桌子和一张床。
(2) 导游向大家详细讲解了博物馆内的陈设。

13. 留心	liúxīn	动	小心；注意。

(1) 考试的时候要留心，别写错别字。
(2) 只有平时随时随处留心注意，小偷才不会盯上你。

14. 比喻	bǐyù	动	用某些有类似特点的事物来表示想要说的某一事物。

(1) 托马斯曾很有趣地将自己比喻成民园体育场外那匹著名的老马。
(2) 我常把孩子比喻成一棵树，树干是孩子的身体，树枝是孩子的智商。

	注音	词性	释义
15. 其乐融融	qí lè róngróng		形容很快乐的样子。

（1）联欢会上大家载歌载舞，其乐融融。
（2）他们家虽然没有很多钱，但是一家人其乐融融。

	注音	词性	释义
16. 境界	jìngjiè	名	事物所达到的程度或呈现出的情况。

（1）当我们不再逃避困难的时候，我们就可能达到了一种新的境界。
（2）《林则徐全集》的出版，使林则徐研究进入了一个更高层次、更深入研究的境界。

	注音	词性	释义
17. 天伦之乐	tiānlún zhī lè		旧指父子、兄弟等亲属关系。泛指家庭的乐趣。

（1）一家老小非常和睦，老人享受着天伦之乐。
（2）以后我想拿出更多的时间来和我的家人在一起，享受一下天伦之乐。

	注音	词性	释义
18. 贫	pín	形	穷，没有钱或只有很的少钱，与"富"相对。

（1）前来求助的职工一半以上是因病致贫的。
（2）中国始终没有放弃调节贫富差距的努力。

	注音	词性	释义
19. 简洁	jiǎnjié	形	简明扼要。

（1）他的文章简洁易懂。
（2）他的回答简洁明了。

	注音	词性	释义
20. 繁复	fánfù	形	繁多复杂。

（1）一个企业要上市，要经过繁复的手续。
（2）进了大门，回头继续看门楼上的砖雕，比正面更繁复更精彩。

	注音	词性	释义
21. 乃至	nǎizhì	副	甚至。

（1）赵本山在东北乃至全国都有影响力。
（2）这个企业在中国乃至全世界取得了巨大成功。

	注音	词性	释义
22. 附属	fùshǔ	形	由某机构所设并受其管辖的（单位）。

（1）首都医科大学附属北京天坛医院建于1956年。
（2）外国语大学附属小学在全国比赛中得了一等奖。

	注音	词性	释义
23. 沧桑	cāngsāng	名	指世事变化，很大的变化。

(1) 这些古典建筑历经沧桑，却仍然保持着18、19世纪时的风貌。
(2) 这块石头外形很像一座历经千万年沧桑的巨大"山脉"。

24. 残破	cánpò	形	残败破旧。

(1) 在旧城改造中，东大街残破的老房子纷纷消失了。
(2) 乘客用一元残破纸币买车票，售票员坚决不收。

25. 下沉	xiàchén	动	向水底落下。

(1) 冰的密度比水小，所以一直浮在水面上而不下沉。
(2) 海上风浪越来越大，大船开始下沉。

26. 失	shī	动	丢掉，失掉。

(1) 上海队在先失一局的情况下，连赢三局，将比分追平。
(2) 在生活中，很多事情都是这样的：有得必有失。

27. 原形	yuánxíng	名	本来的形状，原来的形态。

(1) 人人都有一个原形，只是有些迫不得已，原形毕露了，有些一生不露而已。
(2) 在众人的压力面前，他终于现了原形。

28. 凭吊	píngdiào	动	面对遗迹、坟墓等怀念。

(1) 十多名朋友和家人来到她的墓前，献上鲜花和卡片进行凭吊。
(2) 古人观赏大自然的时候，喜欢凭吊历史，感慨当今。

29. 荒凉	huāngliáng	形	人烟少，冷清。

(1) 他出生在一个荒凉的小村庄。
(2) 北大湖滑雪场位于一个小镇，周边环境比较荒凉。

30. 收藏	shōucáng	动	收集保藏。

(1) 他的最大爱好是收藏古画。
(2) 卫城博物馆收藏着大量的石雕和其他古代艺术品。

31. 美感	měigǎn	名	在审美过程中产生的愉悦感。

(1) 这款电脑既大方，又不失时尚的美感。
(2) 音乐厅里，人们全心全意享受着音乐带给人的美感。

	注　音	词性	释　义
32. 无穷	wúqióng	形	没有穷尽，没有限度。

（1）群众的智慧是无穷的。
（2）韩美林爱动物，也养动物，动物给他的生活、工作增添了无穷乐趣。

33. 翻版	fānbǎn	名	比喻照搬、照抄或生硬模仿的行为。

（1）T台上的模特儿每人戴着一顶军帽，有几套服装看起来就是军装的翻版。
（2）中国画的山水树石不是外界自然的翻版，而是一种哲学。

34. 扩张	kuòzhāng	动	扩大范围、势力等。

（1）这种领土扩张的欲望，在人类历史上是有很深的根源的。
（2）随着城市建设的大规模扩张，可用耕地越来越紧张。

35. 奉行	fèngxíng	动	遵照实行。

（1）在贸易谈判中，奉行自由贸易的香港经常取胜。
（2）中国始终奉行独立自主的和平外交政策，坚持走和平发展的道路。

36. 闭关锁国	bì guān suǒ guó		封闭关口，自我保守，不跟外国来往。

（1）1840年，闭关锁国的清王朝被西方强国打开了封闭的大门。
（2）20世纪70年代末，中国告别了闭关锁国政策，进入改革开放的新时代。

37. 剖析	pōuxī	动	辨析、分析。

（1）公安局长深刻剖析了事故案件发生的原因。
（2）作家应该把精力用于个人创作而不是去剖析别人的创作。

38. 曝光	bào guāng		摄影感光材料的感光。比喻事情的真相被揭露了。

（1）这一消息经过媒体曝光，立刻引起了大家的关注。
（2）张宇这一次在新唱片中收录了三首首次曝光的新歌。

39. 颓废	tuífèi	形	意志消沉，精神委靡。

（1）买了两件衣服后，我颓废的心情突然转为兴奋。
（2）看着丈夫的精神日渐颓废，她心里非常难受。

40. 百读不厌	bǎi dú bú yàn		形容好作品反复读也不厌倦。

（1）那本书让我百读不厌。
（2）如果你读到了百读不厌的书，那就是找到了你真正喜欢的书。

新 汉语高级教程（下册）

	注 音	词 性	释 义
41. 孤零零	gūlínglíng	形	单独，没有陪衬的或没有人陪伴的。

(1) 小王病了，一个人孤零零躺地在床上。
(2) 所有的小朋友都被家长接走了，李聪一个人孤零零地站着等妈妈。

42. 新潮	xīncháo	形	在特殊时间或季节内被确立为公认的服装或个人装饰的样式或一批样式。

(1) 他买了一款漂亮、新潮的手机送给女友。
(2) 模特时尚新潮的发型吸引了不少市民观看。

43. 现状	xiànzhuàng	名	当前的状况。

(1) 一项最新民意调查显示，中国人对于生活现状颇感满意。
(2) 在设计过程中，他们充分考虑了街道的现状以及居民生活发展水平。

44. 往事	wǎngshì	名	从前的事情。

(1) 我每次看到这条围巾，就会想起一个人，想起一段往事。
(2) 60年后重逢，谈起往事，两位老人忍不住流下了眼泪。

45. 划分	huàfēn	动	区分，把整体分成若干部分。

(1) 麦蒂尽管身高6尺8寸，但仍然被划分到了小个儿球员一列。
(2) 这个公司的销售人员按地区划分负责销售区域。

46. 幸运	xìngyùn	形	运气好的；机会出乎意料地好。

(1) 杨帆落入河中后幸运地被当地农民救起，活了下来。
(2) 张美的成功固然有幸运之处，但也有其必然性。

47. 改建	gǎijiàn	动	在原有的基础上改造建设，可以指改变外形、特点、性质或作用等。

(1) 市政府打算改建一批街道超市。
(2) 近日，神农架林区生态旅游公路正式动工改建。

48. 怀旧	huáijiù	动	怀念往事和故人。

(1) 有的作品充满美感，如同怀旧的艺术照。
(2) 鲜艳的运动衫上挂着20世纪80年代的商标，给人一种怀旧的感觉。

	注音	词性	释义
49. 联想	liánxiǎng	动	因一事物而想起与之有关事物的思想活动。
	(1) 孩子们的这种快乐的游戏让我联想起自己儿时的情景。 (2) 该广告文字幽默，使消费者对产品产生联想，引起消费欲望。		
50. 一律	yílǜ	副	适用于全体，无例外。
	(1) 公民在法律面前一律平等。 (2) 小学升初中，不得选择学校，一律就近入学。		
51. 仿古	fǎnggǔ	动	模仿器物或古艺术品。
	(1) 这个酒家的菜品以传统家乡菜为主，环境布置以仿古家具为主。 (2) 到了成都，不仅有正宗的川菜可吃，还可以买到仿古面具。		
52. 刻意	kèyì	副	用上全部心思。
	(1) 他没有去刻意追求完美，长期的积累过程却使他不断走向成功。 (2) 专家提醒女性减肥不要刻意瘦腿。		
53. 呵护	hēhù	动	关心保护。
	(1) 孩子们的想象力与创造力需要教师的培养和呵护。 (2) 母亲一直很呵护我，不像父亲那样对我很严厉。		
54. 赝品	yànpǐn	名	以假充真的物品（多指文物或艺术品）。
	(1) 投资玉器最大的麻烦就是买入赝品。 (2) 古玩市场上有很多赝品。		
55. 不起眼儿	bù qǐyǎnr		不突出或不显著的，不引人注意的。
	(1) 我穿了件极为普通的连衣裙，走进了那所不起眼儿的老房子。 (2) 黄莉看起来很不起眼儿，但是她的歌却唱得非常好。		

注释词表

生词	注音	释义
1. 四合院	sìhéyuàn	我国北方住宅建筑中一种传统的布局形式，四面有房屋，当中有院。
2. 盒子	hézi	一种装东西的容器，一般是方的，比较小。
3. 民居	mínjū	百姓的居所，富有地方色彩和民族特色，是一切建筑中数量最大、形式最多的建筑。
4. 天棚	tiānpéng	在户外用竹木等搭起的棚，用以遮蔽风雨日光。
5. 石榴	shíliu	一种水果。
6. 大抵	dàdǐ	大概。
7. 住家	zhùjiā	家庭居住的地方。
8. 大隐隐于市	dà yǐn yǐn yú shì	闲逸潇洒的生活不一定要到乡野去才能体会得到，更高层次的隐逸生活是在都市繁华之中。
9. 内院	nèiyuàn	里边的院子，一般用于主人的生活起居。与"外院"相对。
10. 正房	zhèngfáng	四合院里位置在正面的房屋，通常是坐北朝南。
11. 耳房	ěrfáng	与正房相连的左右两旁的小房子。
12. 厢房	xiāngfáng	正房前面两旁的房屋，如东厢房、西厢房。
13. 外院	wàiyuàn	外边的院子，一般用于接见、招待客人等。
14. 门房	ménfáng	大门口看门用的房子，门卫住的房间。
15. 客房	kèfáng	客人住的房间。

生词	注音	释义
16. 院落	yuànluò	庭院，院子。
17. 跨院	kuàyuàn	正院两边的院子。
18. 魔方	mófāng	一种智力玩具。
19. 影壁	yǐngbì	大门内或屏门内做屏蔽的墙壁，也有木制的，下有底座，可以移动，上面像屋脊。
20. 垂花门	chuíhuāmén	住宅门的上头修建的像屋顶样的盖，四角有下垂的短柱，柱的顶端雕花彩绘，这种门叫垂花门。
21. 屏门	píngmén	遮隔内外院或遮隔正院或跨院的门。
22. 抄手廊	chāoshǒuláng	四合院中的一种走廊。
23. 南山墙	nánshānqiáng	人字形房屋的两侧的墙壁叫山墙。厢房的南边墙叫南山墙。
24. 后罩楼	hòuzhàolóu	四合院正房后边跟正房平行的一排房屋。
25. 宅门	zháimén	大院的大门。
26. 拴马桩	shuānmǎzhuāng	用来拴马的桩子。
27. 上马石	shàngmǎshí	上马时供人踩踏的石头。
28. 西风	xīfēng	秋天的冷风。
29. 残照	cánzhào	夕阳的余晖。
30. 衰草	shuāicǎo	干枯的草。
31. 离披	lípī	散乱的样子。
32. 王府	wángfǔ	王爷的府第，即王爷的家。
33. 衙署	yáshǔ	衙门，旧时官员办公的地方。
34. 平房	píngfáng	只有一层的房子(区别于楼房)。
35. 推而广之	tuī ér guǎng zhī	扩大应用或施行范围。
36. 蜂窝煤	fēngwōméi	一种蜂窝似的家用煤。
37. 天井	tiānjǐng	宅院中房子和房子或房子和围墙所围成的露天空地；院落。

课文 四合院——中国式盒子

阅读提示

四合院是中国北方住宅建筑中一种传统的布局形式,体现了中国"前堂后寝"的礼制规格。按词义可以推知四面有房屋,当中有院,叫"四合院"。四合院历史很久,汉代时已经初步定型,唐宋时已广泛使用,到明代已完整。现在北京大量存在的都是清代建造的四合院。

　　四合院的造型与结构在我眼中有一种神秘的美。我常想,住在四合院里的人是有福的。

　　说起北京的民居,自然要说到四合院。其实所谓的四合院,早在西周时期就已经形成基本格局,但不知为什么就像跟北京有缘似的,一直是北京民居的代表建筑。北京现存的四合院,多是明清两代的遗物,住在四合院里,就是住在一种历史感里,等于守护着祖宗的遗产,你能说这不是一种福气吗?也许若干年以后,想住还住不到呢。现代社会,住高楼容易,住四合院难。老北京常夸耀的"天棚鱼缸石榴树",大抵是四合院里才能找到的陈设——再不留心,这种风景也快消逝了。

　　汪曾祺形象地把四合院比喻为"一个盒子"。为什么要造这个盒子?因为"北京人理想的住家是独门独院"。四世同堂,在一座天圆地方的全封闭式四合院里其乐融融——可算旧时代北京人对生活的最高理想。据说只有在那样的境界里,才知道什么叫天伦之乐,以及什么叫大隐隐于市。喜欢住在盒子里的北京人,他们的四合院大多分内外两院,内院用于居住,由正房、耳房及东西厢房组成;外院则用做门房、客厅和客房。还有大型的住宅，向纵深发展，增加几进院落，或横向发展，增加几组平行的跨院。虽然都叫四合院，但四合院也是可以分出贫富来。可以造得很简洁，也可以造得很繁复乃至豪华。这魔方般的中国盒子，里面究竟还藏着什么？

四合院装饰性的附属设施，还有影壁、垂花门(或屏门)、抄手廊、南山墙、后罩楼等等。只是经历了岁月沧桑，把它比喻为"盒子"的汪曾祺也不得不感叹——这个盒子已快磨损了："除了少数宅门还在那里挺着，大部分民居的房屋都已经很残破，有的地基基础甚至已经下沉，只有多半截还露在地面上。有些四合院门外还保存已失原形的拴马桩、上马石，记录着失去的荣华。有打不上水来的井眼、磨圆了棱角的石头棋盘，供人凭吊。西风残照，衰草离坡，满目荒凉……"

纵然如此，北京的四合院在我这个外乡人眼中，依旧充满了神秘的美——仿佛那里面收藏着某种不为我所知的古老的传说。或者说，它的神秘感就是它的美感，它的美感就是它的神秘感。这是一个可以无穷复制、放大的中国式盒子。我在北京寻访过许多遗留的王府、衙署，发现它们基本上都属于四合院的结构；于

是我读《红楼梦》时，大观园在我想象中也是四合院的模样——一座风花雪月的大四合院。及至参观故宫，觉得也是四合院的翻版与扩张，那不过是供皇帝居住的四合院。推而广之，清朝的整个北京城，乃至那个时代的中国，奉行闭关锁国政策，不都是一座全封闭式的超级四合院吗？我真担心四合院不仅是一种建筑，更是一种心理。

趁四合院还在，正是后人们参观、剖析这个盒子的时候。了解四合院仃守过的历史，就等于进入一只心灵的黑箱——会有思想曝光的。四合院是旧中国的影子，有一种颓废而令人心痛的美，所以我对北京的四合院总是百读不厌——它像线装书一样孤零零地横插在城市的书架上，周围全是钢筋水泥的新潮建筑。我甚至觉得，没在四合院里住过，不能算真正地了解北京，即使你自以为很了解它的现状了，也应该去四合院里补课。

不了解一座城市的往事，绝不能算了解一座城市。在四合院里住过的人会有思想的，因而也是有福的。北京的居民，若按居住条件来划分，大抵可分为住楼房的和住平房的(多指四合院)。楼房一般带"双气"(煤气与暖气)，平房则要靠蜂窝煤生炉子。所以冬天的四合院有一点点冷，但也能使你清醒地看见它的过去——过去的北京人在围墙里生活的情景。你可以坐在天井里晒太阳，想一些有关或无关的心事。

很幸运我刚来北京时，在东城的某座四合院里借住过半年。可随着北京城区的改建，四合院快拆得差不多了，只怕21世纪的文人怀旧时想住四合院，要比住五星级饭店难得多。联想至此，我更觉自己幸运，甚至想对四合院哼一首流行歌曲：让我再看你一眼……北京确有星级饭店是模仿四合院建造的，即香山脚下的卧佛寺饭店。一律平房，带天井，室内不铺地毯，不设席梦思——代之以板床、藤椅，明清风格的木质家具。仿古的建筑，刻意呵护客人做一个传统的梦。我曾在那里开过一星期的会，却找不到住真正的四合院的感觉。看来这就是文物与赝品的区别。真正的四合院并不是一种形式，它更具有古老的内容。这只不起眼儿的盒子里装的东西可太多了。

（据2002年7月25日《南方周末》，作者：洪烛）

课文练习

一、根据课文回答问题：

1. 为什么说"能住在四合院里是一种福气"？
2. 北京人为什么要造四合院？
3. 作者为什么说"四合院不仅是一种建筑，更是一种心理"？
4. "真正的四合院并不是一种形式，它更具有古老的内容。"你怎么理解这句话？

二、词语辨析与练习：

一律　　一切　　全

这三个词都有"全部"的意思，但是三者词性及用法并不相同。"一切"是代词，可做主语、宾语、定语，不能修饰形容词、动词。例如：

(1) 王明工作起来就忘掉了**一切**。
(2) 老王对这里的**一切**工作都很熟悉。

"一律"是副词，可用于动词性谓语前，有时还可用于名词性谓语前，直接修饰名词短语。与"一切"、"全"相比较，"一律"在语义上更强调无例外。例如：

(3) 凡参加本系统庆祝建党80周年歌咏比赛的同志**一律**休息一天。
(4) 公务员考试作弊，成绩**一律**按零分处理。
(5) 本市公交车实行单一票价，上车**一律**2元。

"全"是形容词、副词，做形容词时可修饰名词，做副词时只能用在动词前，不能修饰做容词。"全"还可做补语，"一律"不能做补语。例如：

(6) 鲁迅先生的小说我**全**看过了。
(7) 那本小说我只看了一半，还没看**全**。

经历　经受

两者都可以做动词。

"经历"侧重指亲眼见过，亲身做过或遇到过的事。"经受"则指忍耐、接受（压力、打击、痛苦等），常常搭配的是"打击"、"考验"、"磨难"、"痛苦"等，语义比"经历"重。"经历"还可做名词，"经受"不能做名词。例如：

(1) 两位毕业生亲身**经历**了世界500强公司的面试。
(2) 老船长**经历**过无数的危险。
(3) 那一年，**经受**了两年牢狱之苦的曾卓因病保外就医。
(4) 政府鼓励青年知识分子到实践中去、到基层和艰苦地区去，**经受**磨炼，健康成长。

了解　理解

两个都是动词，都有"知道"的意思，但词义侧重、使用范围和搭配特点都不同。

"了解"侧重的是对过程、原因、现状的一般性的"知道"。"理解"侧重的是通过思考而明白，强调的是从情理上的"懂得"甚至是"认同"。"了解"的适用范围较大，所有可以被知道的事情都可用"了解"，如"原因"、"历史"、"真相"、"病情"等。"理解"的适用范围则较小，除了用于少数像"道理"、"概念"等抽象的内容外，主要用于和人的精神、境遇有关的内容，如"心情"、"意思"、"处境"、"苦衷"等。例如：

(1) 现在房价很贵，买房之前要多**了解**各种信息再购买。
(2) 他虽然在国外长大，但是很**了解**中国文化。
(3) 很多年轻人不**理解**父母的心情。
(4) 老人与晚辈不和，有些是因为相互间缺乏**理解**。

"了解"还有调查、打听的意思,"理解"则没有这个意思。例如:

(5) 这究竟是怎么回事,你去**了解**一下。

感觉　感受

做动词时,"感觉"、"感受"都有"对事物现象感知"的意思,但词义侧重和搭配对象不同。

"感觉"强调的是觉得,常常搭配的是"冷"、"热"、"对"、"不对"、"紧张"、"头疼"、"心烦"等,有时搭配对象也可是一件事情。例如:

(1) 这儿风太大了,我**感觉**有点儿冷。

(2) 兰兰忽然**感觉**这件事有点儿奇怪,便拿起大衣走了出去。

"感受"强调的是接触和接受,常常搭配的是"生活"、"亲情"、"滋味"、"温暖"、"气氛"等。相对而言,"感觉"主要是对自身状况的感知,而"感受"则主要是对外界事物的感知。例如:

(3) 记者以图片的形式让大家直接**感受**和分享大会的现场气氛。

(4) 要了解生活,就必须要亲自**感受**生活。

两者还都可以做名词。"感觉"表示事物特征在人脑中的反映;"感受"则表示受外界影响而形成的体会。

辨析练习

选择填空:

一律　一切　全　经历　经受　了解　理解　感觉　感受

1. 市政府规定,夏季空调温度_____定为26℃。

2. 刘亮只知道在外面干活,挣的钱_____都给了妻子。

3. 比赛结果是目前_____情况最好的写照。

4. 欧洲很大,不可能一次玩儿_____,与其走马观花,不如留些地方下一次再去。

5. 为深入开展节约工作,生活场所的景观灯、彩灯等_____停开。

6. 说起前天的逃生_____，他显得特别激动。
7. 老人们不希望年青一代再_____战争。
8. 在工作、生活中，他_____的打击是别人无法想象的。
9. 在中国，网络产业_____了从一无所有到成为产业的热门概念，又从概念到务实的两次变化。
10. 2005年3月24日，航行150天，_____住极地恶劣环境考验的"雪龙"号考察船顺利抵达上海。
11. 我实在不_____他为什么自己放弃这么好的机会。
12. 只有经过调查，才能真正_____群众的需要。
13. 我很_____她的脾气，她说不来就肯定不会来。
14. 夫妻之间最重要的是相互_____，相互包容。
15. 中午，队长亲自去案发现场_____情况。
16. 他鼓励人们_____自己所有的_____，全面衡量后再做决策。
17. 这款新车内饰十分温馨，给人一种赏心悦目的_____。
18. 内部讨论会上，他说出了自己比较真实的_____。

三、语法讲解：

1　我常想，住在四合院里的人是有福的。

"是……的"是一种固定形式，可用于强调谓语，多用来表示说话人的看法、见解或态度等，谓语对主语来说一般是起解释说明作用，说明主语是什么情况。句中"是"不可以省略。

"是……的"中间可以是动词短语，较常见的是"动词+可能补语"或"能愿动词+动词"，也可以是形容词短语，单独的形容词、动词也可以，不过比较少。例如：
(1) 这样做**是**应该**的**。
(2) 这些意见**是**非常正确**的**。
(3) 孩子们**是**懂得讲文明讲礼貌**的**。
(4) 事情的真相到底是什么，最终**是**一定能发现**的**。

否定形式为把"是……的"中间的成分改成否定形式。例如：

(5) 这样做**是**不应该**的**。

(6) 这些意见**是**不正确**的**。

"是……的"还可以用来强调已经发生或完成的动作的时间、地点、方式、目的、对象等。肯定句中,"是"可以省略。例如:

(7) 我(**是**)去年9月来中国**的**。

(8) 他们(**是**)坐飞机来上海**的**。

否定形式为把"是"变为"不是",这时"不是"不可以省略。例如:

(9) 我**不是**来旅行**的**,我是来留学**的**。

(10) 他**不是**坐飞机去**的**,是坐火车去的。

---

2 也许若干年以后,想住还住不到呢。
有打不上水来的井眼、磨圆了棱角的石头棋盘,供人凭吊。
我曾在那里开过一星期的会,却找不到住真正的四合院的感觉。

在谓语动词后面补充说明能否达到某种结果或情况的成分叫可能补语。其结构形式为:

肯定式:动词+得+结果补语/趋向补语 (表示可能实现)

否定式:动词+不+结果补语/趋向补语 (表示不能实现)

正反疑问式:肯定式+否定式

例如:

(1) 现在才三点钟,这个电视剧五点准**看得完**。(能看完)

(2) 就这么点儿东西,他一定**吃得下**。(能吃下)

(3) 我**听不懂**您刚才说的话。(不能听懂)

(4) 这个箱子太重,我们两个人**抬不起来**。(不能抬起来)

(5) 你**听得懂听不懂**中文广播?

(6) 这件衣服**洗得干净洗不干净**?

当动词带宾语时,宾语可以放在可能补语后边,也可以放在主语前边,但是不能放在动词与补语中间。例如:

(7) 你**看得懂**这本书吗? 这本书你**看得懂**吗?

需要注意的是,表示劝阻某种动作行为时,不能用可能补语,只能用"不能+动词"。例如:

(8) 这儿**不能抽烟**。

3　可随着北京城区的改建，四合院快拆得差不多了，只怕21世纪的文人怀旧时想住四合院，要比住五星级饭店难得多。

"随着"用在第一个分句的句首或动词前面，表示动作、行为或事件的发生所依赖的条件。例如：

(1) **随着**工农业生产的大发展，我们必将迎来教育事业的大发展。
(2) **随着**一声令下，埋伏多时的民警冲进了仓库。
(3) **随着**技术日渐成熟，杀毒软件已成为电脑用户的日常必备品。

语法练习

（一）判断正误，并改正错误的句子：

1. 你是什么时候来上海？　　　　　　　　　　　（　　）
　_____。

2. 玛丽不从美国来的，是从法国来的。　　　　　（　　）
　_____。

3. 走路的人渴了，摘一个西瓜吃，我们这里不是算偷的。（　　）
　_____。

4. 这不是你的书，你拿不了。　　　　　　　　　（　　）
　_____。

5. 这张桌子太大了，我一个人搬不进去教室。　　（　　）
　_____。

6. 他找了几次小王才找得到他。　　　　　　　　（　　）
　_____。

（二）将下列句子变换成带有可能补语的句子：

例如：买票的人太多了，可能不能买到了。
改为：买票的人太多了，可能买不到了。

1. 天气不好，今天的郊游不能去了。
   _____。
2. 现在电视机家家都能买，不会觉得很贵。
   _____。
3. 路很滑，我虽然拉了闸，可汽车还继续向前行驶。
   _____。
4. 弟弟学习成绩非常好，我觉得他一定能考上大学。
   _____。
5. 这件衣服太脏了，已经不能洗干净了。
   _____。

（三）选词填空：

> 百读不厌　一律　刻意　不起眼儿　荒凉　幸运　大多　天伦之乐

1. 本次英语考试＿＿＿采取网络报名的方式。
2. 钱钟书等著名学者写的怀念文章，不但思想深刻，而且文笔很美，让人＿＿＿。
3. 工地上杂草丛生，恢复了往日＿＿＿的景象。
4. 第一次去岳母家拜访，我＿＿＿打扮了一番，头梳得齐齐的，鞋擦得亮亮的。
5. 在美国什么地方都有台球打得好的中国人，＿＿＿是学生。
6. 越来越多的外国人领养中国儿童，有些建立起美满的家庭，共享＿＿＿。
7. 虽然吐痰和乱丢垃圾看起来是个＿＿＿的小事，但的确有损城市形象。
8. 我觉得自己一直都很＿＿＿，有那么多人帮助过我。

（四）模仿造句：

1. 说起北京的民居，自然要说到四合院。
   说起马耳他，人们总会想到灿烂的阳光和悠久的历史。
   说起＿＿＿＿＿＿＿＿＿＿，＿＿＿＿＿＿＿＿＿＿。

2. 我真担心四合院不仅是一种建筑，更是一种心理。
   他的表演不仅给人以惊奇，更能让人感受到一种温情。
   ＿＿＿＿＿＿＿不仅＿＿＿＿＿＿＿＿，更＿＿＿＿＿＿。

3. 趁四合院还在，正是后人们参观、剖析这个盒子的时候。
   趁他没看见你，赶快从后门出去吧。
   趁＿＿＿＿＿＿＿＿＿，＿＿＿＿＿＿＿＿＿。

4. 即使你自以为很了解它的现状了，也应该去四合院里补课。
   即使这次失败了，我也不会觉得遗憾。
   即使＿＿＿＿＿＿＿＿＿，也＿＿＿＿＿＿＿。

5. 可随着北京城区的改建，四合院快拆得差不多了。
   随着电子技术的发展，电子产品的种类和数量迅速增长。
   随着＿＿＿＿＿＿＿＿＿，＿＿＿＿＿＿＿＿＿。

字词扩展练习

仿照例子组词，并从中选择10个词造句：

例				
客厅	＿＿厅	＿＿厅	＿＿厅	＿＿厅
正房	＿＿房	＿＿房	＿＿房	＿＿房
四合院	＿＿院	＿＿院	＿＿院	＿＿院
家具	＿＿具	＿＿具	＿＿具	＿＿具
有缘	有＿＿	有＿＿	有＿＿	有＿＿
木质	＿＿质	＿＿质	＿＿质	＿＿质
中国式	＿＿式	＿＿式	＿＿式	＿＿式

阅读扩展及泛读练习

副课文

胡同情结

住家的附近有一条小巷，小巷的尽头有一口古井。和妹妹去井边提水总爱在小巷里逗留。那条小巷，窄窄长长的，站在小巷深处，感觉风从巷口幽幽地吹来，吹过脸庞，又向巷尾吹去。最喜欢的是喊巷，扯开喉咙，大喊一声彼此的名字，那声音便在小巷里袅袅娜娜地萦绕不去，很是有趣。长大后读诗，最喜欢戴望舒的《雨巷》，那个悠长悠长又寂寥的小巷，飘着缠缠绵绵的黄昏雨，那个结着愁带着怨的丁香姑娘，撑着油纸伞，从雨巷里袅袅娜娜地走来，是一首诗一幅画，更是一场梦，读着读着，不知不觉就读出了满怀的诗情画意。

后来从书中知道，所有这些城市街巷在上海叫里弄，在北京则叫做胡同。北京的胡同著名的就有三千六，没名的多如牛毛。这些大大小小曲折幽深的胡同，以及那一扇扇门开向胡同的温馨美丽的四合院，构成了北京特有的胡同风光，诠释着北京特有的胡同文化，也让千里之外的我有了深深的胡同情结。所以，在去北京的日子定下来之后，我的脑海里就不停地闪现着这样的一幅画：徜徉在一条狭长又幽静的小胡同里，听着身旁铿锵清脆、悠扬有致的京腔，闻着路旁槐树清幽的芳香，再一小口一小口地舔着从路边小摊上买来的一小串冰糖葫芦，细细地品尝着那一份与胡同亲密接触的心情。

到北京后才知道，自己不得不整天跟着导游跟着旅游车在四通八达的公路上狂奔，然后和别人比肩接踵地看风景吃饭，眼睛忙得跟什么似的，可就是看不见我梦中的胡同。那日，不知道从哪一个风景点回来，一堆人挤在餐厅里等晚餐，我再也忍不住，一个人悄悄地溜出来，随便选一条胡同就逛了进去。

那是甜水井胡同，不算小，也不曲折，几乎是笔直地伸向前方。两边是古朴美丽的四合院，斜斜的屋顶重重叠叠，起起落落，间或会见到一小丛狗尾巴草出其不意地从某个瓦片旁长了出来，在晚风里轻轻地摇曳；柔和的阳光从胡同和四合院的上空轻轻地撒了下来，把人啊树的影子拉得好长好长；几个刚踢完球的半大孩子从胡同深处说说笑笑地走来，青春的脸上挂着阳光般的微笑；突然地就见到一个卖煎饼的老头，守着自己的煎饼摊，默默地忙着活；一家只有一个橱窗的成衣店里，挂着几件俗气的旗袍，唯一的师傅正趴在缝衣台上吃晚饭……华灯虽未上，却给人那么

浓烈的一种感觉：胡同深处，有着无数温暖的家啊！独自徜徉在甜水井胡同，看着胡同里的一草一木一人一景，想象着发生在每一个四合院里的人间故事，我的胡同情结忽然有了很完美的满足。

（据2005年6月21日《佛山日报》，作者：黎荣聪）

根据课文判断正误：

1. 小时候，"我"最喜欢在巷口吹风。　　　　　　　　　　（　）
2. 城市的街巷在北京叫胡同，而在上海则叫里弄。　　　　（　）
3. 胡同和四合院构成了北京特有的风光。　　　　　　　　（　）
4. 到北京后，导游带着我们去看北京的胡同。　　　　　　（　）
5. 甜水井胡同，不算小，也不曲折，但是胡同里有无数温暖的家。（　）
6. "我"的胡同情结最终也没有得到满足。　　　　　　　　（　）

第6课　　喝得很慢的土豆汤

生　词

	注音	词性	释义
1. 特意	tèyì	副	专门为了某一件事情。
	(1) 为了见她最后一面，他特意去了趟上海。 (2) 这是我特意给你买的礼物。		
2. 空荡荡	kōngdàngdàng	形	形容没有人或东西。
	(1) 院子里空荡荡的，一个人也没有。 (2) 放假了，同学们都回家了，校园里空荡荡的。		
3. (胖)乎乎	(pàng)hūhū	形	词尾"乎乎"常用在一个形容词的后边，表示程度。
	(1) 那个小姑娘胖乎乎的，真可爱。 (2) 书包里有一个软乎乎的东西，是什么呢？		
4. 细腻	xìnì	形	细致光滑；表演等非常细致。
	(1) 选墨首先要看质地是否细腻。 (2) 女孩子的感情是很细腻的。		
5. 清香	qīngxiāng	名	淡淡的香味。
	(1) 春天来了，空气中弥漫着一阵阵花的清香。 (2) 这个菜清香可口，很受欢迎。		
6. 撩	liāo	动	吸引。
	(1) 快中午了，食堂的香味真撩人胃口。 (2) 春色撩人。		
7. 胃口	wèikǒu	名	可以指食欲；也可以指对事情或活动的兴趣。
	(1) 今天我不吃饭了，没有胃口。 (2) 他对打球不感兴趣，游泳才对他的胃口。		

	注音	词性	释义
8. 炖	dūn	动	加水烧开后用小火长时间地煮。

(1) 你吃过清炖排骨吗？
(2) 他最喜欢吃炖肉了。

9. 嘀咕	dígu	动	小声地说。

(1) 他俩见面就嘀咕上了。
(2) 小王对小刘嘀咕："你以前见过她吗？"

10. 适中	shìzhōng	形	正合适。

(1) 这个菜的味道适中，很好吃。
(2) 我觉得这件衣服价格适中，可以接受。

11. 风味	fēngwèi	名	一个地方的特色。

(1) 这是我们家乡的风味，请您尝尝。
(2) 山西的风味小吃很有名。

12. 口味	kǒuwèi	名	吃的或喝的东西的味道。

(1) 这种饮料有一种特殊的口味。
(2) 食堂里的菜不太合我的口味。

13. 聚会	jùhuì	动	人们因某种原因集合在一起。

(1) 明天我们同学聚会，你去不去？
(2) 今年我们要举行毕业十周年聚会。

14. 天高地远	tiān gāo dì yuǎn		像天和地的距离那么远。形容非常远，差距非常大。

(1) 我在长春，他在海南，天高地远，不能常常见面。
(2) 北方冬季的田野，天高地远，一片荒凉。

15. 浓郁	nóngyù	形	形容色彩、情感、气氛很重或兴趣很大等。

(1) 这首歌曲具有浓郁的地方风味。
(2) 他对中国文化有着浓郁的兴趣。

16. 触	chù	动	碰；撞。

(1) 她不小心触了电，一下子昏倒了。
(2) 他伤得很厉害，一触就疼。

17. 滋味	zīwèi	名	味道。

(1) 尝尝我做的菜，滋味怎么样？
(2) 听到爸爸病了的消息，小刘心里很不是滋味。

	注音	词性	释义
18. 诉说	sūshuō	动	有感情地说。

(1) 小刘向我诉说他婚姻的不幸。
(2) 他在信里诉说着对生活的热爱。

19. 续	xù	动	接在原有的后边。

(1) 菜凉了，再给我们续点儿火。
(2) 为了多陪妈妈，他又续了几天假。

20. 搅拌	jiǎobàn	动	用棍子等在混合物中转动。

(1) 把粥搅拌一下儿再喝。
(2) 这些药需要搅拌在一起吃。

21. 百思不解	bǎi sī bù jiě		怎么想都不明白。

(1) 我百思不解，他为什么会做那么傻的事。
(2) 他的行为让人百思不解。

22. 珠子	zhūzi	名	像珍珠状的小圆粒。

(1) 我家的窗帘是珠子串起来的。
(2) 睁大你的眼珠子看看我是谁！

23. 琢磨	zhuómó	动	仔细考虑。

(1) 你琢磨琢磨还有什么问题。
(2) 他的话我琢磨了很久。

24. 扎眼	zhāyǎn	形	吸引人的目光。

(1) 她的新衣服红得很扎眼。
(2) 这块布的花色太扎眼了。

25. 记性	jìxing	名	记忆力。

(1) 人的年纪越大，记性越不好。
(2) 还是他的记性好，十年前的事情都记得很清楚。

26. 一个劲儿	yígejìnr	副	一直，经常。

(1) 他一个劲儿地唱歌，也不管别人爱不爱听。
(2) 我拉肚子了，今天一个劲儿地往厕所跑。

27. 谜	mí	名	指还没弄明白的或很难理解的事物。

(1) 这个问题到现在还是一个谜，谁也不明白是怎么回事。
(2) 要解开这个谜，需要几年的时间。

28. 温馨	wēnxīn	形	温暖；温和，有香味。

(1) 我有一个温馨的家。
(2) 我过了一个温馨的生日。

	注音	词性	释义
29. 悬念	xuánniàn	名	欣赏戏剧、电影或其他文艺作品时，对故事发展和人物命运很想知道却又无法知道的关切和期待心理。
	(1) 那个电影一开始就有一个悬念，到最后我才搞明白。 (2) 一本小说如果没有悬念，就没有什么意思。		
30. 苏醒	sūxǐng	动	昏迷后醒过来。
	(1) 他从昏迷中苏醒过来，不知道自己在什么地方。 (2) 经过大夫的抢救，他终于苏醒过来了。		
31. 清静	qīngjìng	形	不吵闹，安静。
	(1) 我在乡村买了一幢房子，因为那里比较清静。 (2) 我们找一个清静的地方说话，好吗？		
32. 老家	lǎojiā	名	在外地工作学习的人称爸爸妈妈家所在的地方为"老家"。
	(1) 我的老家在河北。 (2) 现在我在上海学习汉语，我老家是韩国首尔。		
33. 憨厚	hānhòu	形	老实，诚实。
	(1) 一看就知道他是个憨厚的人。 (2) 他性格憨厚，从不说谎。		
34. 打搅	dǎjiǎo	动	打扰。
	(1) 哥哥正在看书，不要打搅他。 (2) 打搅您了，明天见！		
35. 相逢	xiāngféng	动	常常指没有约好而互相遇见。
	(1) 那天，我和他在去美国的飞机上相逢了。 (2) 人与人的相逢是一种缘分。		
36. 欢欣	huānxīn	形	快乐而兴奋。
	(1) 听到国家主席要来我校参观的消息，大家欢欣鼓舞。 (2) 节日的夜晚充满了欢欣的气氛。		
37. 难忘	nánwàng	形	很难忘记。
	(1) 我有一个难忘的童年。 (2) 我最难忘的人是李老师。		
38. 流淌	liútǎng	动	液体流动。
	(1) 山泉在石涧中流淌。 (2) 热血流淌在每一个有志青年的心中。		

	注音	词性	释义
39. 责怪	zéguài	动	责备、埋怨。
	(1) 这件事是我没说清楚，不能责怪他。 (2) 老师责怪我没写完作业。		
40. 人手	rénshǒu	名	做事的人。
	(1) 我这儿人手不足，你最好再给我派一个人来。 (2) 你那儿有多少人手？		

注释词表

生词	注音	释义
1. 菜谱	càipǔ	顾客点菜用的菜单。
2. 润滑	rùnhuá	细腻光滑。
3. 艾草	àicǎo	一种植物。
4. 没法子	méi fǎzi	没办法。
5. 位子	wèizi	座位。
6. 一瞬间	yíshùnjiān	很短的时间。
7. 临行	línxíng	就要离开。
8. 缭绕	liáorǎo	回环旋转。
9. 抿	mǐn	嘴角略微收拢。嘴唇轻轻的沾一下杯子或碗喝一点儿。
10. 迷离	mílí	模糊，看不清楚。
11. 庸常	yōngcháng	平常。
12. 沉睡	chénshuì	睡得很熟。
13. 蒸腾	zhēngténg	气体上升。
14. 蹊跷	qīqiāo	奇怪。
15. 打工	dǎ gōng	（为别人）工作（赚钱）。
16. 洇湿	yīnshī	液体落在纸上向四周慢慢散开。
17. 葫芦	húlu	一种植物的果实，像两个球连在一起，表面很光，有时可以做容器。

课文　喝得很慢的土豆汤

[阅读提示] 身在异国他乡,你是否想念过父母亲人?是否因为再见到父母亲人而倍感亲切?本文表面上在写土豆汤,实际上写的是融化在土豆汤里浓浓的亲情。

那天下午两点多,我和妻子路过北大,因为还没有吃午饭,忽然想起儿子曾经特意带我们去过的一家朝鲜族小饭馆儿,离北大的西门不远,于是便去了那家小饭馆儿。

大概由于早过了饭点儿,小馆儿里没有一个客人,空荡荡的,只有风扇寂寞地呼呼吹着。一个服务员,是个胖乎乎的小姑娘走了过来,把我们领到靠窗的风扇前坐下,说这里凉快,然后递过菜谱问我们吃点儿什么。我想起上次儿子带我们来,点了一个土豆汤,非常好吃,很浓的汤,却很润滑细腻,微辣中有一种特殊的清香味儿,如同湿润的艾草似的撩人胃口。不过已经过去了两个多月的时间,我忘记了是用鸡块炖的,还是用牛肉炖的了,便对妻子嘀咕:"你还记得吗?"妻子也忘记了。儿子在北大读书的时候,常常和同学到这家小馆儿吃饭。由于是24小时营业,价格适中,朝鲜风味又都特别对他们的口味,非常受他们的欢迎,他对这里的菜当然比我们要熟悉。大学毕业,儿子去美国读研,放假回来,和同学聚会总还要跑到这里,点他们最爱吃的菜。可惜,儿子假期已满,又回美国接着读书去了,天高地远,没法子问他了。

没有想到,这时小姑娘对我们说道:"上次你们是不是和你们的儿子一起来的,就坐在里面那个位子?"她说着一口比赵本山还浓郁的东北话,用胖乎乎的小手指了指里面靠墙的位子。

我和妻子都惊住了,她居然记得这样清楚,那时,我们和儿子确实就坐在那里。

我更没有想到的是,她接着用一种很肯定的口气对我们说:"那次你们要的是鸡块炖土豆汤。"

这样的肯定,让我心里相信了她,不过,我还是开玩笑地对她说:"你就这么肯定?"

她笑了:"没错,你们要的就是鸡块炖土豆汤。"

我也笑了:"那就要鸡块炖土豆汤。"

她望望我和妻子,像考试成绩不错得到了赞扬似的,高声向后厨报着菜名:"鸡块炖土豆汤!"高兴地风摆柳枝走去。

刚才和小姑娘的对话,让我和妻子在那一瞬间都想起了儿子。思念,变得一下子那么近,近得可触可摸,就在只隔几排座位的那个位子上,走过去,一伸手,就能够抓到。两个多月前,儿子要离开我们回美国读书的时候,特意带我们到这家小馆儿,让我们尝尝他和他们同学的青春滋味。那一次,他特别向我们推荐了这个鸡块炖土豆汤,让我们一定要尝尝。儿子临行前的时间安排得很满,我和妻子知道,那一次,也是他和我们的告别宴。所以,那一次的土豆汤,我们喝得格外慢,边聊边喝,"临行密密缝"一般,彼此嘱咐着,诉说着没完没了的话,一直从中午喝到了黄昏,一锅汤让服务员续了几次。许多的味道,浓浓的,都搅拌在那土豆汤里了。

不过，事情已经过去了两个多月，我都忘记了到底喝的什么土豆汤了，这个胖乎乎的小姑娘居然还能够如此清楚地记得我们喝的是鸡块炖土豆汤，而且记得我们坐的具体位置，真让我有些奇怪。小馆儿24小时营业，一直热闹非常，来来往往那么多的客人，点的那么多不同品种的菜和汤，她怎么就能够一下子记住了我们，而且准确无误地判断出那就是我们的儿子，同时记住了我们要的是什么样的土豆汤？这确实让我好奇，百思不解。

汤上来了，鸡块炖土豆汤，浓浓的，热气缭绕，清香扑鼻，抿了一小口，两个多月前的味道和情景立刻又回到了眼前，熟悉而亲切，仿佛儿子就坐在面前。

"是吧，是这个土豆汤吧？"小姑娘笑着问我。

"是，就是这个汤。"

然后，我问小姑娘："你怎么记得我们当初要的是这个汤？"

她笑笑，望望我和妻子，没有说话，转身走开。

那一天下午的土豆汤，我们喝得很慢。

结完账，临走的时候，小姑娘早早地等候在门口，为我们撩起珠子串起的门帘，向我们道了声再见。我心里的谜团没有解开，刚才还一边喝着汤一边在琢磨，小姑娘怎么就能够那么清楚地记得我们和儿子那次到这里来吃饭坐的位置和要的土豆汤？总觉得一定是有原因的。那么，是什么原因呢？是因为那一次我们的土豆汤喝得太慢，麻烦让她来回热了好几次的缘故，让她记住了，还是因为来这家小馆儿的大多是附近年轻的大学生，一下子出现我们这样大年纪的人，显得格外扎眼？我不大甘心，出门前再一次问她："小姑娘，你怎么就能记住我们要的是鸡块炖土豆汤呢？"

她还是那样抿着嘴微微地笑着，没有回答。

我只好夸奖她："你真是好记性。"

一路上，我和妻子都一直嘀咕着这个小姑娘和味道有些特别的土豆汤。星期天，和儿子通电话时，我对他讲起了这件事，他也非常好奇，一个劲儿问我："这太有意思了，你没问问她到底是怎么回事吗？"我告诉他："我问了，小姑娘光是笑，不回答我为什么呀。"

被人记住，总是一件让人高兴的事，不过，对于我们一家三口，这确实是一个谜；也许，人生本来就有许多解不开的谜，让生活充满着迷离的想象，让人和人之间有着神奇的交流，让庸常的日子有了温馨的念想和悬念。

又过去了好几个月，树叶都渐渐地黄了，天都渐渐地冷了。一天下午还是两点多钟，我去中关村办事，那家小馆儿，那个小姑娘，和那锅鸡块炖土豆汤，立刻又从沉睡中苏醒过来似的，闯进我的心头。离着不远，干吗不去那里再喝一喝鸡块炖土豆汤？便一拐弯儿，又进了那家小馆儿。

因为不是饭点儿，小馆儿里依然清静，不过，里面已经有了客人，一男一女正面对面坐着吃饭，蒸腾的热气弥漫在他们的头顶。见我进门，一个小伙子迎上前来，让我坐下，递给我菜谱。我正奇怪，服务员怎么换成男的，那个小姑娘哪里去了？扭头看见了那对面对面坐在那里吃饭的人，女的正是那个胖乎乎

的小姑娘，对面坐着的那个年龄大约四五十岁的男人，看模样长得和小姑娘很像，不用说，一定是她的父亲。她也看见了我，向我笑笑，算是打了招呼。

我要的还是鸡

块炖土豆汤。因为炖汤要有一些时间,我走过去和小姑娘聊天,看见他们父女俩要的也是鸡块炖土豆汤。我笑了,她也笑了,那笑中含有的意思,只有我们两人明白,她的父亲看着有些蹊跷。

我问:"这位是你父亲?"

她点点头,有些兴奋地说:"刚刚从老家来。我和我爸爸都好几年没有见面了。"

"想你爸爸了?"

她笑了,她的父亲也很憨厚地笑着,望望我,又望望女儿。

难得的父女相见,我能想象得出,一定是女儿跑到北京打工好几年了,现在终于有了父女见面的机会。我不想打搅他们,走回自己的座位,要了一瓶啤酒,静静地等我的土豆汤。我的心里充满着感动,我忽然明白了,这个小姑娘当初为什么一下子就记住了我们,记住了我们要的土豆汤。人同此情,情同此理,没有比亲人之间分别的思念和相逢的欢欣,更能够让人感动和难忘的了。亲情,在那一刻流淌着,洇湿了所有时间和空间的距离。

土豆汤上来了,抬头一看,我没有想到,是小姑娘为我端上来的。我还没有责怪她怎么不陪父亲,她已经看出了我的意思,先对我说:"我们店里的人手少,老板让我和我爸爸一起吃饭,已经很不错了。"和上次她像个扎嘴的葫芦大不一样,小姑娘的话明显地多了起来。说罢,她转身走去,走到她父亲的旁边,从袅娜的背影,也能看出她的快乐。

那个下午,我的土豆汤喝得很慢。我看见,小姑娘和她的爸爸那一锅土豆汤喝得也很慢。

(据2005年1月《中国散文排行榜》,作者:肖复兴)

课文练习

一、根据课文回答问题：

1. 这篇文章为什么叫"喝得很慢的土豆汤"？
2. 这篇文章可以分成几部分？每部分各讲的什么？
3. 小姑娘为什么一开始不说话，只微微地笑？
4. "我笑了，她也笑了，那笑中含有的意思，只有我们两人明白"，作者明白了什么？
5. 小姑娘为什么那么清楚地记得作者一家要的什么汤呢？

二、词语辨析与练习：

特意　故意

二者都是副词，可以做状语。

"特意"表示专门为了某一件事情，一般用在连动句的第一个动词前，其同义词是"特地"。例如：

(1) 我病了，他**特意**打来电话表示问候。
(2) 听说你病了，他**特意**来看你。
(3) 这些好吃的东西是**特意**为你们准备的。
(4) 为了这件事，他**特意**去了一趟上海。

"故意"表示明明知道不应该或没有必要这样做而有意要这样做，常含有不好的意思。例如：

(5) 每次开会之前，他总是**故意**咳嗽两声。
(6) 他**故意**不理睬我，从我身边走过去了。
(7) 他**故意**打碎了那个我最喜欢的瓶子。
(8) 他总是**故意**在背后说我的坏话。

"故意"可以用在"是……的"中间。例如：

(9) 昨天迟到，我看你是**故意**的。

法子　方法　办法

三者都可以用英语的"way"、"method"来解释，基本意思是一样的，但又有细微的差别。

"办法"是处理问题、解决问题的方法，口语、书面语里都可以用，可以用在大事上，也可以用在小事上，常和"想"、"采用"等动词搭配，受量词"个"修饰。例如：

(1) 这个问题一定要想**办法**解决。
(2) 他的这个**办法**解决了我们很大的困难。
(3) 采用了他的**办法**以后，工作效率大大提高了。

"法子"是口语，意思与"办法"相同，用在非正式场合。例如：

(4) 他不听我的话，我有什么**法子**。
(5) 我真没**法子**和他相处。
(6) 这是一个好**法子**。

"方法"是进行工作时所采用的具体手段，比较正式，多用于书面语，常和"思想"、"科学"、"分析"等搭配。例如：

(7) 做事情要注意**方法**。
(8) 我们要用科学的**方法**解决问题。
(9) 在学习**方法**上，我们一定要注意理论联系实际。

浓郁　浓厚

"浓郁"与"浓厚"既有相同的地方，也有不同的地方。二者都可以表示色彩、情感、气氛等很重，例如：

(1) 这支歌有**浓郁/浓厚**的地方色彩。
(2) 他的演讲感情**浓郁/浓厚**。
(3) 这部电影充满了**浓郁/浓厚**的生活气息。

还可以表示对某方面的兴趣大，例如：

(4) 孩子们对打乒乓球的兴趣很**浓郁/浓厚**。

"浓郁"在表示"繁密"的意义上不能与"浓厚"通用。例如：

(5) **浓郁**的松林(不能说"浓厚的松林")

"浓厚"则侧重"厚"，在表示烟雾、云层等很重这一方面不能与"浓郁"通用。例如：

(6) **浓厚**的黑烟(不能说"浓郁的黑烟")
(7) 你看那**浓厚**的云层，肯定要下雨了。(不能用"浓郁")

居然　突然

"居然"、"突然"都可做状语,表示出乎意料,没有想到。

"居然"是副词,不能受"很"、"太"、"十分"、"非常"等修饰。指本来不应该发生的事发生了。例如:

(1) 我们都认为他会去的,可是他**居然**不肯去。

(2) 他**居然**偷了别人的东西。

(3) 两人性格不同,**居然**成了好朋友。

还可指本来不可能发生的事发生了。例如:

(4) 医生都说他的病没有希望治好,可他**居然**好了。

(5) 天气预报说今天下雨,**居然**是晴天。

"突然"是形容词,表示情况发生得急促而出人意料,可以受"很、十分、太"等修饰。例如:

(6) 这件事发生得太**突然**了,大家还没有做好充分地准备。

(7) 在漆黑的夜晚,我**突然**看到前方有一个人影,吓了我一跳。

(8) 他**突然**生病了。

情景　情况

二者都指事物呈现出来的面貌。

"情景"一般是指人们用视觉、听觉感触,并能引起人情感变化的场景,往往能表现人的感情。例如:

(1) 看到如此**情景**,每个人都感动得哭了。

(2) 这一母女重逢的**情景**多么动人啊!

"情况"反映的只是客观的形势。例如:

(3) 实际**情况**和他说的不太一样。

(4) 如果有进一步的**情况**,一定要告诉我。

(5) 在医院里住了一个月后,他的身体**情况**有了明显好转。

对于　关于

"对于"表示人、事物、行为之间的对待关系。可用在主语前,也可用于主语后。例如:

(1) **对于**汉语虚词的用法，我还没有完全掌握。/我**对于**汉语虚词的用法，还没有完全掌握。

(2) 考试**对于**学生来说很重要。/**对于**学生来说考试很重要。

(3) **对于**这个问题，每个人都提出了自己的看法。

"关于"表示涉及的事物。例如：

(4) 最近我看了一些**关于**国际问题的材料。

(5) **关于**他最近的情况，你最好问问他的父母。

(6) 他的论文是**关于**子女教育的。

表示关联、涉及的事物，用"关于"；如果指出对象，用"对于"。例如：

(7) **关于**这个问题，你直接找小李就可以了。

(8) **对于**这个问题，我们一定采取积极的态度。

"关于"做状语，只用在主语前；"对于"则用在主语前后均可。

"关于"加上名词后可直接做文章的标题；"对于"加上名词后还要加上"的"再加上一个名词才可以。例如：

(9)《**关于**提高教学质量》

(10)《**对于**提高教学质量的几点意见》

辨析练习

选择填空：

| 居然 | 突然 | 浓厚 | 浓郁 | 特意 | 故意 | 情景 |
| 情况 | 对于 | 关于 | 法子 | 方法 | 办法 | |

1. 事情才过了几天，他_____忘了。

2. 这么大声音，你_____没听见。

3. 他本来是个急性子，现在_____也冷静起来了。

4. 我们都睡觉了，_____电话响了。

5. 事情变化_____得很。

6. 这首歌带有_____的地方色彩。

7. 要想到达目的地，必须穿过这片_____的树林。

8. 今天阴云_____，看来有一场大雨要下了。

9. 他对中国功夫有着_____的兴趣。

10. 他是带着_____的感情写完这篇文章的，所以读完以后，你会完全被他所描绘的情景所感动。

11. 他_____从遥远的美国回来看你。

12. 别理他，他是_____不理睬你的。

13. 听说你很喜欢吃家乡的特产，我_____给你带了一些。

14. 那天开会你没有说话，你是_____的吧?

15. 此时此刻，儿时的_____仿佛就在眼前。

16. 前方有_____，请及时联系。

17. 老红军说起当年的_____，立刻涌出激动的泪水。

18. 在很多_____下，他都是这样处理的。

19. _____牛郎星和织女星，民间有个美丽的传说。

20. _____学校增加招生名额，你们准备采取什么具体措施?

21. 旅居海外的中国人_____祖国都十分关心。

22. _____那些生活有困难的残疾人，社会要热心帮助他们。

23. 他很会动脑子，想_____。

24. 多媒体教学是一种很好的教学_____。

25. 你得帮我想个_____，我都不知道该怎么做了。

三、语法讲解：

> 1　朝鲜风味又都特别对他们的口味，非常受他们的欢迎，他对这里的菜当然比我们要熟悉。

"对"，可以用做形容词、介词、动词、量词。

形容词，意为"正确、正常"。例如：

(1) 你说得很**对**。(正确)

(2) 味道**对**，可是颜色不**对**。（正常）

介词，表示动作的对象，朝，向。例如：

(3) 小李**对**我笑了笑，没有说话。

(4) 我**对**这种人从来没有好印象。

(5) 姑娘**对**小伙说出了心里话。

介词，还表示对待。例如：

(6) 我刚来中国，老师和同学们都**对**我很热情。

(7) 老师**对**我们很关心。

动词，对付，针对，后面必须带宾语。例如：

(8) 批评要**对**事不**对**人。

动词，还有面对的意思，常带"着"或其他成分。例如：

(9) 我的宿舍的窗户正**对**着马路，很吵。

动词，还有适合的意思。例如：

(10) 这个菜很**对**他们的口味。

量词，用于按性别、左右、正反等配合的两个人、动物或事物。有时可儿化。例如：

一**对**夫妇、一**对**男女、一**对**枕头

2　她说着一口比赵本山还浓郁的东北话。
　　没有比亲人之间分别的思念和相逢的欢欣，更能够让人感动和难忘的了。

比较句的类型。

"比……还……"，表示程度比后者要深、重。例如：

(1) 她长得**比**她妈妈**还**高。（她妈妈很高，她比她妈妈更高。）

(2) 她说的东北话**比**赵本山**还**赵本山。（赵本山说东北话很地道，她说东北话更地道。）

"没有比……更/还……"，表示程度最高。例如：

(3) 世界上没有**比**喜马拉雅山**还**高的山。（喜马拉雅山世界上是最高的山。）

(4) 世界上**没有比**妈妈**更**爱我的人了。（在这个世界上妈妈是最爱我的人。）

3 儿子临行前的时间安排得很满，我和妻子知道，那一次，也是他和我们的告别宴。

"临"，可用做介词，也可用做动词。

做介词，表示靠近(某一行为发生的时间，含有将要的意思)。例如：

(1) 他**临**走给你留了一张字条。

常用结构：临+动词+时(的时候)，临+动词+前。例如：

(2) 他**临**走的时候要我向你们问好。

(3) **临**出发前，他给我打了一个电话。

(4) **临**出门的时候，他摔了一跤。

做动词，表示面对，后面一般有宾语。例如：

(5) 我的房子**临**街。

(6) 这个小村庄背山**临**水，风景优美。

做动词，还表示到达。例如：

(7) 大儿子结婚，小儿子考上了大学，真是双喜**临**门啊！

4 小馆儿24小时营业，一直热闹非常，来来往往那么多的客人，点的那么多不同品种的菜和汤，她怎么就能够一下子记住了我们，而且准确无误地判断出那就是我们的儿子，同时记住了我们要的是什么样的土豆汤？

这是一个很长的句子。我们可以把它分成几个部分。每部分和每部分的关系是不一样的。

小馆24小时营业，一直热闹非常，来来往往那么多的客人，点的那么多不同品种的菜和汤，/她怎么就能够一下子记住了我们，//而且准确无误地判断出那就是我们的儿子，///同时记住了我们要的是什么样的土豆汤？

每部分和每部分的关系是不一样的。第一层(/) 表示因果关系，第二层(//) 表示递进关系，第三层(///) 表示并列关系。

各部分之间的关系可以通过关联词语看出来，常见的关系有因果关系、并列关系、递进关系、转折关系、承接关系等。如本句中"而且"表示递进关系，"同时"表示并列关系。

5　他也非常好奇，一个劲儿问我："这太有意思了，你没问问她到底是怎么回事吗？"

"一个劲儿"，口语词，表示不停地连续下去。例如：

(1) 今年夏天的雨**一个劲儿**地下。

(2) 快中午的时候，他**一个劲儿**地喊饿。

(3) 你不要**一个劲儿**地盯着人家看，这样很不礼貌。

6　不用说，一定是她的父亲。

"不用说"，这是一个习惯用语，表示对某种情况很肯定，一般用于句首。例如：

(1) **不用说**，他一定是从美国来的。

(2) **不用说**，看他说得这么有条理，一定是学过经济法。

(3) **不用说**，看你的打扮，你一定是李老师吧！

语法练习

(一) 多义词义项选择：

1. 对：A量词；B介词，表示动作的对象；C介词，表示对待；D动词，对付，针对；E动词，面对；F形容词，正确；G形容词，正常；H动词，适合。

(1) 桌子上摆着一对花瓶。　　　　　　　　　　　(　)

(2) 孩子们做得很对。　　　　　　　　　　　　　(　)

(3) 足球比赛正式开始：留学生队对体育队。　　　(　)

(4) 小时候，我家和他家的门正对着。　　　　　　(　)

(5) 他对你说了些什么？　　　　　　　　　　　　(　)

(6) 大家都对这个问题很感兴趣。　　　　　　　　(　)

(7) 他的神色不对，会不会出了什么事？　　　　　(　)

(8) 两个人越说越投缘，越说越对脾气。　　　　　(　)

2. 临：A 介词，靠近；B 动词，面对；C 动词，到达。
   (1) 身临其境　　　　　　　　　　　　　　　(　)
   (2) 背山临水　　　　　　　　　　　　　　　(　)
   (3) 临散会他才通知我明天八点出发。　　　　(　)
   (4) 病人临睡前吃了一片安眠药，现在正睡着呢。(　)

(二) 仿照例句造句：
   1. 她说着一口比赵本山还浓郁的东北话。
      她长得比电影明星还漂亮。
      _____。

   2. 没有比亲人之间分别的思念和相逢的欢欣，更能够让人感动和难忘的了。
      没有人比他更努力地学习汉语。
      _____。

   3. 儿子临行前的时间安排得很满。
      临走前他告诉了我他家的电话。
      _____。

   4. 不用说，一定是她的父亲。
      不用说，西瓜在冬天肯定很贵，物以稀为贵嘛。
      _____。

   5. 他也非常好奇，一个劲儿问我："这太有意思了，你没问问她到底是怎么回事吗？"
      他一个劲儿往前跑。
      _____。

(三) 分析下列复句，指出各部分之间是什么关系：
   1. 成功的基础是奋斗，奋斗的收获是成功，所以，天下只有不知艰苦而奋斗的人，才能走上成功的高峰。
   2. 我赞美白杨树，就因为它不但象征了北方的农民，尤其象征了我们民族解放斗争中所不可缺少的朴实、坚强、力求上进的精神。
   3. 北京是美丽的，我知道，因为我不但是北京人，而且到过欧美，见过许多西方的名城。

四、写作：

本文开始设置了一个悬念，直到最后读者才终于明白。模仿本文的写法，写一篇关于亲情或友情的文章，字数在200～600字之间。

字词扩展练习

仿照例子组词，并从中选择10个词造句：

胖乎乎	＿乎乎	＿乎乎	＿乎乎	＿乎乎
边<u>聊</u>边<u>喝</u>	边＿边＿	边＿边＿	边＿边＿	边＿边＿
天<u>高</u>地<u>远</u>	天＿地＿	天＿地＿	天＿地＿	天＿地＿
没<u>完</u>没<u>了</u>	没＿没＿	没＿没＿	没＿没＿	没＿没＿
<u>依</u>然<u>有效</u>	断然＿	忽然＿	居然＿	猛然＿
	当然＿	必然＿	果然＿	竟然＿
	仍然＿（副词）			
	天然＿	自然＿（名词）		
	＿自然	＿突然（形容词）		

阅读扩展及泛读练习

副课文

母亲啊，我多么想回报你的爱

今天姐姐来电话，说后天就是母亲的生日了。每年都想着，今年怎么就忘了呢？今年应该是母亲的六十八岁大寿。电话打过去，母亲竟然也忘记了。一再说生日不过了，让我们不要乱花钱买东西，有空就过来吃顿饭，并且嘱咐我："你身体不好，天气冷了，不要出来，好好儿养病。"

母亲生了我们兄妹三人，按母亲的话说，我是最让母亲放心的一个。除了小时候摔断腿躺了两年，以后上学、工作、结婚、生子，一切都很顺利。我是母亲的安慰。

然而，就在今年的国庆节后，我查出了左侧股骨头坏死，用上了双拐。怕母亲经不住打击，不敢把消息告诉她老人家。四处求医的过程中一直没敢回家。然而，母亲却像是有预感一样。远在北京的哥哥只是在电话里说了一句"小妹的腿不太好"，她马上就问："是股骨头坏死吗？"

那晚母亲的电话非常简短，跟我核实后就放下了。我知道，那夜父母亲肯定一夜未眠。

第二天匆匆赶回家。等我走到胡同口的时候，母亲已经站到楼下了。看到我的双拐，母亲的泪再也没能忍住。在我的一再安慰、解释、劝说和坚持下，母亲才没有跟我回来照顾我。

虽然如此，母亲的电话随时跟着我。替我买好了菜、买好了乌鸡、买好了补钙的大骨头。每次回家她都算计着我到家的时间，早早地在楼下张望。回来时她又算好时间，打电话确认我安全到家了才放心。

一次回家，母亲说哥哥来电话了，说我的病可以手术治疗，要在股骨的另一侧取一块骨头做成股骨头再移植上。母亲就很着急，说："为什么让她受两次罪呢？在我的身上取一块骨头做股骨头给她吧。我老了，什么也不怕了，瘸了、瘫了都没事。"我的母亲呀，您对儿女那份无私的爱让我如何承受！

记忆中的母亲是坚强而又倔强的。当姑娘时，母亲是美丽又能干的。高挑的身材，两条又黑又亮的长辫子，是家里的顶梁柱，然而母亲却顺从了包办婚姻。虽然多年的婚姻生活有苦有甜，但是缺少了刘巧儿追求婚姻自主的幸福和甜蜜。当时，父亲一人在外地工作，母亲带着三个孩子在农村种地，生活得却并不比别人差，只三年就盖起了农村很少有的三间大瓦房。当然这得益于母亲的勤俭持家。1978年我摔伤了腿以后，全家迁居济南。当时母亲是有机会出去工作的，但是为了照顾我，她还是留在家里当了家庭妇女，以后也只是在街道上工作。但是母亲很要强,她带头承包了馒头组,每天早晨四点就赶去上班。后来,又带头承包了一个小商店。虽然母亲的收入不是很高,但是足以补贴有三个老人三个孩子的家庭。

孩子们都长大了,有了自己的家。母亲也老了,母亲患了高血压,腰明显地弯了,头发也花白了。母亲应该享福了,可是孩子们每一种不如意都让她挂在心上,怎么能安心享福呢?

每个周六,母亲都会站在阳台上盼着我们回去吃顿饭,但是在电话里却是:"你们都忙,不用回来了,不用惦记着我。"我怎么能让母亲期盼的目光失望呢?"

去年,母亲的血压突然升高,昏迷不醒,医院下了病危通知书。这时,我才第一次真切地感受到我终究是会失去母亲的。

上次回家和母亲唠家常,母亲告诉我,她去商场买了黄绸子布料,准备做"没了的时候"铺的黄褥子。还说现在的东西太贵了,到时候现买要花更多的钱呢。

我一边劝母亲不要多想,一边说着你才多大年纪的话。可是我的心里酸酸的,母亲已经开始为她的将来做准备了。

可是,母亲呀,我不敢想象没有了您我会怎样生活,我怎么可以没有您呢?您才六十八岁,未来的日子还应该很长,我需要您的陪伴,需要您的挂牵。虽然我早已经长大,可是,母亲,您是我心灵的港湾呀。只有在您的身边,我的心才会享受到平静安宁……

还有,母亲啊,女儿还没有机会报答您的养育之恩呢,求您给我更多的机会,让我尽情回报您的爱吧!

母亲,让我虔诚地为您祈祷吧:愿您拥有健康的身体,愿您拥有幸福的晚年。

(据2003年12月《都市女报》(济南))

判断下列说法是否正确:

1. 母亲不过生日是因为害怕孩子们花钱买东西。　　　　　　(　　)
2. 作者不想从母亲身上移植骨头,因为母亲老了,骨头不结实。(　　)
3. 母亲其实是不坚强的,听到作者病了,就一夜不眠。　　　(　　)
4. 母亲是自由恋爱结婚,因此生活很幸福。　　　　　　　　(　　)
5. "没了的时候"指母亲去世的时候。　　　　　　　　　　(　　)

第7课　　老鼠：未来的地球霸主

生　词

	注音	词性	释义
1. 老鼠	lǎoshǔ	名	动物的一种，口语中也叫"耗子"。
	（1）老鼠过街，人人喊打。 （2）她很害怕老鼠。		
2. 霸主	bàzhǔ	名	某方面称霸的人或集团。
	（1）勾践是春秋时期的最后一位霸主。 （2）健力宝虽然仅有10年的历史，却敢在饮料霸主的后院建立根据地。		
3. 钦佩	qīnpèi	动	高度敬重。
	（1）当我们钦佩劳模的先进事迹时，也要向他们的家人表示敬意。 （2）听了介绍，我对他们的钦佩之情油然而生。		
4. 借鉴	jièjiàn	动	把别的人或事当镜子，对照自己，以便吸取经验或教训。
	（1）在工作中，我们要注意借鉴国外的经验。 （2）她有很多地方值得我借鉴。		
5. 患	huàn	名、动	（1）灾祸；忧虑，担心。 （2）得（病）。
	（1）此外，持续的高失业率仍是欧洲诸国的心头之患。 （2）她在家庭面临严重困难和自己患重病的情况下，脑子里装的仍然是工作。		
6. 集资	jízī		从各方面聚集资金。
	（1）此外，我们将继续提倡依靠社会力量集资办学。 （2）他们集资办了个工厂。		

	注音	词性	释义
7. 行家	hángjia	名	对某种事务非常内行或精通的人。

(1) 修理电视机，他是行家。
(2) 我要去找个行家请教一下。

	注音	词性	释义
8. 叽叽喳喳	jīji zhāzha		形容杂乱而细碎。

(1) 孩子们站在书架前，挤在电脑旁，围在电视机前，叽叽喳喳地议论着。
(2) 两只活泼的麻雀在庭院的树上叽叽喳喳，它们施展了一系列在我祖母看来很迷人的小动作。

	注音	词性	释义
9. 不慌不忙	bù huāng bù máng		放松，不着急。

(1) 在回来的路上，我们碰上一个小象群，几头大象领着四五头小象正在不慌不忙地穿越公路。
(2) 英国人有一个最大的特点就是：即使有再急的事，也会规规矩矩、不慌不忙地排队。

	注音	词性	释义
10. 放置	fàngzhì	动	安放。

(1) 令人吃惊的是，他家的每一个角落都放置着小提琴，连厨房里也摆了一把。
(2) 请您妥善保管好现金，最好放置在比较隐蔽的地方。

	注音	词性	释义
11. 横七竖八	héng qī shù bā		形容杂乱无章，极不整齐。

(1) 院子里横七竖八地放了很多东西。
(2) 小汽车横七竖八地停满公路，排成长蛇阵，延伸达5英里。

	注音	词性	释义
12. 自然界	zìránjiè	名	即整个物质世界。

(1) 孔子承认自然界的变化及其规律，他虽反对学生参加农业劳动，但不反对学习射、御、书、数等技艺。
(2) 人类再也听不懂自然界那些神秘的对话了。

	注音	词性	释义
13. 意识	yìshi	动	觉察，发现。常和"到"一起连用。

(1) 你一定要意识到这件事情的重要性。
(2) 你们是否意识到自己是生活在幸福之中呢？

	注音	词性	释义
14. 配制	pèizhì	动	把两种以上的原料按一定的比例和方法合在一起制造（药剂、颜料等）。

(1) 杂交品种优势只在第一代表现明显，所以必须年年配制第一代杂交品种。
(2) 如今南宫市的农民施肥主动问起了电脑，利用计算机出具的配方自行配制复合肥。

第7课 老鼠：未来的地球霸主

	注音	词性	释义
15. 好恶	hàowù	名	偏好；喜爱或讨厌的情绪。
	（1）翻译时不应根据自己的好恶来改变原文的意思。		
	（2）新型的人际关系不能仅由个人的好恶决定。		
16. 遗传	yíchuán	动	生物体的构造和生理机能等由上代传给下代。
	（1）人的命运并非完全由遗传决定的。		
	（2）语言能力是遗传的吗？		
17. 基因	jīyīn	名	存在于细胞的生物体遗传的基本单位，是英语gene的音译。
	（1）他们走遍大江南北，广泛搜集基因资源。		
	（2）今年，我国基因工程技术研究获得了重大进展。		
18. 不对劲儿	bú duì jìnr		不正常。
	（1）秀兰觉得不对劲儿，心中不安。她进了草棚屋，问："妈，出啥事了？"		
	（2）小姚越想越觉得不对劲儿，于是便悄悄随其后，不紧不慢地跟在她后边走。		
19. 精巧	jīngqiǎo	形	精致巧妙。
	（1）机器的每个部件都匀称而精巧。		
	（2）到了敦煌，不禁惊叹于人工的精巧和造化的神奇。		
20. 传递	chuándì	动	递过去，经别人的手送过去。
	（1）鲜艳的军旗，从一个士兵的手中传递到另一个士兵的手中。		
	（2）语言能交流思想、表达感情、传递信息。		
21. 毒性	dúxìng	名	毒的性质或相对程度。
	（1）这种试验，危险性大，而且毒性很强。		
	（2）这种蛇的毒性很大。		
22. 对策	duìcè	名	对付的策略或办法。
	（1）他们正在商量对策。		
	（2）我们应积极寻找对策，想方设法增加银行资产的安全系数。		
23. 才智	cáizhì	名	才华与智力。
	（1）我们要充分发挥自己的聪明才智，为祖国的发展做出贡献。		
	（2）李政道分析说，中国目前主要靠以下三点发展科技：一、有聪明才智；二、勤劳苦干；三、低报酬、低付出、廉价的劳动力。		

	注音	词性	释义
24. 一斑	yìbān	名	指豹身上的一块斑纹。比喻事物中的一小部分。

(1) 类似的例子数不胜数,江城人民的精神风貌由此可见一斑。
(2) 这里"录"下的几则见闻,或许可以窥全豹于一斑。

25. 灭绝	mièjué	动	毁灭；消灭。

(1) 东北虎是国家一类保护动物,已濒临灭绝。
(2) 了解恐龙在6000多万年前灭绝的原因,更为重要。

26. 迫使	pòshǐ	动	用某种强迫的力量或行动促使。

(1) 生存的压力,迫使大家去寻求新的出路。
(2) 贫穷的父母无可奈何地默认或者迫使孩子们自谋生路。

27. 适应	shìyìng	动	适合顺应。

(1) 我们的计划必须改变,以适应新的形势。
(2) 今天的比赛八一队踢得异常艰苦,队员对高达32摄氏度的气温极不适应。

28. 形体	xíngtǐ	名	身体形状。

(1) 培训中心准备先开设围棋、桥牌、国际象棋、形体等培训班,已开始面向中小学生招收学员。
(2) 所不同的是,西方人比较重视人的形体美。

29. 弱小	ruòxiǎo	形	气力小；势力差。

(1) 在国际事务上,弱小国家也应该有发言权。
(2) 弱小的婴儿需要细心看护。

30. 只能	zhǐnéng	副	表示那是唯一的做法。

(1) 过去我们只能在电视里看到这些演员,现在能和他们同台演出,真让人觉得难以相信。
(2) 合同规定,这片土地只能用于发展农业。

31. 领略	lǐnglüè	动	欣赏；了解。

(1) 战士们领略了那千姿百态、色彩斑斓的水下世界。
(2) 当中外宾客相继品尝苦茶、糖茶和回味茶的时候,也领略到人生"先苦后甜"的生活哲理。

第7课 老鼠：未来的地球霸主

	注音	词性	释义
32. 酷寒	kùhán	形	（天气）特别冷。
	（1）在气候酷寒的南极冰川上，也有水温达30℃的温水湖。 （2）江西的冬夜虽不似北方一样酷寒，但是早起看到草上结着高高的霜花，便知夜间不会很暖和。		
33. 两极	liǎngjí	名	（1）地球的南极和北极。（2）电池的阴极和阳极或磁极的南极和北极。（3）比喻相反的两个极端。
	（1）地球两极是最冷的地方。 （2）注意电池的两极，不要放错了。 （3）这次会议将讨论贫穷、失业、两极分化等问题。		
34. 身影	shēnyǐng	名	人的身体或物体在阳光下的投影。
	（1）这些天，无论在机场、街头，还是旅馆里，人们都能看到他们的身影，听到他们的声音。 （2）此刻，他那高大的身影又浮现在我的眼前。		
35. 毁灭	huǐmiè	动	彻底破坏，消灭。
	（1）无价的艺术宝库就这样被毁灭了。 （2）悲剧是将有价值的东西毁灭给人看。		
36. 寸草不生	cùn cǎo bù shēng		几乎没有任何植物生长。
	（1）几年前，这里是一块寸草不生的多岩石的荒地。 （2）右边是荒秃单调的沙石山，寸草不生。		
37. 绝迹	jué jì		没有踪迹；不再出现。
	（1）这种生物已经完全绝迹。 （2）在市场经济条件下，侵犯知识产权的现象世界各国都存在，将来也不会绝迹。		
38. 强壮	qiángzhuàng	形	健壮有力。
	（1）巨龙要腾飞，还需要强壮的体魄。 （2）她们用并不强壮的臂膀，和男儿一道撑起了一方亮丽的天空。		
39. 骨	gǔ	名	人和脊椎动物身体里面支持身体、保护内脏的坚硬物质。
	（1）他的骨架很大。 （2）我们是骨肉相连的兄弟。		

129

	注音	词性	释义
40. 啃食	kěnshí	动	一点儿一点儿地咬下来吃掉。

(1) 金龟子的幼虫也会啃食木材。
(2) 山坡上，羊儿在悠闲地啃食着青草。

41. 橡胶	xiàngjiāo	名	提取橡胶树、橡胶草等植物的成分，加工后制成的具有弹性、绝缘性的材料。

(1) 蜘蛛丝的强度比钢丝还大，其弹性比橡胶还强。
(2) 现在，岛山还有一块他1957年亲自开垦的橡胶实验田呢。

42. 凶猛	xiōngměng	形	（气势、力量）凶恶强大。

(1) 这种猎狗生性凶猛。
(2) 本来就年老体弱，这次病情又来势凶猛，所以不到半个月的时间，他就去世了。

43. 病毒	bìngdú	名	比病菌更小，大多用电子显微镜才能看见的病原体。

(1) 如果要问谁是世界上第一个发现艾滋病毒的人，就不一定是人人知道了。
(2) 它可以有效地提高人体免疫力，抑制、清除乙肝病毒，促进肝细胞再生。

44. 肮脏	āngzāng	形	不干净。

(1) 许多街巷是土路，有的地方肮脏得很。
(2) 市容肮脏、交通拥挤、空气浑浊、秩序混乱无疑会阻碍城市的发展。

45. 众所周知	zhòng suǒ zhōu zhī		人人都知道。

(1) 众所周知，中国是一个非常注重礼仪的国家。
(2) 由于众所周知的原因，过去我们对草原保护得不够。

46. 部位	bùwèi	名	整体中的局部位置。

(1) 这里或许是天津市最忙碌、最敏感的部位。
(2) 日夜"操劳"的胃，也是人最易患病的部位。

47. 胎	tāi	名	哺乳动物母体内的幼体。

(1) 据观察，母鲸怀胎一年后才生小鲸。
(2) 熬了24个通宵写成的东西，像十月怀胎生的孩子，她虽然人瘦了一圈，却异常高兴。

	注音	词性	释义
48. 崽儿	zǎir	名	幼小的动物。

(1) 这是条乳牛，一年之内就能下个崽儿。
(2) 北京的"宫廷巴"狗，一只就要上万元、甚至数万元，小崽儿也要几千元。

49. 产	chǎn	动	人或动物生子。

(1) 戴西是我家那头奶牛的名字，她刚产下第二胎。
(2) 1994年6月1日清晨，丽达顺利产下一子，狱方随后把他送到某个育幼院。

50. 筑	zhù	动	建造，修建。

(1) 为了让这些亡灵安静一点，人们筑起了一道墙。
(2) 打开你的窗户吧，让燕子来筑巢。

51. 巢	cháo	名	鸟搭的窝，亦指蜂、蚁等动物的窝；借指敌人或盗贼的藏身之所。

(1) 普通人家想建房，则像燕子筑巢一样，今年买木头，明年备石料，上代人建主房，下代人建厢房。
(2) 81岁的刘文科，抗战时期著名的"孤胆英雄"，曾一人一枪深入敌巢。

52. 善	shàn	动	善于，擅长。

(1) 她不仅成绩优异，而且能歌善舞。
(2) 他不善言谈。

53. 恐惧	kǒngjù	形	畏惧，害怕。

(1) 这是正常检查，你们不必过分恐惧。
(2) 大水一眼望不到边，人们心里充满了恐惧。

54. 推断	tuīduàn	动	根据事实或前提推测、判断。

(1) 她还推断，这些画应该是作者在世时由画家完成的。
(2) 警方由此推断凶手使用的武器可能是38口径的左轮手枪。

55. 居	jū	动	占，处于。

(1) 最近几年，杭州的经济效益均居各省会城市前列。
(2) 这套管理信息系统功能强大，居国内领先地位。

56. 属	shǔ	动	归属；属于。

(1) 你买的洗衣机才使用半年，属保修期内。
(2) 他知道这事在国际上是平常又平常，但在国内，尤其在济南却属出格。

注释词表

生词	注音	释义
1. 提起	tíqǐ	谈到；说起。
2. 毛骨悚然	máo gǔ sǒngrán	毛发竖起，脊梁骨发冷。形容极为害怕的样子。
3. 鸡皮疙瘩	jīpí gē da	由于受到惊吓或寒冷在人的皮肤上出现的类似鸡皮上的小疙瘩。
4. 小区	xiǎoqū	城市中的居民集中居住区。
5. 勘察	kānchá	去实地进行调查。
6. 江湖骗子	jiānghú piànzi	指到处用卖假药等骗术谋生的人。泛指招摇撞骗的人。
7. 诱饵	yòu'ěr	捕捉或毒杀某些动物时用来引诱它的食物。
8. （人）言	(rén) yán	（人）说出的话。
9. 玄乎	xuánhu	没有真实感的。
10. 智商	zhìshāng	智力商数，个人智力水平的数量化指标。
11. 感知	gǎnzhī	感觉与知觉的统称。客观事物通过感官在人脑中的直接反应。
12. 苦味	kǔwèi	苦的味道。
13. 甜丝丝	tiánsīsī	形容有甜味。
14. 吞食	tūnshí	整个儿吃下去。
15. 种群	zhǒngqún	指生活在同一地点、属于同一物种的生物群。
16. 抗体	kàngtǐ	机体在一定刺激下所形成的一类球蛋白，参与中和毒素、杀菌和溶菌。
17. 与时俱进	yǔ shí jù jìn	和时代一起前进。
18. 不懈	búxiè	不放松。

生 词	注 音	释 义
19. 富含	fùhán	某些物质含量很高。
20. 解毒	jiědú	中和身体内有危害的物质。
21. 弱肉强食	ruò ròu qiáng shí	弱者的肉是强者的食物。比喻弱者被强者欺凌、吞并。
22. 生物链	shēngwùliàn	甲生物以乙生物为生，乙生物以丙生物为生，丙生物以甲生物为生，形成一个链条一样的循环。
23. 体形	tǐxíng	身体的形状。
24. 弱势	ruòshì	某一方面处于较弱的地位。
25. 捕掠	bǔlüè	猎取。
26. 工夫	gōngfu	做事所费的精力和时间。
27. 比基尼	bǐjīní	岛名。英语Bikini的音译词，后指一种女性服装，上身为胸罩，下身是三角裤。
28. 氢弹	qīngdàn	利用氢制成的能进行杀伤和破坏的炸弹，其威力比原子弹大得多。
29. 珊瑚礁	shānhújiāo	海洋中主要由珊瑚堆积成的礁石，分布很广。
30. 海岛	hǎidǎo	被海水环绕的小片陆地。
31. 死寂	sǐjì	没有一丝生气的。
32. 变异	biànyì	同种生物不同个体之间在形体特征、生理特征等方面所表现出来的差别。
33. 五谷	wǔgǔ	指五种粮食。
34. 肉类	ròulèi	用做食品的、动物体内接近皮的部分的柔韧的物质。
35. 皮鞋	píxié	用皮、革等做成的鞋。
36. 纽扣	niǔkòu	衣服上用来扣合的物件。

生　词	注　音	释　义
37. 蝎	xiē	一种毒虫。
38. 照吃不误	zhào chī bú wù	照旧吃，一点儿也不耽误。
39. 免疫力	miǎnyìlì	抵抗某种传染病的能力。
40. 死地	sǐdì	无法生存的危险境地；绝境。
41. 皮毛	pímáo	带毛兽皮的总称。
42. 伤及	shāngjí	伤到。
43. 性器官	xìngqìguān	人及高等动物所具有的生殖器官。
44. 尚未	shàngwèi	还没有。
45. 受孕	shòu yùn	怀孕。
46. 修炼	xiūliàn	原指道教的修道炼气、炼丹等活动。这里相当于"锻炼"的意思。
47. 可谓	kěwèi	可以说是；可以称为。
48. 十八般武艺样样精通	shí bā bān wǔ yì yàng yàng jīngtōng	具有多种能力、本领。
49. 不已	bùyǐ	不停止。
50. 推崇	tuīchóng	尊崇，推重崇敬。
51. 备至	bèizhì	表示程度很高。
52. 言之凿凿	yán zhī záozáo	讲得非常确实。凿凿：确实。
53. 二线	èrxiàn	不是最前面的位子，次要地位。
54. 精灵	jīnglíng	鬼怪；神灵。具有神奇力量的事物。

老鼠：未来的地球霸主

阅读提示

老鼠，体形很小，令人生厌，可作者声称老鼠会成为未来地球的霸主，并从能听得懂人类的语言、善于总结经验教训、惊人的进化三方面进行说明。

一提起老鼠，很多人可能马上就会毛骨悚然起鸡皮疙瘩，脸上也会换上厌恶的表情。其实，如果从另外一些角度去看老鼠的话，我们就会发现，老鼠有许多地方是值得我们人类钦佩和借鉴的。

能听得懂人类的语言

这是发生在某市一个住宅小区的真实的故事。由于鼠患严重，搅得居民不得安生，小区居民不得不集资请来了民间一位有名的灭鼠行家。这位行家经过勘察，发现围墙边的草地上有许多老鼠洞，于是请大家离开，他要开始放药了。但有几个人不愿离开，在那好奇地看着，而且还不停地叽叽喳喳议论着。药放下之后，几个钟头过去了，一只死老鼠也不见。大家开始怀疑这个所谓的捕鼠行家只不过是个江湖骗子。

这位行家不慌不忙地解释说：老鼠之所以不吃鼠药，主要是因为刚才几个人在那里议论让老鼠听到了，它们知道了放这些诱饵是要药杀它们的，所以它们便不会上当了，现在我再换另一种老鼠药，你们要想看也可以，但绝对不能开口说话。果然，当居民们不再议论后，捕鼠行家重新放置的老鼠药起作用了，不一会儿，地上横七竖八地躺着许多死老鼠。大家这才相信，老鼠真能听懂人言。

老鼠能听得懂人话？是不是太玄乎了？其实，许多动物是很通人性的，比如狗、猫、牛、马等，它们很多时候也能听懂人的一些日常的简单的语言。老鼠的智商既然远远比这些动物高，加上它们又经常在人的家庭中出现，那它们听得懂人的语言又有什么奇怪的呢？

善于总结经验教训

老鼠不仅是在听懂人言的情况下才不吃有毒食物，它们还"主动"地"总结"出了一套特殊的方法，来对付有毒的食物。首先，它们"发展"了自己的感觉系统，使之能够感知某些食物的性质。比如当遇到苦味食物时，它们一般都不会去动，因为它们似乎知道自然界中许多有毒物质的味道一般都是比较苦的这样一条规律。现在人们已经开始意识到了老鼠在这方面的能力，所以在配制鼠药时越来越注意到要去掉苦味，尽量让它们显得甜丝丝的。

老鼠还有一种特殊的能力，就是能够通过互相学习和沟通来增长知识，可以把对新事物的好恶与同伴进行交流，并且还能作为一种遗传基因传给下一代。它们如果发现了有什么不对劲儿的食物，不但马上停止吞食，而且还会在这种食物上或旁边留下表示这种食物有危险的特殊信息，不让其他老鼠接近，这样不但挽救了自己，也保护了整个种群。科学家因此认为，这些老

鼠具有极精巧的神经感知系统和极强的信息传递能力。老鼠最初对付鼠药的方法是在体内产生抗体，但随着鼠药的毒性越来越猛烈，光靠抗体已难以保护自己，它们便"与时俱进"地开始"研究"其他的对策来。经过不懈的努力，它们竟然懂得了去寻找一些富含维生素E的食物来吃，因为这些食物有助于解毒。待到人类开始发现维生素E的解毒作用时，已比老鼠晚了几十年。老鼠的聪明才智，由此可见一斑。

惊人的进化

多少年来，在自然界弱肉强食的生物链中，老鼠在体形和力量上一直处于弱势的地位，许多动物都是以老鼠为主要的捕掠对象和食物来源。在这种不利情况下，为了使得自己的种群不被灭绝，就迫使它们不得不进化出更能适应环境和保护自己的本领来。老鼠的进化主要表现在几个方面。

首先，因为它们在形体上太弱小，所以它们只能在智力方面"下工夫"，以智力来保护自己。关于老鼠在智力方面的高度进化，我们从上面的叙述中已经充分地领略了。

此外，它们还能适应各种恶劣的环境，从炎热的赤道到酷寒的两极，都可见到这些小东西活跃的身影，甚至在原子弹爆炸的废墟上最早出现的动物也是老鼠。如1954年，美国在位于太平洋的比基尼岛试爆了世界第一颗氢弹以后，岛上受到严重的核污染，海面下的珊瑚礁也遭到了彻底毁灭，整个海岛一片死寂，寸草不生，动物似乎都绝迹了。但是过了一些年之后，老鼠又在这个岛上出现了，它们体内的基因发生了变异，体形变得更加强壮和巨大，适应力和繁殖能力也更强了。

在食物上，老鼠也表现出了特别强的适应能力。它们什么东西都吃，从五谷蔬菜植物根块，到肉类皮骨，甚至人类的皮鞋纽扣。饿极的时候，它们还会用他们那坚硬锋利的牙齿啃食木头和墙壁橡胶塑料及其他一些无机物。即使是毒如蛇蝎，它们也照吃不误，在世界许多地方，都发生过群鼠与毒蛇相斗，最后咬死毒蛇，吞食蛇肉的景象。

老鼠免疫力也特别强。很多医生都知道，许多能致人及其他动物于死地的凶猛的病菌和病毒，却连老鼠的皮毛都不能伤及——这就是为什么老鼠生活在那么肮脏的环境中，却很少患病的原因。

老鼠的繁殖能力也极为惊人。众所周知，老鼠的性器官成熟很早，有些老鼠出生后才两三个月，在身体的其他部位尚未完全发育成熟的情况下，就能受孕。老鼠每18天至30天就可繁殖一次，每胎可以生崽儿几只到十几只，一对老鼠一年可以产下十几只到上百只后代。

最后说到老鼠"修炼"出的本领，那真可谓是"十八般武艺样样精通"，在动物界中真是无"人"能比。它们会游泳上树爬墙，会打洞筑巢，能钻善跑，能撕善咬。

上述种种，使得有些科学家对这些小小的生物不是恐惧不已就是推崇备至，他们中甚至有人言之凿凿地惊呼，照老鼠这样的进化速度、进化方向和繁殖速度推断，也许再用不了多少年，人类就该"退居二线"，未来统治世界的霸主，将非这些小精灵们莫属！

（据《科学之谜》2004年第5期，作者：文少传）

课文练习

一、根据课文回答问题：
1. 为什么老鼠能听懂人的话不值得奇怪？
2. 当遇到苦味食物时，老鼠一般都不会去动，由此我们可以推断出老鼠可能具有什么样的本领？
3. 从哪些方面我们可以判断老鼠具有极强的信息传递能力？
4. 举例说明老鼠适应环境的能力极强。
5. 老鼠的进化主要表现在哪几个方面？

二、词语辨析与练习：

果然　竟然

"果然"与"竟然"都是副词，都能说明预料和结果的关系，经常用做状语。

"果然"表示结果和预期相同，含有"真的、果真如此"的意思。例如：
(1) **果然**，当居民们不再议论后，捕鼠行家重新放置的老鼠药起作用了，不一会儿，地上横七竖八地躺着许多死老鼠。
(2) 失败，就得寻找教训。他们琢磨出，三亚的气温比家乡高，这就是症结。据此，他们精心改进了工艺，**果然**，做出的糖块既香又软。

"竟然"表示结果和预期相反，出乎意料。例如：
(3) 这些本来是公开的且在当时是妇孺皆知的事实，但是统治阶级却把它隐藏起来，无耻的捏造另一套"历史"，**竟然**把曾国藩说成"圣贤"。
(4) 经过不懈的努力，它们**竟然**懂得了去寻找一些富含维生素E的食物来吃，因为这些食物有助于解毒。

强烈　猛烈

"强烈"和"猛烈"都是形容词，有相同的语素"烈"；"烈"原指火势很大，所以这两个词都有剧烈的意思。

"强烈"常用来形容光线或者感情、意愿之类，例如：
(1) 雪，在太阳照耀下闪射出**强烈**的银光，仿佛那层层大山不是坚硬的花岗岩，而是透明的水晶石。

(2) 他们深入工厂农村，广泛发动群众，用**强烈**的爱国激情去唤起民众的觉悟。

"猛烈"常用来形容炮火、暴风雨、烈日和剧毒的威力。例如：

(3) 老鼠最初对付鼠药的方法是在体内产生抗体，但随着鼠药的毒性越来越**猛烈**，光靠抗体已难以保护自己，它们便"与时俱进"地开始"研究"其他的对策来。

(4) 北约这支部队的人数尤其是装备，大大超过原来的联合国维和部队，据说有能力向波黑任何一方发动"**猛烈**反击"。

辨析练习

选择填空：

果然　　竟然　　强烈　　猛烈

1. 很乐意受到_____的文学批评，人身攻击也可以。就是别寻章摘句，望文生义，那就不是与人为善的态度了。
2. 看来崔颢是在黄昏时分登上黄鹤楼的，孤零零一个人，突然产生了一种_____的被遗弃感。
3. 使我惊异的是，在赵琮考中之前，他妻子也是将军的女儿，_____因丈夫落第而如此可怜，而对这种可怜，将军全家竟也觉得理所当然！
4. 事实上，乔家大院真正的主人并不是过着影片中那种封闭生活，你只要在这个宅院中徜徉片刻，便能_____地领略到一种心胸开阔、敢于驰骋华夏大地的豪迈气概。
5. 谁能想得到呢，这位清朝帝王_____比明代历朝皇帝更热爱和精通汉族传统文化！
6. 他看见有一个衰老的妇人骑在驴背上，有点儿面熟，而妇人也正在看他，但彼此相别时间太长，都认不准了，托路人相问，才知道_____是夫妻，就在路边抱头痛哭。

7. 直到1199年,他觉得真的已走到生命尽头了,自述道:"我越来越衰弱了,想到那几个好学生都已死于贬所,而我却还活着,真是痛心,看来支撑不了多久了。"_____这年3月9日,他病死于建阳。

三、语法讲解:

> 1　其实,如果从另外一些角度去看老鼠的话,我们就会发现,老鼠有许多地方是值得我们人类钦佩和借鉴的。
> 它们如果发现了有什么不对劲儿的食物,不但马上停止吞食,而且还会在这种食物上或旁边留下表示这种食物有危险的特殊信息,不让其他老鼠接近……

以上两句是假设复句,代表格式是"如果……就……"。前一分句说出一种假设条件,后续分句说出假设条件满足后产生的结果,分句之间是"假设条件－结果"关系。跟"如果"作用相同的有"假如"、"倘若"、"要是"等,跟"就"作用相同的有"那么"、"那"、"便"等。后一个关联词有时候可以不出现。

> 2　老鼠有许多地方是值得我们人类钦佩和借鉴的。

"值得"用做动词,可受程度副词修饰,意思是"价格便宜,划得来",例如:
(1) 先让年轻编辑学习一段以后再工作,这样做相当**值得**。
(2) 为了人民的利益,就是吃点儿苦也**值得**。
用做动词,可带动词或小句宾语。
(3) 这台录音机物美价廉,**值得**买。
(4) 这点小事不**值得**我们去大做文章。
"值得"带动词宾语后,形成的动宾结构作为一个整体,可以受程度副词修饰,例如:
(5) 故宫博物院的珍宝馆很**值得**去看看。
(6) 这本书很**值得**一读。
注意:"值得"的否定式是"不值得",例如:
(7) 这种观点**不值得**一驳。

3 为了使得自己的种群不被灭绝,就迫使它们不得不进化出更能适应环境和保护自己的本领来。

"不得不":动词"得"的前后各有一个"不"字,表示客观情况迫使这样做,例如:

(1) 她的确非常困难,组织上**不得不**给她一些补助金。
(2) 连日大雨,铁道塌方,我们**不得不**绕道走了。
(3) 尽管轿车进入家庭一时间成了热门话题,但是人们同时又**不得不**面临这样一个现实:城市道路日趋严重的拥挤、堵塞。
(4) 新的经济调整措施和机构改革与旧有的根深蒂固的经济运行准则常发生冲突,政府**不得不**放慢增长速度,以求不致付出过高的社会代价。

注意:"不得"是不允许的意思,后加动词或动词性短语,与"不得不"用法不同,例如:

(5) 非本会会员**不得**在此用餐和住宿。
(6) 图书馆的书刊一律**不得**带出室外。

语 法 练 习

(一) 完成下面的句子,使它成为假设关系的复句:

1. 如果我们走沪宁高速公路,＿＿＿＿＿＿＿＿＿＿＿＿＿＿＿＿。
2. 假如你平时不好好儿学习,＿＿＿＿＿＿＿＿＿＿＿＿＿＿＿＿。
3. ＿＿＿＿＿＿＿＿＿＿＿＿＿＿＿＿,这场球就一定能赢。
4. ＿＿＿＿＿＿＿＿＿＿＿＿＿＿＿＿,他就一定不是中国人。

(二) 用"值得"完成下面的句子:

1. 这篇文章写得相当好,＿＿＿＿＿＿＿＿＿＿＿＿＿＿＿＿。
2. 花一千块钱买这种衣服,＿＿＿＿＿＿＿＿＿＿＿＿＿＿＿＿。
3. 学好汉语对我们找工作有帮助,＿＿＿＿＿＿＿＿＿＿＿＿＿＿＿＿。
4. 有人预测,明年国际金融市场有可能再度爆发危机,＿＿＿＿＿＿＿
＿＿＿＿＿＿＿＿＿＿＿＿＿＿＿＿。

（三）用"不得"、"不得不"填空：

1. 这家高档百货商厦因主要经营高档百货而生意清淡，_____转向以中低档百货为主。
2. 年底前，未经国务院批准，各地和各有关部门一律_____出台调价项目，元旦、春节期间也要从严控制，以稳定市场物价，安定人民生活。
3. 在云南省的国家级贫困县西盟佤族自治县只要50元钱就可以供一个孩子上学，而当地不少群众却穷得连这么一点点钱都拿不出来，许多儿童因此_____失学或辍学。
4. 只有在国会通过提高国债限额法案之后，联邦政府才能通过发行国库券来借债，而且_____超过限额一分钱。

四、写作：

你相信本文作者的观点吗？你相信老鼠将会战胜人类，成为未来地球的霸主吗？无论相信与否，写一篇200～600字的短文，阐述你的理由。

字词扩展练习

仿照例子组词，并从中选择10个词造句：

提起	____起	____起	____起	____起
起床	起____	起____	起____	起____
免疫力	____力	____力	____力	____力
恐惧不已	___不已	___不已	___不已	___不已
食物	____物	____物	____物	____物
惊人	咄咄__人	后发__人	盛气__人	治病__人

阅读扩展及泛读练习

[副课文]

地球撑不住人类的胃

"西方国家摄取食物的方式是导致其他地区饥饿的主要原因。"这是前联合国秘书长瓦尔德海姆对西方人的生活方式提出的警告。

据统计,30年前一个美国人平均每年吃掉50磅的肉。而近年来,光牛肉每人就要吃掉100磅,大多数人每年吃下去的蛋白质是身体需要量的两倍。有人计算过,美国人每年吃下的肉若换算成谷类,平均每人的用量将超过1吨,而世界其他地区的人均谷物消耗,只有不足400磅。一项不可否认的事实就是,美国的谷类有80%到90%都是拿来喂动物的。

而中国的情况更不容乐观,改革开放经济发展在个人生活中的直观指标,就是"肉欲"的不断增长。1988至1998年间,肉食的消费量整整增长了一倍,达到了人均46公斤,是发展中国家平均值的近两倍,超过了韩国和日

本等高收入的亚洲国家，成为亚洲保持东方饮食习惯的国家中肉食消费水平最高的国家之一。以短视的眼光来看，这似乎正是生活质量提高、国泰民安的一种象征，然而从生态学的角度和可持续发展的长远眼光来看，这对人口超过13亿的中国来说，可以说是一场灭顶之灾，尽管我们非常自豪地宣称中国只用了不到全球7%的土地养活了占全球22%的人口，但是这种成就的相当部分是靠压榨资源和牺牲环境利益来换取的。

一组官方的数字是：中国过去30年中，1500万公顷的耕地转为他用；水土流失面积达367万平方公里，占国土面积的38%。给13多亿人口提供粮食已使我们的土地不堪重负，对肉食和乳制品需求的激增则更是雪上加霜。由于牧草的供应有限，因此必须用粮食喂养牲畜，这使谷物需求量大幅度上升。在1990年，饲养用谷物占谷物总量的20%，而到1999年已占到40%。而养殖业对生态环境的污染和破坏绝不亚于工业污染。大量肉食品的消费令中国无法承受，解决这些问题最有效的方法，就是减少肉食的需求量。

肉食可以说是人类食物中最不经济且最低效的一类。研究表明，一磅肉类蛋白质是同等重量的植物蛋白质价格的十几倍，而肉类蛋白质很不容易被人体所吸收，我们吃下去的肉，其中只有少部分的蛋白质被吸收，其余大部分都被排泄出来了。

在食物生产上，种植植物比生产肉类相对而言就经济实惠多了。比如一块田用以养牛吃肉，只能生产1磅蛋白质；若同样面积的土地用于种植黄豆，将可以生产16磅多的高质量植物蛋白质。换言之，我们吃肉要比食豆类需要的土地多出16倍以上。而且，饲养动物还极其浪费水源，据计算，饲养动物所用的水是种植蔬菜谷类所用的8倍。

因此，许多令各国首脑们感到束手无策的全球性问题，如人口问题、饥饿问题、环境问题、能源问题，并非人们以为的那样，是地球上的资源已养不活这么多的人口，而是地球实在满足不了人们无底洞似的贪欲，更喂不饱"饕餮"们那穷奢极欲的胃。

营养学家认为，只要人们把肉类生产减少10%，节省的谷类就可以供6000万人食用。如果全人类减少一半肉食，则可以解救全球的饥饿人口。而且，儿童教育及人类健康医疗条件等都会大为改善。现在，许多西方科学家认为，未来食物的需求依靠植物蛋白质才能解决，所以目前许多西方发达国家已经开始投入经费，开发用黄豆面粉制成的植物蛋白食品。

请简要回答下列问题：

1. 中国肉食消费量猛增，这能说明中国人的生活质量得到明显提高了吗？为什么？
2. 为什么说肉食可以说是人类食物中最不经济且最低效的一类？
3. 举例说明在食物生产上，种植植物比生产肉类相对而言要经济实惠得多。
4. 作者认为某些世界性问题的原因是什么？

第8课　　筷子的传说

生　词

	注音	词性	释义
1. 叉	chā	名	一端有柄，另一端有两个以上的长齿的器具。西方人常用它来吃饭。

（1）吃西餐要用刀叉。
（2）请递给我一把叉子好吗？

2. 餐	cān	动、名、量	吃；饭菜；一顿饭叫一餐。

（1）那次野餐真有意思。
（2）你喜欢吃中餐还是西餐？
（3）我们中国人都是一日三餐。

3. 器	qì	名词词尾	工具，东西。

（1）昨天我买了一件电器。
（2）中国的瓷器很有名，回国的时候可以买一些回去。

4. 食	shí	名	人或动物吃的东西。

（1）馒头是中国人的主食。
（2）春天来了，小鸟们都出来找食了。

5. 名誉	míngyù	名	名声。

（1）有损我名誉的事我是不干的。
（2）公司的名誉一天比一天好。

6. 强硬	qiángyìng	形	强有力的，不让步的，常用来形容人的态度。

（1）比赛中他遇到了一个强硬的对手。
（2）小刘态度强硬，让人接受不了。

	注音	词性	释义
7. 谢绝	xièjué	动	委婉地拒绝。
	(1) 他想请我吃饭，我谢绝了。		
	(2) 此地谢绝参观。		
8. 发源地	fāyuándì	名	常指文化、河流等开始的地方。
	(1) 黄河是中华文化的发源地。		
	(2) 淮河的发源地是桐柏山。		
9. 拌	bàn	动	用勺子等在混合物中转动。
	(1) 饺子馅要拌匀了。		
	(2) 你会拌凉菜吗？		
10. 扒	pá	动	用手或筷子等把东西集中在一起或散开。
	(1) 要下雨了，快把草扒到一起。		
	(2) 他扒了两口饭就跑出去了。		
11. 价廉物美	jià lián wù měi		买东西时东西又好又便宜。也可以说物美价廉。
	(1) 学校超市的东西价廉物美，我们都喜欢去买。		
	(2) 你买的手机真是价廉物美，在哪儿买的？		
12. 堂堂	tángtáng	形	形容有志气的样子。
	(1) 堂堂男子汉，哪有这么容易哭的？		
	(2) 堂堂七尺男儿，连这种小事也办不好？		
13. 点滴	diǎndī	名	形容很少。
	(1) 这些材料都是我点滴积累起来的。		
	(2) 我们一定要重视别人的点滴经验。		
14. 两手空空	liǎng shǒu kōngkōng		空着手。
	(1) 妈妈让他去买糖，可是半个小时后他两手空空地回来了。		
	(2) 小刘每天两手空空地来上课，但是每次考试都得第一。		
15. 伸手	shēn shǒu		把手伸出去。
	(1) 我伸手去拿钱包，却发现我的钱包不见了。		
	(2) 好孩子不应该向父母伸手要钱。		
16. 啄	zhuó	动	鸟类用嘴取食物。
	(1) 小鸡啄米。		
	(2) 啄木鸟用嘴啄食。		

	注音	词性	释义
17. 假装	jiǎzhuāng	动	故意做出某种动作或表情使人看不出真的情况。
	(1) 她假装很高兴的样子,其实心里很痛苦。		
	(2) 他继续向前走着,假装没听见玛丽叫他。		
18. 验	yàn	动	检查,察看。
	(1) 医生验血以后才能告诉你结果。		
	(2) 我们验了货以后,才能把钱给你。		
19. 效仿	xiàofǎng	动	照着样子做。
	(1) 电影里有些画面,小孩子不要效仿。		
	(2) 他效仿他爸爸说话,骗了很多人。		
20. 崇拜	chóngbài	动	尊敬佩服。
	(1) 我最崇拜的人是周恩来总理。		
	(2) 小孩们都崇拜警察。		
21. 史料	shǐliào	名	历史材料。
	(1) 根据史料,这里原来是一座高山。		
	(2) 他查了大量的史料,证明足球最早出现在中国。		
22. 不符	bùfú	动	不一致。
	(1) 他说的和做的不符,一定是在说谎。		
	(2) 你给我的钱和账本上不符。		
23. 喜怒无常	xǐ nù wú cháng		高兴和生气没有规律。
	(1) 爸爸得病以后,喜怒无常。		
	(2) 一个人应该保持平和的心态,不要喜怒无常。		
24. 厨师	chúshī	名	饭店、食堂里做饭的人。
	(1) 这家饭店厨师做的菜很好吃。		
	(2) 我的爸爸是一位厨师。		
25. 侍奉	shìfèng	动	侍候照顾(长辈)。
	(1) 孩子应该侍奉父母、侍奉老人。		
	(2) 奶奶病了,妈妈一直在医院侍奉她。		
26. 摆酒设宴	bǎi jiǔ shè yàn		因为有喜事请客或谢客。
	(1) 王老师刚生了个大胖儿子,昨天在一个大饭店摆酒设宴庆祝了一下。		
	(2) 你把这件事办成了,我一定摆酒设宴谢谢你。		

	注音	词性	释义
27. 可口	kěkǒu	形	食品或饮料等味道适合口味。

(1) 小李做饭很好吃，吃起来可口极了。
(2) 我们去小王家做客，他的爸爸妈妈端上了可口的饭菜招待我们。

28. 佳肴	jiāyáo	名	非常可口、好看的饭菜。

(1) 这是我在中国吃过的最好吃的佳肴。
(2) 佳肴美酒是中国人过节时必需的东西。

29. 掉换	diàohuàn	动	更换。

(1) 这根木头太细了，掉换一根粗的。
(2) 我们学校刚刚掉换了领导班子。

30. 急中生智	jí zhōng shēng zhì		在紧急情况中想出一个好办法来。

(1) 因工作关系，他每天都要接触各种人，这就要求他必须能随机应变，急中生智。
(2) 在大家都不知道怎么办时，她急中生智，想出了一个好主意。

31. 享乐	xiǎng lè		享受安乐。

(1) 我是来中国学习汉语的，不是来享乐的。
(2) 吃苦在前，享乐在后。

32. 特制	tèzhì	动	特别制作。

(1) 这是我为你的生日特制的礼物，请收下吧。
(2) 圣诞节快到了，我特制了几张贺卡送给我的老师。

33. 富于	fùyú	动	特别地具有。

(1) 他富于表演才能，不说话就能让人笑。
(2) 他很富于想象力。

34. 考证	kǎozhèng	动	经过研究，根据资料来证实、说明。

(1) 据科学家考证，这个瓷器是清朝的。
(2) 这个事实是地理学家、科学家共同考证的。

35. 泛滥成灾	fànlàn chéng zāi		江河湖海等水太多而流出来成了灾难。

(1) 夏天河水容易泛滥成灾，一定要加强防治。
(2) 连续几天的阴雨天气使河水泛滥成灾，两边的居民被迫离开了家。

	注音	词性	释义
36. 治理	zhìlǐ	动	管理；处理。
	（1）如何治理国家？这是我们每一个人需要考虑的问题。 （2）这座山经过治理，已经绿树成行。		
37. 发誓	fā shì		对某事做出保证。
	（1）男朋友向我发誓今生今世只爱我一个人。 （2）我发誓这次考试我一定要超过她。		
38. 搏斗	bódòu	动	空手或用刀、棍等和别人激烈地对打。
	（1）在战场上，他激烈地和敌人搏斗。 （2）为了保护人们的安全，警察和坏人搏斗了三个小时。		
39. 制服	zhìfú	动、名	用强力使服从；军人、学生等穿的规定的衣服。
	（1）民警制服了歹徒。 （2）警察工作的时候必须穿制服。		
40. 久而久之	jiǔ ér jiǔ zhī		经过很长时间。
	（1）机器不好好儿保护，久而久之就坏了。 （2）他们俩从小是好朋友，久而久之就互相产生了感情。		
41. 沾染	zhānrǎn	动	因遇到不好的东西或人而受到影响。
	（1）因为他常常和坏人在一起，沾染了一些不好的习惯。 （2）由于没有及时去医院，他的伤口沾染了一些细菌，病情更加严重了。		
42. 再现	zàixiàn	动	过去的事情再次出现。
	（1）看到那个情景，我的头脑里又再现了那可怕的一幕。 （2）那个电影再现了当时英勇的场面。		
43. 纯朴	chúnpǔ	形	诚实朴素。
	（1）一看她就是一个纯朴的小姑娘。 （2）中国农村纯朴的民风给我留下了深刻的印象。		
44. 促成	cùchéng	动	使成功。
	（1）这件事是他大力促成的。 （2）王老师促成了玛丽和大卫的婚姻。		

	注　音	词　性	释　义
45. 器具	qìjù	名	用具；工具。
	(1) 这家工厂是专门生产医疗器具的。		
	(2) 这些都是手术器具，不要乱动。		
46. 脆	cuì	形	容易折断破碎。
	(1) 这种纸很脆，一碰就破了。		
	(2) 人老了，骨头脆了，一不小心就容易骨折。		
47. 历代	lìdài	名	过去的各个朝代，过去的许多世代。
	(1) 他们家历代都是农民。		
	(2) 《红楼梦》被认为是历代最优秀的小说之一。		
48. 例外	lìwài	名	在一般的规律、规定之外的情况。
	(1) 大家都得遵守这里的纪律，谁也不能例外。		
	(2) 他每年春节都回老家，没有一年例外。		
49. 摸索	mōsuǒ	动	试着（前进）；寻找（方法、经验等）。
	(1) 突然停电了，我摸索着找到一根蜡烛。		
	(2) 工作经验是在不断摸索中总结出来的。		

注释词表

生　词	注　音	释　义
1. 次大陆	cìdàlù	比洲小，地理上或政治上比较独立的陆地。
2. 遗失	yíshī	由于疏忽而失掉（东西）。
3. 殆	dài	差不多，几乎。
4. 悬案	xuán'àn	没有最后结果的事情。
5. 箸	zhù	筷子。

生　词	注　音	释　义
6. 旁证	pángzhèng	主要证据以外的证据。
7. 笔者	bǐzhě	作者自称笔者。
8. 犯疑	fànyí	某件事情弄不明白。
9. 栖	qī	鸟停在树上。
10. 呢喃	nínán	小鸟唱歌的声音，也指小鸟唱歌。
11. 鸣唱	míngchàng	快乐地唱歌。
12. 嗞嗞	sīsī	拟声词，课文中指火烧筷子的声音。
13. 象牙	xiàngyá	大象的牙齿，很硬而贵重，可以做工艺品。
14. 宠妃	chǒngfēi	古时候皇帝最喜欢的妾。
15. 欢心	huānxīn	对人或事物喜欢的心情。
16. 玉簪	yùzān	用玉做成的簪子。
17. 荒淫无耻	huāngyín wúchǐ	课文中指纣王只喜欢酒色，不知道羞耻，不务正业。
18. 雏形	chūxíng	没有成形前的样子。
19. 贴近	tiējìn	接近。
20. 传奇	chuánqí	情节和人物都不平常的故事。
21. 末期	mòqī	最后的时期。
22. 水患	shuǐhuàn	水灾。
23. 受命	shòumìng	接受命令。
25. 凶水恶浪	xiōng shuǐ è làng	形容水很大，很危险。
24. 三过家门而不入	sān guò jiāmén ér bú rù	说的是"大禹治水"的故事。为了治理水灾，大禹曾三次路过自己的家门，有一次都听见了儿子的哭声，但是都没有进去。
26. 沸滚	fēigǔn	形容水煮开了，开得很大。
27. 练就	liànjiù	练成了。
28. 油腻	yóunì	含油多的而使人不愿意吃。

生词	注音	释义
29. 契机	qìjī	事物向好的方向转化的关键。
30. 上古	shànggǔ	比较早的古代。
31. 荒野	huāngyě	没有人的田野。
32. 洞穴	dòngxué	古人或动物居住的地方。
33. 取舍	qǔshě	得到和放弃。
34. 虚构	xūgòu	想象出来的,不是真的。
35. 夸张	kuāzhāng	用夸大的词句来形容事物。
36. 渲染	xuànrǎn	夸大地形容。
37. 百姓	bǎixìng	普通人民。

课文　筷子的传说

阅读提示

大家都知道,中国人吃饭主要用筷子,西方人吃饭主要用刀叉。那么中国人是从何时开始用筷子的呢?本文给我们讲述了三个关于筷子起源的有趣传说,来解答我们的疑问,同时也给我们讲述了中国古代的一些风俗文化。

现在世界上人类进食的工具主要分为三类:欧洲和北美用刀、叉、匙,一餐饭三器并用;中国、日本、越南、韩国和朝鲜等用筷;非洲、中东、印尼及印度次大陆以手指抓食。美国加利福尼亚大学名誉教授怀特调查后说:"用刀叉、手指和筷子吃饭的三类人,都以强硬态度维护自己的餐具。特别是以手抓食者,常被人看作不文明，可他们却自我感觉良好。例如美国洛杉矶有一家菲律宾餐馆儿，大做广告以抓食为荣，公开警告那些不愿以手抓饭的顾客，谢绝他们光临。"

中国是筷子的发源地，以筷进餐少说已有3000年历史，是世界上以筷进食的母国。筷子看起来只是非常简单的两根小细棒，但它有挑、拨、夹、拌、扒等功能，且使用方便，价廉物美。筷子也是当今世界上一种独特的餐具。

凡是使用过筷子者，不论华人或是老外，无不钦佩筷子的发明者。可是它是何时由何人发明的？现在谁也无法回答这个问题。堂堂中华古国，都找不到记载这一对人类文明做出伟大贡献的点滴文字资料，也许是我们的先民当时缺少文字，或是记录筷子的书籍遗失殆尽？总而言之，回答这个悬案的只有"史无记载"四个字。当然，研究筷箸文化，也不是找不到任何旁证材料。笔者曾先后收集到三个有关筷子起源的传说。

姜子牙与筷子

这一传说流传于四川等地。说的是姜子牙只会直钩钓鱼,其他事一件也不会干,所以十分穷困。他老婆实在无法跟他过苦日子,就想将他害死另嫁他人。

这天姜子牙钓鱼又两手空空回到家中,老婆说:"你饿了吧?我给你烧好了肉,你快吃吧!"姜子牙确实饿了,就伸手去抓肉。窗外突然飞来一只鸟,啄了他一口。他疼得"哎呀"一声,肉没吃成,忙去赶鸟。当他第二次去拿肉时,鸟又啄他的手背。姜子牙犯疑了,鸟为什么两次啄我,难道这肉我吃不得?为了试鸟,他第三次去抓肉,这时鸟又来啄他。姜子牙知道这是一只神鸟,于是装着赶鸟一直追出门去,直追到一个无人的山坡上。神鸟栖在一枝细竹上,并呢喃鸣唱:"姜子牙呀姜子牙,吃肉不可用手抓,夹肉就在我脚下……"姜子牙听了神鸟的指点,忙摘了两根细竹回到家中。这时老婆又催他吃肉,姜子牙于是将两根细竹伸进碗中夹肉,突然看见细竹咝咝地冒出一股股青烟。姜子牙假装不知放毒之事,对老婆说:"肉怎么会冒烟,难道有毒?"说着,姜子牙夹起肉就向老婆嘴里送。老婆脸都吓白了,忙逃出门去。

姜子牙明白这细竹是神鸟送的神竹,任何毒物都能验出来,从此每餐都用两根细竹进餐。此事传出后,他老婆再也不敢下毒了,四邻也纷纷学着用竹枝吃饭。后来效仿的人越来越多,用筷吃饭的习俗也就一代代传了下来。

这个传说显然是崇拜姜子牙的产物,与史料记载也不符。殷纣王时代已出现了象牙筷,姜子牙和殷纣王是同时代的人,既然纣王已经用上象牙筷,那姜子牙的细竹筷也就谈不上什么发明创造了。不过有一点却是真实的,那就是商代南方以竹为筷。

妲(dá)己与筷子

这个传说流传于江苏一带。说的是商纣王喜怒无常,吃饭时不是说鱼肉不鲜,就是说鸡汤太烫,有时又说菜肴冰凉不能入口。结果,很多厨师成了他的刀下之鬼。宠妃妲己也知道他难以侍奉,所以每次摆酒设宴,她都要事先尝一尝,免得纣王咸淡不可口又要发怒。有一次,妲己尝到有几碗佳肴太烫,可是掉换已来不及了,因为纣王已来到餐桌前。妲己急中生智,忙取下头上长长玉簪将菜夹起来,吹了又吹,等菜凉了一些再送入纣王口中。纣王是荒淫无耻之徒,他认为由妲己夹菜喂饭是件享乐之事,于是天天要妲己如此。妲己即让工匠为她特制了两根长玉簪夹菜,这就是玉筷的雏形。以后这种夹菜的方式传到了民间,便产生了筷子。

这则传说,不像第一个传说充满着神话色彩,而比较贴近生活,有某些现实意义,但依然富于传奇性,也与史实不符。考古学家在安阳侯家庄1005号殷商墓中发掘出的铜箸,经考证其年代早于殷纣末期的纣王时代,显然,筷子既不是纣王发明,也非妲己创造,应是更早的产物。

大禹与筷子

这个传说流传于东北地区。说的是尧舜时代,洪水泛滥成灾,舜命禹去治理水患。大禹受命后,发誓要为民清除洪水之患,所以三过家门而不入。他日日夜夜和凶水恶浪搏斗,别说休息,就是吃饭、睡觉也舍不得耽误一分一秒。

有一次,大禹乘船来到一个岛上,饥饿难忍,就架起陶锅煮肉。肉在水中煮沸后,因为烫手无法用手抓食。大禹不愿等肉锅冷却而白白浪费时间,他要赶在洪峰前面而治水,所以就砍下两根树枝把肉从热汤中夹出,吃了起来。

从此，为节约时间，大禹总是以树枝、细竹从沸滚的热锅中捞食。这样可省出时间来制服洪水。如此久而久之，大禹练就了熟练使用细棍夹取食物的本领。手下的人见他这样吃饭，既不烫手，又不会使手上沾染油腻，于是纷纷效仿，就这样渐渐形成了筷子的雏形。

虽然传说主要是通过某种历史素材来表现人民群众对历史事件的理解、看法和感情，而不是严格地再现历史事件本身，但大禹在治水中偶然产生使用筷箸的最初过程，使当今的人们相信这是真实的情形。它比姜子牙和妲己制筷传说显得更纯朴和具有真实感，也符合事物发展规律。

促成筷子诞生，最主要的契机应是熟食烫手。上古时代，因无金属器具，再因兽骨较短、极脆、加工不易，于是先民就随手采摘细竹和树枝来捞取熟食。当年处于荒野的环境中，人类生活在茂密的森林草丛洞穴里，最方便的材料莫过于树木、竹枝。正因如此，小棍、细竹经过先民烤物时的拨弄，急取烫食时的捞夹，蒸煮谷黍时的搅拌等，筷子的雏形逐渐出现。这是人类在特殊环境下的必然发展规律。从现在筷子的形体来研究，它还带有原始竹木棍棒的特征。经过4000余年的发展，原始性依然无法改变。

当然，任何传说总是经过历代人民的取舍、剪裁、虚构、夸张、渲染甚至幻想加工而成的，大禹创筷也不例外。它是将数千年百姓逐渐摸索到的制筷过程，集中到大禹这一典型人物身上。其实，筷箸的诞生，应是先民群众的集体智慧，并非某一人的功劳。不过，筷子可能起源于禹王时代，经过数百年甚至千年的探索和普及，到商代成了和匕共同使用的餐具。

（据2004年10月28日《网易科技报道》）

第8课　筷子的传说

课文练习

一、根据课文回答问题：

1. 在你们国家，吃饭的工具是什么？有关于它的传说吗？如有，请讲给同学们听。
2. 根据课文，你认为课文中三个关于筷子起源的传说可信吗？为什么？实际情况是怎么样的？
3. 根据你的经验，姜子牙直钩能钓上鱼来吗？你知道为什么姜子牙直钩钓鱼吗？
4. 课文中纣王、妲己都是古代很有名的人，你知道有关他们的故事吗？
5. 你知道大禹治水的故事吗？

二、词语辨析与练习：

名誉　名气　名声　名望　声誉

这些词都表示在社会上流传的对某人或某物的评价。

"名誉"、"名气"、"名望"、"声誉"是褒义词，而"名声"是中性词。其中"名誉"、"名望"只是对人，尤其"名望"不能是因为册封和别人授予而得到的，一般是多数人公认的老资格者；"名声"、"名气"、"声誉"则既可指对人又可指对物的评价；另外，"名誉"也可以做形容词，意思是名义上的，多指别人赠给的名义。例如：

(1) 他在社会上有很高的**声誉**。(也可用"名望")
(2) 人要爱惜自己的**名声**。
(3) 那个人**名声**不好，离她远点。
(4) 她现在在北京已经小有**名气**了。
(5) 他把**名誉**看得和生命一样重要。
(6) 他是我校的**名誉**教授。

"名声"和"名气"基本意义是一样的，但一般"名声"用"好、坏"来形容，"名气"则用"大、小"来形容。"名望"是"好的名声"，它和"声誉"用"高、低"来形容。例如：

(7) 好**名声**、坏**名声**
(8) **名气**大、**名气**小
(9) **名望**很高、**声誉**很高

谢绝　拒绝

二者都有不接受别人的请求、意见等意思，但"谢绝"表示委婉地拒绝，有礼貌地拒绝。例如：

（1）本地**谢绝**参观。
（2）爸爸婉言**谢绝**了叔叔的礼物。
（3）工厂出事了，记者想弄清楚事情的起因，领导却**拒绝**采访。
（4）小朱曾多次**拒绝**富商的贿赂。

指点　指示

两词都有"指给人看"的意思。但"指点"重在"点"，点明，通过教让人知道。而"指示"重在"示"，尤其表示上级对下级或长辈对晚辈说明处理某个问题的原则或方法，此意还可以当名词用。例如：

（1）经过高人**指点**，我终于知道该怎么做了。
（2）上级**指示**我们必须按时完成任务。
（3）我们坚决执行上级的**指示**。

另外，"指点"还有"在旁边挑毛病，在背后说人的不是"的意思，常重叠成"指指点点"。例如：

（4）她常常在别人后边**指指点点**，从不敢当面指出来。
（5）我怕人家背后**指点**我，说我坏话。

难　难以　难于

三词均有不容易做到的意思。

"难"可以是形容词，也可以是动词。当形容词用时，后边一般接单音节动词，例如：

（1）这件事很**难**办。
（2）现在的工作很**难**找。

当动词用时，常在前边有介词结构"把……"、"给……"，后边有表示结果的补语，一般也是单音节的，例如：

（3）这道题可把我**难**住了。

"难以"和"难于"意思是不容易，不易于，多用于书面语，主要用在动词前，而且动词多为双音节动词，二者一般可互相交换使用，例如：

(4) 这个困难**难以/难于**克服。

(5) 那个问题**难以/难于**解答。

(6) 他的行为太奇怪了，让人**难以**理解。

(7) 这个困难**难以**克服。

(8) 那个问题**难以**解答。

如果"难以"是用在单音节动词前，单音节动词一般要加上结果补语或表示趋向的补语，然后再带宾语。例如不能说"难以写文章/难以吃水果/难以说真相"，而应说成"难以写成文章/难以吃到水果/难以说出真相"。此时一般不能用"难于"。

"难于"还有"比……难"的意思，在这个意义上，"难以"和"难于"不能互换。例如：

(9) 有些留学生认为，汉语书写**难于**口语。(不能用"难以")

免得　以免

二者都是连词，都可表示采取某种办法使某事不发生的意思。

"免得"表示避免发生某种不希望发生的情况，多用于后一小句开头，主语常常不说出来，一般放在动词和形容词的前边做状语，是一个常用的口语词。例如：

(1) 请你仔细听清楚，**免得**再引起误会。

(2) 老人总是这样教育年轻人：现在要努力学习工作，**免得**将来后悔。

(3) 快到了给我打电话，我去接你，**免得**走错了。

(4) 自己的事尽量自己做，**免得**麻烦别人。

(5) 有事可以打电话来，**免得**你来回跑，怪累的。

(6) 把水龙头开小一点儿，**免得**浪费。

"以免"要连接两个分句，用在第二个分句的前边，多用于书面语。例如：

(7) 自行车要走自行车道，**以免**发生交通事故。

(8) 你到中国后要常给家里打电话或写信，**以免**我们担心。

(9) 出门多穿点儿衣服，**以免**感冒。

辨析练习

选择填空：

| 名声 | 名气 | 名望 | 声誉 | 名誉 | 谢绝 | 拒绝 |
| 指点 | 指示 | 难 | 难以 | 难于 | 免得 | 以免 |

1. 作为一名国家公务员，他这样做有损国家的_____。
2. 老李没有什么_____，但在此地却小有_____。
3. 这个人在这儿的_____不太好，最好不要和他走得太近。
4. 我们公司要坚决维护名牌产品的_____，同盗版做斗争。
5. 你说他呀，在我们这儿_____可大着呢。
6. 这种产品是_____在外，但中看不中用，实际上不怎么样。
7. 他在全国享有很高的_____。
8. 他是我们的_____教授。
9. 他们的无理要求遭到严词_____。
10. 在人的一生中，我们需要_____许多诱惑。
11. 本寺_____参观。
12. 对于她的好意邀请，我婉言_____了。
13. 领导_____我们明天一早立即出发。
14. 那个小偷藏在哪了呢？大家都朝他_____的方向看去。
15. 她害怕被人_____，所以做事非常小心认真。
16. 刚刚接到上级_____，他被调到别的地方工作了。
17. 农民们_____我如何积肥选种。
18. 为了演出成功，我们需要一种特殊的道具，但是我们怎么也找不到，这下可把我们_____住了。
19. 你如此盛情，我真的_____承受。
20. 蜀道难，_____上青天。
21. 这个汉语故事太_____懂了，我无论如何也不明白。
22. 您的要求太高了，我们_____接受。
23. 听说今年的高考大大_____去年的。

24. 你最好再提醒他一下，_____他又忘了。
25. 应该及时总结教训，_____再发生类似的问题。

三、语法讲解：

1 特别是以手抓食者，常被人看作不文明，可他们却自我感觉良好。

"特别是"，尤其，常常在一定的范围中选出更合适的。例如：
(1) 我喜欢听音乐，**特别是**流行音乐。
(2) 大家儿玩得很高兴，**特别是**孩子们。
(3) 这个城市的治安很差，**特别是**火车站附近。

2 美国洛杉矶有一家菲律宾餐馆儿，大做广告以抓食为荣。

"以……为……"，有两种用法。第一种用法相当于"把……作为……"，或"认为……是……"，这里"为"的后面一般是名词或名词性短语。例如：
(1) 我们搞任何活动都要**以**不妨碍工作学习**为**原则。
(2) 他常**以**小偷**为**友，不久走上了犯罪的道路。
(3) 她**以**人品善良**为**找朋友的第一标准。
如果两个"以……为……"并列，后面的"以"可以省略。例如：
(4) 这个活动**以**五年级**为**主，四年级**为**辅。
第二种用法，"为"的后面是形容词，表示比较起来怎么样。例如：
(5) 这块地**以**种花生**为**宜。
(6) 这部短篇小说集里**以**描写农村的作品**为**多。
(7) 我们学校的留学生**以**亚洲人**为**多。

3 凡是使用过筷子者，不论华人或是老外，无不钦佩筷子的发明者。

"凡是"，副词。表示在一定的范围内没有例外，常常用在主语的前边。有时"凡是"中的"是"不说出来，只说"凡"。例如：

(1) **凡是**和他一起生活过的人，都说她是一个温柔的人。
(2) **凡是**符合规定条件的，都可以报名参加。
(3) **凡是**她的歌，我都喜欢。
(4) **凡是**重大问题，我们都讨论决定。

4 总而言之，回答这个悬案的只有"史无记载"四个字。

"总而言之"，总括起来说，也就是"总之"的意思，有两种用法。
第一种用法是总括上文，对前面说的话进行总结。例如：
(1) 对于新事物，有的人赞成，有的人反对，有的人怀疑，**总而言之**，不可能完全一样。
(2) 我们班同学，有的爱唱歌，有的爱打球，有的爱跳舞，**总而言之**，每个人的爱好都不一样。
第二种用法是表示概括性的结论，有"反正"的意思。例如：
(3) A：请问去超市怎么走？
    B：哎呀，详细地址我记不清了，**总而言之**在北京大学附近。
(4) A：你什么时候交的钱？
    B：具体日期记不清了，**总而言之**是上个月。

5 他日日夜夜和凶水恶浪搏斗，别说休息，就是吃饭、睡觉也舍不得耽误一分一秒。

"别说……就是……也……"、"别说……即使……也……"和"别说……连……也／都……"都是表示递进关系复句的关联词语。先把某一人或某一事物往低处说，而突出另外的人或事物。例如：
(1) 这几位专家，**别说**是国内，**就是**在世界上**也**是很有名的。
(2) **别说**是你，这件事他**连**自己的亲人**都**没告诉。
(3) 动物园里的熊猫，**别说**小孩子喜欢，就是**连**大人**也**都爱看。

6　人类生活在茂密的森林草丛洞穴里，最方便的材料莫过于树木、竹枝。

"莫过于"，指没有什么人或没有什么东西比……怎么样。这是用比较级表示最高级的一种方式，表示强调，后常接人或事物。例如：

（1）世界上最了解我的**莫过于**他了。（意为：他最了解我。）
（2）在我们班学习最好的**莫过于**小杨了。
（3）地球上最高的山**莫过于**喜马拉雅山。

7　筷箸的诞生，应是先民群众的集体智慧，并非某一人的功劳。

"并非"，并不是，加强否定语气，带有反驳的意味。后面常有"而是、只是、不过、是"等词与之呼应。例如：

（1）你弄错了，那个女孩子**并非**他的女朋友，而是他弟弟的女朋友。
（2）事实**并非**你想象的那样。
（3）**并非**这儿的生活不方便，是你还不太习惯这儿的气候。
（4）**并非**我不想关心他，而是他不想接受我的帮助。

语 法 练 习

（一）在下列各句中填上合适的量词：

1. 每当到了傍晚，家家户户的房顶上都有一＿＿＿＿青烟——是做饭的时间了。
2. 这＿＿＿＿传说是一个有趣的故事，其中包含着深刻的文化内涵。
3. 这＿＿＿＿饭吃得真舒服，下次一定还来这儿吃。
4. 你家在哪一＿＿＿＿楼？
5. 这是我头一＿＿＿＿来中国，还有点儿不太习惯，不过，有这么多朋友的帮助，我一定会越来越好的。
6. 真令人兴奋，她在运动会上得了三＿＿＿＿奖牌。
7. 你看，那＿＿＿＿花多漂亮呀！
8. 听说那个小屋发现了一＿＿＿＿尸体，是真的吗？
9. 要想把汉语学好，必须突破一＿＿＿＿又一＿＿＿＿的困难。

（二）仿照例句造句：

1. 美国洛杉矶有一家菲律宾餐馆，大做广告以抓食为荣。
   他以自己的儿子为最大的骄傲，每当和人提起来，都一脸笑容。
   _____。

2. 凡是使用过筷子者，不论华人或是老外，无不钦佩筷子的发明者。
   凡是七周岁的儿童，都必须上小学。
   _____。

3. 总而言之，回答这个悬案的只有"史无记载"4个字。
   那时候的心情是很难形容的，总而言之是非常激动。
   _____。

4. 他日日夜夜和凶水恶浪搏斗，别说休息，就是吃饭、睡觉也舍不得耽误一分一秒。
   别说这么点小事，就是再大的困难，我们也能解决。
   _____。

5. 人类生活在茂密的森林草丛洞穴里，最方便的材料莫过于树木、竹枝。
   在中国，最方便的交通工具莫过于自行车了。
   _____。

6. 筷箸的诞生，应是先民群众的集体智慧，并非某一人的功劳。
   我并非是故意欺骗他，只是不想让他过早地知道事情的真相。
   _____。

7. 特别是以手抓食者，常被人看作不文明，可他们却自我感觉良好。
   我喜欢音乐，特别是流行音乐。
   _____。

（三）按固定格式组词：

以抓食为荣	以____为____	以____为____
无法回答	无法_____	无法_____
难以侍奉	难以_____	难以_____
免得浪费	免得_____	免得_____
无不钦佩	无不_____	无不_____
具有真实感	具有_____	具有_____

四、写作：

仿照课文写一篇文章，说一个你自己国家的有趣传说。

字词扩展练习

仿照例子组词，并从中选择10个词造句：

反面	反____	反____	反____
非法	非____	非____	非____
进化论	____论	____论	____论
电视迷	____迷	____迷	____迷
影坛	____坛	____坛	____坛
追星族	____族	____族	____族

阅读扩展及泛读练习

副课文

碧螺姑娘

江苏太湖的洞庭山上，出产一种名茶，叫"碧螺春"。说起碧螺春茶的来历，民间有个动人的传说。

相传很早以前，西洞庭山上住着一位美丽、勤劳、善良的姑娘，名叫碧螺。东洞庭山上住着一个小伙子，名叫阿祥，长得魁梧壮实，为人正直。碧螺常在湖边结网唱歌，阿祥老在湖中撑船打鱼，两人虽不曾有机会倾吐爱慕之情，但心里却已深深相爱。

有一年初春，灾难突然降临太湖。湖中出现了一条凶恶残暴的恶龙，兴风作浪，还扬言要碧螺姑娘做它的"太湖夫人"，搞得太湖人民日夜不得安

宁。阿祥决心与恶龙决一死战，保护洞庭山人民的生命安全，也保护心爱的碧螺姑娘免遭磨难！

一个没有月亮的晚上，阿祥和恶龙展开了恶战，杀得天昏地暗，地动山摇，山上、湖里留下了斑斑血迹。直到斗了七天七夜，阿祥的渔叉才刺进了恶龙的咽喉。这时双方都身负重伤，精疲力竭，恶龙的爪子再也抬不起来，阿祥的渔叉也举不动了，跌倒在血泊中昏了过去。

碧螺姑娘心如刀绞。为了报答阿祥救命之恩，碧螺姑娘千方百计为他治疗，细心照料。可是，阿祥的伤势仍一天天恶化。碧螺姑娘焦急万分，四处访医求药，仍不见效。一天，姑娘为找草药来到了阿祥与恶龙搏斗过的地方，忽然看到一棵小茶树长得特别好，心想：这可是阿祥和恶龙搏斗的见证，应该把它培育好，让后人们知道阿祥是如何为了人民过上安定幸福的生活而不惜流血牺牲的！从此她每天跑去看看，遇到寒冷的天气，碧螺还用小嘴含住芽苞，每天早晨都去含一遍。渐渐地小茶树伸出了第一片、第二片嫩叶。看着这些嫩绿的芽叶，碧螺灵机一动，采摘了一把嫩梢，揣在怀里，回家后泡了杯茶端给阿祥。说也奇怪，这茶刚倒上开水，就有一股纯正而清馥的香味直沁心脾，阿祥闻了精神大振，一口气把茶汤喝光。香喷喷、热腾腾的茶汤，好像渗透到了他身上每一个毛孔，感到说不出的舒服。碧螺见此情景，高兴得热泪直流，飞奔到茶树边，一口气又采了一把嫩芽，揣入胸前，用自己的体温使芽叶萎蔫，拿到家中再取出轻轻搓揉，然后泡给阿祥喝。如此接连数日，阿祥居然一天天好起来了，和心爱的姑娘互诉爱慕和感激之情。就在两人陶醉在爱情的幸福之中时，碧螺的身体再也支撑不住，倒在阿祥怀里，带着甜蜜幸福的微笑，再也没有睁开双眼。阿祥悲痛欲绝，把姑娘埋在洞庭山的茶树旁。从此，他努力繁殖培育茶树，采制名茶。"从来佳茗似佳人"，为了纪念碧螺姑娘，人们就把这种名贵茶叶取名为"碧螺春"。

（据2005年7月5日凉都茶网，编者有删改）

根据文章的内容判断下列说法是否正确：

1. "碧螺春"是一种茶的名字。　　　　　　　　　　　　　　（　）
2. 碧螺和阿祥常常在一起结网打鱼，互相爱慕。　　　　　　（　）
3. 因为恶龙要碧螺做它的"太湖夫人"，所以阿祥要和恶龙争夺碧螺。（　）
4. 碧螺和阿祥终于幸福地生活在一起。　　　　　　　　　　（　）
5. "碧螺春"的名字是为了纪念碧螺姑娘而起的。　　　　　　（　）

第9课　　父子之战

生词

	注音	词性	释义
1. 战	zhàn	名	战争、战斗。

(1) 一场真正的服务大战序幕已经拉开。
(2) 不过，谁是这场人才之战的最终赢家，还需时日才能见分晓。

2. 惩罚	chéngfá	动	严重地处罚。

(1) 老百姓看到这批害人的家伙受到惩罚，个个称快，人人高兴。
(2) 破坏环境必然导致环境对人类的惩罚。

3. 惊恐	jīngkǒng	形	害怕紧张。

(1) 各村的农民们闻讯后惊恐万状，四散逃难。
(2) 随着剧情的发展，他们时而沉浸在深深的忧伤或惊恐之中，时而又欢呼雀跃，开怀大笑起来。

4. 若无其事	ruò wú qí shì		好像没有那么回事似的，形容不动声色或漠不关心。

(1) 数年之后，又一次要走，尽管母亲站在月台上仍装出若无其事的表情，我却不能控制自己，抱住母亲大声痛哭。
(2) 苏格拉底临终前，还跟他的弟子若无其事地讨论问题。

5. 筹码	chóumǎ	名	计数和进行计算的用具，常用于赌博。现常指掌握在自己手中用于交换对方物品的东西。

(1) 为什么要把地位和金钱当做爱情的筹码呢？
(2) 在同样的能源、材料、工时等成本条件下，先进的设计是强者的筹码。

	注音	词性	释义
6. 卖力	màilì	形	尽量使出自己的力量。

(1) 在企业内，工作最卖力的应该是管理人员才对。
(2) 她怯生生地找到当地一个富豪之家做了女佣，不分昼夜地卖力干活。

7. 号啕大哭	háotáo dà kū		大声哭。

(1) 在印度的一些乡村，人们以号啕大哭、捶胸顿足表示对死者的哀悼。
(2) 小伙子的话刚说完，她哭得更厉害了，可以说是号啕大哭起来。

8. 次数	cìshù	名	动作或事件重复出现的数量。

(1) 练习的次数越多，就会越熟练。
(2) 这个地区春季出现次数最多的是偏北风。

9. 无声无息	wúshēng wúxī		没有一点儿声音，形容很安静。

(1) 冬天与春天就这样无声无息地完成了季节的交接。
(2) 小红的房门虚掩着，她没敲门，就无声无息地走进了小红的房间。

10. 终止	zhōngzhǐ	动	结束，停止。

(1) 如比赛未到终止时间而一方得分已超过对手10分，就算胜者。
(2) 一个作家文集的出版，决不意味着其文学成就的终止，而是一个新的起点。

11. 难以置信	nányǐ zhìxìn		很难让人相信。

(1) 他们的确富了，并且富得出奇，富得让人难以置信。
(2) 过去的二十年，对我来说是一个难以置信的冒险过程。

12. 黔驴技穷	Qiánlǘ jì qióng		比喻仅有的一点儿本领也用完了。

(1) 面对听来似乎谁都能解答的问题，被问者却往往无法找到正确的答案，陷入自相矛盾和黔驴技穷的被动局面。
(2) 叫我办一份报纸和一份杂志我都有办法，但叫我办一份儿童读物，我就黔驴技穷了。

13. 揍	zòu	动	打。

(1) 昨天我真想揍他们，我一个小学同学就在他们公司上班，都好几个月不发工资了。
(2) 现在才明白，为什么爸爸当年老是揍我和弟弟。

	注 音	词 性	释 义
14. 无赖	wúlài	名	游手好闲，品行不端的人。
	（1）他自嘲地说自己成了一个"无赖闲人"。		
	（2）中国的历史似是这个民族宽厚性格的外化，向来广纳天下好汉，也包容一些流氓、无赖。		
15. 短暂	duǎnzàn	形	（时间）短。
	（1）我跟他只有过短暂的接触。		
	（2）在短暂逗留的日子里，他特地请家乡的老人吃饭。		
16. 瓦解	wǎjiě	动	比喻崩溃或分裂。
	（1）敌军惊慌失措，开始瓦解。		
	（2）哪些因素可能导致家庭瓦解？		
17. 品尝	pǐncháng	动	仔细地辨别；尝试（滋味）。
	（1）相传，有一位牧羊人偶然发现羊吃了咖啡豆便不停地蹦跳，于是他好奇地也品尝了几颗，果然兴奋不已。		
	（2）生活是美好的，而只有体验过忧愁、品尝过甘苦的人才更懂得这美好的真谛。		
18. 省略	shěnglüè	动	免掉；除去（没有必要的手续、语言等）。
	（1）省略这几段风景描写，可以使全篇显得更加紧凑。		
	（2）这些话原汤原汁，除省略了好些骂人的话，我没有改它。		
19. 战役	zhànyì	名	完成战略目标某一阶段中各种作战的总称。文章中指父子之间的一系列斗争。
	（1）他们参加了许多次大小战役。		
	（2）打开市场的战役一点儿也不比研制攻关轻松。		
20. 伤天害理	shāng tiān hài lǐ		指做事残忍，灭绝人性。
	（1）不法商贩看到贩盐有利可图，便干起这伤天害理的勾当。		
	（2）他是为了钱财才做出了伤天害理的事。		
21. 置	zhì	动	搁，放。
	（1）他们拿着有关你的这些"证据"，随时随地都有可能置你于死地！		
	（2）这样的非分要求按理说完全可以置之不理，但是，商店经理认真考虑后，果断决定给予换货。		

	注音	词性	释义
22. 陈述	chénshù	动	有条有理地说出。

（1）王洪超和另外两个农民代表应邀到会，陈述了进京上访的原因。

（2）他陈述完申请的理由和基本情况后，被叫出会场，在场外等候表决结果。

23. 不假思索	bù jiǎ sī suǒ		用不着想。形容说话做事迅速。

（1）陈琳他们不假思索地冲了上去，抓住了歹徒。

（2）问到公司目前最需要什么，刘董事长不假思索地回答："人才"。

24. 致命	zhìmìng	形	可使人失去生命的。

（1）司机受了致命伤，头垂在方向盘上，满是鲜血。

（2）腐败，对任何一种社会制度都是致命的问题。

25. 完蛋	wándàn	动	垮台，灭亡。

（1）要解雇我真是笑话，这里只有我一个人知道周围的事，要不是我，公司早就完蛋了。

（2）一个商家没有资金要完蛋，可没有了信誉，有资金也要完蛋！

26. 逃脱	táotuō	动	逃离（险地）；逃跑；摆脱。

（1）难道他们可以逃脱罪责吗？

（2）一人犯罪，亲属如果摆不正亲情与法律的天平，不仅犯罪分子逃脱不了法律的制裁，自己也有可能被绳之以法。

27. 蒙混过关	ménghùn guò guān		用欺骗的手段使人相信虚假的事物，从而使自己摆脱困境。

（1）于是，不同的人出于各自的目的，企图在武警官兵面前蒙混过关，他们使出各种手段，以图达到不可告人的目的。

（2）违纪违法，四处都有眼睛盯着，想蒙混过关可不那么容易。

	注音	词性	释义
28. 洞察秋毫	dòngchá qiūháo		形容人目光敏锐，任何细小的事物都能看得很清楚。
	（1）要预防生活中所有的意外，那就必须具有洞察秋毫的慧眼才行。 （2）这一细节被洞察秋毫、一丝不苟的总理发现了。		
29. 整天	zhěngtiān	名	全天。
	（1）她整天忙着为病人治病，没有建立自己的家庭，把自己的爱全部献给了医学，献给了产妇和婴儿。 （2）成亲以后，新娘整天愁眉苦脸、闷闷不乐。		
30. 怒气冲冲	nùqì chōngchōng		形容非常愤怒的样子。
	（1）我怒气冲冲地去找老板，不管这可能丢掉饭碗，与他大吵了一场。 （2）他们听后全跳了起来，怒气冲冲地责骂他。		
31. 训斥	xùnchì	动	训诫和斥责。
	（1）他让父亲训斥了一顿。 （2）在交谈中，他还记得我曾因为他调皮训斥过他。		
32. 无罪释放	wú zuì shìfàng		因为被审判者或被监禁者没有犯罪行为而恢复其人身自由。
	（1）我又不是法院院长，不能宣判他无罪释放。 （2）目前真凶已被抓获，冤屈者已被无罪释放。		
33. 逃之夭夭	táo zhī yāoyāo		逃跑。
	（1）撞人者逃之夭夭，众人向他投去愤怒的目光。 （2）惩罚的板子打到了受害者的身上，而真正造假的元凶却逃之夭夭了。		
34. 阴差阳错	yīn chā yáng cuò		比喻由于偶然的因素而造成了差错。
	（1）他们阴差阳错地把多年渴望见面的机会失掉了。 （2）然而正是命运阴差阳错的选择，才改变了他的一生。		
35. 危急	wēijí	形	危险而紧急。
	（1）看着国家危急，哪能不管呢？ （2）他是个勇敢的好伙伴，虽然知道自己情况危急，不过还是要我们给他些忠告。		

	注音	词性	释义
36. 伎俩	jǐliǎng	名	不正当的手段。

（1）这就是那些喜欢搞鬼把戏的先生们惯用的伎俩。
（2）他把骗人的伎俩施展在自己的同胞身上。

37. 变本加厉	biān běn jiā lì		指情况变得比本来更加严重。

（1）他生病以后性情大变，以前脾气就不好现在更变本加厉。
（2）那些骑在我们头上的人，看见我们害怕，就会变本加厉地威胁我们。

38. 弄巧成拙	nòng qiǎo chéng zhuō		想耍巧妙的手段，结果反而坏了事。

（1）尽管你诚心诚意地想辅佐上司，但如果方法不当的话，很可能弄巧成拙。
（2）当然，此事应看准时机，操之过急有可能弄巧成拙。

39. 声称	shēngchēng	动	公开宣称。

（1）他声称有病没去上班。
（2）这时来了一个中年男子，声称是负责人，强令我们尽快付款。

40. 连连	liánlián	副	持续不断。

（1）近两个月，连连发生特大事故。
（2）当他和母亲走到检票处时，又转身向我挥手道别，我也连连挥手还礼。

41. 压	yā	动	对物体施力（多指从上向下）。

（1）破冰船不直接碰撞冰块，而像铁铲一样，滑到冰面上去，利用船的重力将冰压碎。
（2）树枝被大雪压弯了。

42. 绑	bǎng	动	用绳、带等缠绕或捆扎。

（1）把行李绑紧一点儿。
（2）敌人把他们一个个绑了起来，逼他们投降。

43. 神态	shéntài	名	神情态度。

（1）油画更易于刻画人物的神态表情。
（2）女孩天真的神态把大家都逗笑了。

44. 疼痛	téngtòng	形	疾病、创伤等引起的难受的感觉；痛。

（1）他忍住疼痛，走到附近的医院。
（2）经张大夫治疗两个月后，疼痛基本消失。

	注音	词性	释义
45. 而已	éryǐ	助	用在陈述句末尾，有把事情往小里说的意味。常与"不过、无非只、仅仅"等呼应。
	(1) 以上只是几个例子而已，类似的情况还很多。 (2) 我不过是说说而已，你不必过于认真。		
46. 发作	fāzuò	动	（隐伏的事物）突然爆发或起作用。
	(1) 他一遇到工作紧张，头风病就会发作，痛得受不了。 (2) 此症可反复发作，严重时有立即死亡的危险。		
47. 就绪	jiùxù	动	事情安排妥当。
	(1) 认识到潜在的机会后，确信一切准备就绪，那么等机会出现就要牢牢抓住。 (2) 据悉，这次比赛的各项准备工作已基本就绪。		
48. 理睬	lǐcǎi	动	对别人的言语行动表示态度；表示意见（多用于否定）。
	(1) 大家都不理睬他。 (2) 我们要求给予解释，可没人理睬。		
49. 麻醉	mázuì	动	用药物或针刺等方法使整个有机体的某一部分暂时失去知觉，多在施行外科手术时采用。
	(1) 你尽管放心开刀吧，我可以不要麻醉。 (2) 他们的试验说明，当鸽子的嗅觉系统被麻醉以后，它们返回家园的能力就被大大削弱了。		
50. 康复	kāngfù	动	恢复健康。
	(1) 目前，病人正在康复之中。 (2) 前年叶老得了一场大病，今年却奇迹般地康复了。		
51. 自食其果	zì shí qí guǒ		指自己做了坏事，自己受到损害或惩罚。
	(1) 在全球环境日益恶化的今天，如果不加重视并着手解决，人类将面临自食其果的命运。 (2) 这种不负责的态度，他将来是必定要自食其果。		

注释词表

生词	注音	释义
1. 狭小	xiáxiǎo	狭窄，空间小。
2. 启动	qǐdòng	开始做某事。
3. 额头	étóu	人的眉毛以上头发以下的部分。
4. 下腹	xiàfù	肚子的下半部分。
5. 胸口	xiōngkǒu	人体的一部分，在颈和腹的中间。
6. 阑尾	lánwěi	人体肠道末端突起的一部分。
7. 阑尾炎	lánwěiyán	阑尾感染而引起的病症，主要症状是右下腹疼痛、恶心、呕吐等。
8. 病状	bìngzhuàng	疾病表现出来的现象。
9. 手术台	shǒushùtái	医生给病人做手术的桌子。
10. 粉末	fěnmò	极细的颗粒。
11. 被窝	bèiwō	为睡觉把被子叠成长筒形。
12. 放屁	fàngpì	从肛门排出臭气。
13. 割	gē	用刀截断。
14. 红肿	hóngzhǒng	肌肉、皮肤等由于发炎或充血而变红、体积增大。

第9课　父子之战

课 文　　父子之战

阅读提示

和母爱不同，父爱有时候并不是通过温情脉脉的方式表现的。尤其是父子之间，往往两人之间的对立反而体现出父亲对儿子的关爱。阅读本课，你将对此有所体会。

　　我对我儿子最早的惩罚是提高自己的声音，那时他还不满两岁，当他意识到我不是在说话，而是在喊叫时，他就明白自己处于不利的位置了，于是睁大了惊恐的眼睛，仔细观察着我进一步的行为。当他过了两岁以后，我的喊叫渐渐失去了作用，他最多只是吓一跳，随即就若无其事了。我开始增加惩罚的筹码，将他抱进了卫生间，狭小的空间使他害怕，他会在卫生间里"哇哇"大哭，然后就是不断地认错。这样的惩罚没有持续多久，他就习惯卫生间的环境了，他不再哭叫，而是在里面唱起了歌，他卖力地向我传达这样的信号：我在这里很快乐。接下去我只能将他抱到屋外，当门一下子被关上后，他发现自己面对的空间不是太小，而是太大时，他重新唤醒了自己的惊恐，他的反应就像是刚进卫生间时那样，号啕大哭。可是随着抱他到屋外次数的增加，他的哭声也消失了，他学会了如何让自己安安静静地坐在楼梯上，这样反而让我惊恐不安，他的无声无息使我不知道外面发生了什么，我开始担心他会出事，于是我只能立刻终止自己的惩罚，开门请他回来。当我儿子接近四岁的时候，他知道反抗了，有几次我刚把他抱到门外，放下他之后他以难以置信的速度回了屋内，并且关上了门。他把我关到了屋外。现在，他已经五岁了，而我对他的惩罚黔驴技穷以后，只能启动最原始的程序，动

177

手揍他了。就在昨天,当他意识到我可能要惩罚他时,他像一个小无赖一样在房间里走来走去,高声说着:"爸爸,我等着你来揍我!"

我注意到我儿子现在对付我的手段,很像我小时候对付自己的父亲,儿子总是不断地学会如何更有效地去对付父亲,让父亲越来越感到自己无可奈何;让父亲意识到自己的胜利其实是短暂的,而失败才是持久的;儿子瓦解父亲惩罚的过程,其实也在瓦解着父亲的权威。人生就像是战争,即便父子之间也同样如此。当儿子长大成人时,父子之战才有可能结束。不过另一场战争开始了,当上了父亲的儿子将会去品尝作为父亲的不断失败,而且是漫长的失败。

我不知道自己五岁以前是如何与父亲作战的,我的记忆省略了那时候的所有战役。我记得最早的成功例子是装病。那时候我已经上小学了,我意识到父亲和我之间的美妙关系,也就是说父亲是我的亲人,即便我伤天害理,他也不会置我于死地。我最早的装病是从一个愚蠢的想法开始的,现在我已经忘记了究竟是什么原因促使我装病,我所能记得的是自己假装发烧了,而且这样去告诉父亲,父亲听完我对自己疾病的陈述后,第一个反应也几乎是不假思索的反应就是将他的手伸过来,贴在了我的额头上。那时我才想起来自己犯了一个致命的错误,我竟然忘记了父亲是医生,我心想完蛋了,我不仅逃脱不了前面的惩罚,还将面对新的惩罚。幸运的是我竟然蒙混过关了,当我父亲洞察秋毫的手意识到我什么病都没有的时候，他没有去想我是否在欺骗他，而是对我整天不活动表示了极大的不满，他怒气冲冲地训斥我，警告我不能整天在家里坐着或者躺着，应该到外面去跑一跑，哪怕是晒一晒太阳也好。接下去他明确告诉我，我什么病都没有，我的病是我不爱活动，然后他让我出门去，爱干什么就干什么，两个小时以后再回来。父亲的怒气因为对我身体的关心一下子转移了方向，使他忘记了我刚才的过错和他正在进行中的惩罚，突然给予了我一个无罪释放的最终决定。我立刻逃之夭夭，然后在一个很远的安全之处站住脚，满头大汗地思索着刚才的阴差阳错，思索的结果是以后不管出现什么危急的情况，我也不能假装发烧了。

我装病的伎俩逐渐变本加厉，到后来不再是为了逃脱父亲的惩罚，开始为摆脱扫地或者拖地板这样的家务活而装病。有一次弄巧成拙，当我声称自己肚子疼的时候，我父亲的手摸到了我的右下腹，他问我是不是这个地方，我连连点头，然后父亲又问我是不是胸口先疼，我仍然点头，接下去父亲完全是按照阑尾炎的病状询问我，而我一律点头。其实那时候我自己也弄不清是真疼还是假疼了，只是觉得父亲有力的手压到哪里，哪里就疼。然后，在这一天的晚上，我躺到了医院的手术台上，两个护士将我的手脚绑在了手术台上。当时我心里充满了迷惘，父亲坚定的神态使我觉得自己可能是阑尾炎发作了，可是我又想到自己最开始只是假装疼痛而已，尽管后来父亲的手压上来的时候真的有点疼痛。我不知道如何去应付接下去将要发生的事，我记得自己十分软弱地说了一声："我现在不疼了。"我希望他们会放弃已经准备就绪的

手术，可是他们谁都没有理睬我。那时候我母亲是手术室的护士长，我记得她将一块布盖在了我的脸上，在我嘴的地方有一个口子，然后发苦的粉末倒进了我嘴里，没多久我就什么都不知道了。

　　醒来时，我已经睡在家里的床上了，我感到哥哥的头钻进了我的被窝，又缩了出去，连声喊叫着："他放屁啦，臭死啦。"就这样，我的阑尾被割掉了，而且当我还没有从麻醉里醒来，就已经放屁了，这意味着手术很成功，我很快就会康复。很多年以后，我曾经询问过父亲，他打开我的肚子后看到的阑尾是不是应该切掉。父亲告诉我应该切掉，因为当时我的阑尾有点儿红肿。我心想"有点儿红肿"是什么意思，尽管父亲承认吃药也能够治好这"有点儿红肿"，可他坚持认为手术是最为正确的方案。因为对那个时代的外科医生来说，不仅是"有点儿红肿"的阑尾应该切掉，就是完全健康的阑尾也不应该保留。我的看法和父亲不一样，我认为这是自食其果。

（据《华夏》1999年第4期，作者：余华）

第9课　父子之战

课 文 练 习

一、根据课文回答问题：

1. 作者对儿子分别进行过哪些惩罚，儿子又是怎么对付他的？
2. 作者上小学的时候，意识到自己跟父亲的关系是"美妙的"，为什么这么说？
3. 作者第一次装病被父亲发现后，父亲为什么没有对他发脾气？
4. 文章最后作者为什么说自己是"自食其果"？
5. 说说你所知道的生活中的"父子之战"，并谈谈这里面体现着父亲对子女怎样的感情。

二、词语辨析与练习：

努力　卖力

"卖力"和"努力"都可做动词，也都可做形容词，可以通过加助词"地"或直接修饰动词。它们都包含"尽量将力量使出来"的意思。"努力"使用范围更为广泛，常和"工作"、"学习"等动词连用，常为褒义。"卖力"则还含有"积极表现自己"的意义。

"努力"，把力量尽量使出来，多指在工作、学习等过程中的积极态度。例如：

(1) 这些正是科学家**努力**探索的谜。
(2) 他明知道他不会成功，仍然继续**努力**。

"努力"，有时具有名词的用法，而"卖力"没有。例如：

(3) 经过几年的**努力**，做了数百次试验后，终于成功了。

"卖力"，出力做某事，常有"自我表现"的意思。例如：

(4) 她对"选美"的确是很**卖力**的。
(5) 歌星出场费高是因为观众喜欢他(她)的歌，歌星在台上**卖力**地表演、拼命地取悦观众才赢得了观众的掌声。
(6) 他们如此**卖力**地表演，无非是希望我们能慷慨解囊。

逃脱　摆脱

"逃脱"与"摆脱"都是动词,都含有语素"脱",因此都有"离开某种情况或环境"的意义。

"逃脱",指脱离险地、逃跑。有时候"逃脱"也能通过带宾语来表达"脱离"的意思。例如:

(1) 他心中只有一个念头:就是死也不能让歹徒**逃脱**。
(2) 事情闹大了,触犯了刑律,你们哪个都**逃脱**不了!
(3) 难道他们可以**逃脱**罪责吗?
(4) 也许你可以逃跑,可是你们无法**逃脱**历史的惩罚。

"摆脱",指脱离牵制、束缚、困难、不良的情况等较抽象的事物,多带宾语。例如:

(5) 你还有各种各样的选择**摆脱**困境或者是进一步改善自己的处境。
(6) 一个国家要取得真正的政治独立,必须努力**摆脱**贫困。
(7) 佛教徒认为居住在这个地方就可获得光明、清静和快乐,**摆脱**人间一切烦恼。
(8) 总的说来,今年世界经济还很难**摆脱**低速增长阶段。

对付　应付

"对付"和"应付"都是动词,一般都带宾语。两者都可以表示"对人对事采取措施、办法"的意思。"对付"指采取措施、办法面对难处理的事或强大的对手。例如:

(1) 节能成为工业发达国家更好地**对付**石油危机的有效手段。
(2) 医学界普遍认为,注意饮食是**对付**癌症的重要武器。
(3) 有关方面专家测算:对于300亿只老鼠,人类很难**对付**。

"应付"多指敷衍了事、马马虎虎对待事情以求过关。例如:

(4) 在**应付**繁忙的教学工作的同时,他创作了大量的音乐作品。
(5) 学生体会到复习的效果,就会对复习产生兴趣,而不单纯是为了**应付**考试而复习。
(6) 他对将来走上社会也感到很可怕,担心会**应付**不了这些问题。

辨析练习

选择填空：

努力　卖力　逃脱　摆脱　对付　应付

1. 他评价说这是一支很强、很难_____的队伍。
2. 有人就利用这一点，_____地制造各种各样的"人言"，以达到个人的目的。
3. 经过十三年的_____，终于把洪水引到大海里去，地面上又可以供人种庄稼了。
4. 如果不具备独立思维思辨能力，你就永远_____不了被动的局面。
5. 现在，他们明白了，如果不采取措施_____恐怖活动，麻烦也一定会落到自己头上。
6. 如果只是_____一下儿上级检查，搞点形式，走走过场，那就会埋下新的火灾隐患。
7. 老板不在，你何必干得这么_____呢？
8. 它告诉我们：只要有恒心肯_____，做任何事情都能成功。
9. 紧接着一阵枪声，除一人_____外，17名外交人员全部遇难！
10. 他的很多时间都花在_____上级领导上。
11. 一路上，他一直在考虑怎样从敌人手里_____。
12. 随着个体的不断成熟，他们需要逐渐_____外界的影响，去独立面对自我的现实。

三、语法讲解：

1　他最多只是吓一跳，随即就若无其事了。

"随即"，随后就，立刻。用来连接两个接连发生的事件，表示间隔非常短。例如：

(1) 你们先走，我**随即**动身。

(2) 此建议房东颇为满意，交易**随即**达成。

(3) 他顿感眼冒金星，**随即**失去了知觉。

(4) 她1968年取得学士学位，**随即**进入研究所研究分子生物学。

> **2** 现在我已经忘记了究竟是什么原因促使我装病，我所能记得的是自己假装发烧了，而且这样去告诉父亲。

这里"所"是助词，用在做定语的主谓结构的动词前面，表示中心词是受事，如"我所认识的人"、"大家所提的意见"。有时中心词可省略。例如：

(1) 通常**所**说的中国四大名山，实际上原是佛教的四大道场。

(2) 胃**所**做的只不过是消化的前半段作业而已。

(3) 这本书**所**描写的情况，至少就英国而言，现在在许多方面都已成为过去。

此外，助词"所"还可以跟"为"或"被"合用，表示被动，如"为人所笑"、"看问题片面，容易被表面现象所迷惑"。例如：

(4) 我们**为**科技工作者的成就**所**鼓舞，也**为**他们的奉献精神**所**感动。

(5) 为了使自己的每一句话和每一个行动都能**为**每一个人**所**赞同，他花费了不少心思。

> **3** 他怒气冲冲地训斥我，警告我不能整天在家里坐着或者躺着，应该到外面去跑一跑，哪怕是晒一晒太阳也好。

"哪怕"是表示让步的连词，与"即使"、"就算"近似。常与"也好"合用，表示"降低标准也能满足"。例如：

(1) **哪怕**只待两三天也好。

(2) 他说，就是坐轮椅也要去，**哪怕**在香港的土地上站一分钟也好。

(3) 她们给哥哥写信："快给我寄点儿钱吧，**哪怕**200元也好……"。

第9课　父子之战

语法练习

（一）把下列句子写完整：

1. 宴会开始了，我们的谈话随即_____。
2. 董良看到王明穿得比较单薄，随即_____。
3. 刘宾的母亲随一男一女上了车，随即_____。
4. 面对我的疑问，陶教授先是一怔，随即_____。
5. 苏玲_____，但她随即承认。
6. _____，随即走出来一个年轻人。

（二）选词填空：

> 忘记　喜爱　重视　理解　担任　感动　描写　赞同

1. 今天重新翻阅这些文章，又一次为他对中国的深情所_____。
2. 小说所_____的战争的场面和对人类命运的思考，要比任何详细的新闻报道都更接近真实。
3. 几分钟后，妻子开着汽车将他所_____的东西送到办公室。
4. 我对他的理论并不持敌对态度，虽然他的理论不是所有细节都能为我所_____。
5. 这标志着水的问题日益为世界各国所_____。
6. 传统观念所_____的进步是人对自然的征服，是技术和生产力的发展。
7. 京剧历来为人们所_____，被称为"国粹"、"国剧"。
8. 我和周先生在那里所_____的就是这翻译的职务。

四、写作：

　　模仿本文的写法，同样以《父子之战》（或《母女之战》）为题，写一篇600字左右的文章，描写一下你年幼时同父亲（母亲）之间的冲突，注意突出其中体现的父母与子女之间的感情。

字词扩展练习

仿照例子组词，并从中选择10个词造句：

意识	＿＿识	＿＿识	＿＿识	＿＿识
狭小	＿＿小	＿＿小	＿＿小	＿＿小
漫长	＿＿长	＿＿长	＿＿长	＿＿长
坚定	＿＿定	＿＿定	＿＿定	＿＿定
保留	保＿＿	保＿＿	保＿＿	保＿＿
连声	＿＿声	＿＿声	＿＿声	＿＿声

阅读扩展及泛读练习

副课文

对子女教育中"三句话"的反思

某杂志调查表明，中国父母对子女讲得最多的三句话是：听话，好好学习，没出息。这三句话确乎是中国式的，他们完全可以涵盖中国父母们望子成龙的急切心理。父母的这种期待自然是无可厚非的，但这三句话的不断重复究竟会达到怎样的教育效果，究竟会给孩子的心理带来怎样的影响，值得我们每一个做父母的认真反思。

关于"听话"

在我们小的时候，每天清晨上学前，父母总不忘叮嘱一句"不要淘气，要听老师的话"，在日常的教育中也总是一再重申要听大人的话。应该说，在那个全民族独立思考能力普遍丧失或者说是这种权利被剥夺的时代人们难以觉出这样的叮咛有何不完备、不科学的地方，这样的要求也有可谅之处。

但时代不同了,在强调创造、强调个性发展的现代社会,仅对孩子提出听话的要求,非但是片面的,而且是停留在一个落后于时代精神的低层面的。有两个现象非常值得我们沉思:一是许多高学历的父母也仍然把"听话"作为对孩子的主要要求,这说明了讲究尊卑、长幼、孝悌的传统文化影响之深之巨,高学历的家长也仍然有素质上的缺陷;二是父母常常会在这种教育表露出来的矛盾面前哑口无言。

所以我们不仅要教育孩子相信真理,相信科学,教育他们树立"吾爱吾师,吾更爱真理"的思想。我们还要教育孩子学会思考和比较,在辨别和筛选的过程中形成自己的独立判断。正在和世界全方位接轨的中国,对孩子的教育也应当和世界接轨。

关于"好好学习"

我们这一代,甚至上一代都是在"好好学习,天天向上"的谆谆教导中长大的。无论到什么时候,要孩子好好学习都是没错的,问题在于,在一个强调素质教育的时代,仅要求孩子"好好学习"就远远不够了。好好做人呢?好好爱家庭呢?好好使自己的作为与时代同步呢?这些都是生活在新世纪的人必备的素质,父母们为什么不反复要求呢?如果与父母常讲的另一句"没出息"联系起来看,那就是他们还认为"万般皆下品,唯有读书高",或者"悠悠万事,唯此为大",只有好好学习才能有出息,才能成为人上人。这种偏颇的认识,使得孩子们的书包越来越大,越来越沉,许多孩子被家长为他们报的名目繁多的兴趣班压得喘不过气来,享受不到童年灿烂的阳光、翠绿的草地。以后当孩子们长大成人,发现童年的回忆竟然只是书本、教室时,会不会发出"还我童年"的吼声?

关于"没出息"

父母最爱用这句话训斥孩子,孩子考试成绩没到90分,没出息;孩子写不好作文,没出息;孩子不小心砸碎了邻居的玻璃,没出息;孩子上课讲话,没出息;孩子打不好乒乓、踢不好球、弹不好琴,没出息……在父母眼里,孩子们没出息的事实在是太多了。出息,《现代汉语词典》解释为"指发展前途或志气"。仅凭这些事就能断定孩子没有前途、没有志气吗?在成长的过程中,孩子必然会有无心的失误,会遭遇挫折和失败,做父母的必须学会给他们以明亮的、正面的引导,一味地指责"没出息"是一种负面的心理暗示,只能使孩子走向自暴自弃,走向真正的"没出息"。孩提时愚钝、调皮甚至顽劣,但最终成为名垂青史的名家和大师,这样的例子还少吗?幼时聪慧,长大时却泯然众人的伤仲永之叹,不是言犹在耳吗?

有一个孩子一直想不通,为什么他想考全班第一却只考了二十一名,他问母亲他是否比别人笨。母亲没有回答,她怕伤了孩子的自尊心。在他小学毕业时,母亲带他去看了一次大海,在看海的过程中回答了孩子的问题。当孩子以全校第一名的成绩考入清华,母校找他做报告时,他告诉了大家母亲给他的答案:"你看那在海边争食的鸟儿,当浪打来的时候,小灰雀总能迅速起飞,它们拍打两三下翅膀就升入了天空;而海鸥总显得非常笨拙,它们从沙滩飞入天空总要很长时间,然而,真正能飞越大海、横过大洋的还是它们。"给孩子们一点儿自信和鼓励吧,相信你的孩子经过努力一定能够成为飞越大海、横过大洋的海鸥!

(据《读者》2005年第8期,作者:阿明)

判断下列说法是否正确:

1. "听话"这个要求是片面的,落后于时代的。　　　　　　(　)
2. "好好学习"这个要求是错误的。　　　　　　　　　　(　)
3. 孩提时愚钝、调皮甚至顽劣,就是"没出息"的表现。　　(　)
4. 起步较差的孩子,长大后未必比别人差。　　　　　　　(　)
5. "听话"、"好好学习"、"没出息"这三句话反映了中国父母对子女缺乏信心的态度。　　　　　　　　　　　　　　　　　　　　　　　(　)

第10课　　31.8%的房贷一族已成"房奴"

生　词

注音	词性	释义
1. 贷　dài	名、动	贷款；借钱财（借入或借出）。
（1）这几款车的养车费用有的已经接近千元，加上还贷，每月支出已经高于3000元。 （2）算上抵押房子贷的钱还差200多万，刘旭忧心忡忡。		
2. 通行　tōngxíng	动	（1）（行人、车马等）在交通线上通过。 （2）流行、通用。
（1）相关部门将架起一座临时的钢桥，供早高峰车辆通行。 （2）按照国际通行标准，银行内部的稽核人员应占员工人数的5%。		
3. 越过　yuèguò	动	经过中间的界限、障碍物等由一边到另一边。
（1）没有系安全带的后排乘客越过前排坐椅，直接撞到了前挡风玻璃上。 （2）世界万事万物都有底线，越过了底线，就意味着发生质变。		
4. 截至　jiézhì	动	截止到某个时候；到一定期限停止进行。
（1）参加本次活动的报名日期截至本月底。 （2）据权威部门统计，截至2007年6月30日，中国网民总数已达1.62亿。		

		注音	词性	释义
5.	贷款	dàikuǎn	动、名	银行借钱（给人）；向银行借钱；从银行或其他信用机构借来的钱。

(1) 那时候房价低，还是零首付。老先生贷款买房，再用房租付月供，现在已经有三套房子了。
(2) 黄光裕，17岁随其兄弟来到北京，用3万元的贷款开始经销家用电器。

6.	腐败	fǔbài	形	物体腐烂；行为堕落；(制度、组织、机构、措施等)混乱、黑暗。

(1) 吃了腐败的食物很容易生病。
(2) 各地区、各部门加大了对腐败行为的查处力度，惩治了一批腐败分子。

7.	无一例外	wú yī lì wài		没有一个是超出常例之外的；全都一样。

(1) 这几部反映中国现代生活，在海内外反响甚佳的电影无一例外地都是由中国明星自己主演的。
(2) 世界著名品牌无一例外都在不断进行品牌的形象创新，以确保自身的领导地位和消费者对品牌的忠诚度。

8.	甜美	tiánměi	形	具有香甜可口的味道的；形容愉快幸福。

(1) 十几个声音甜美的话务员正在耐心地给市民解释各种问题。
(2) 中国农民的小康梦正沉甸甸地落在黄土地上，并将渐渐生根、开花，结出甜美的果实。

9.	拨打	bōdǎ	动	拨动电话号码打（电话）。

(1) 一下车，金先生立刻给杭州的新朋友拨打电话。
(2) 周围群众发现这一幕惨剧后，立即拨打了110报警。

10.	通话	tōng huà		在电话中交谈。

(1) 该款手机的待机时间长达6.25天，连续通话的时间为3.5小时。
(2) 他们都可以直接和我通话，他们遇到的问题可以随时向我提出。

11.	蹒跚	pánshān	形	腿脚不灵便，走起路来摇摇摆摆的样子。

(1) 一位年迈的老人挂着拐杖步履蹒跚地来到城关法庭。
(2) 蹒跚学步的孩子及许多学龄前儿童是通过味觉来探索新事物的。

	注音	词性	释义
12. 要命	yào mìng		给人造成严重困难（着急或者抱怨时说）。表示程度达到极点。

(1) 这一天东奔西走，处理了很多事，累得要命。
(2) 在实践中，人们发现经济适用房的问题更多，其中最要命的是申购资格的认定非常困难。

13. 钻石	zuànshí	名	经过琢磨的金刚石，是贵重的首饰。

(1) 每个女人都梦想着在自己的婚礼上，得到一款经典且镶有钻石的戒指。
(2) 钻石的价值因品质和重量而异，然而完美的切割以及优美的戒台设计，可以让钻石戒指更出色。

14. 提及	tíjí	动	提到，谈到。

(1) 记者们知趣地谁也不去提及4年前的伤心事，更多地把问题转向询问下一步的工作安排。
(2) 至今提及此事，孙立新脸上依旧是骄傲与欣喜的神情。

15. 欣喜	xīnxǐ	形	欢喜，高兴。

(1) 令人欣喜的是，我通过这场较量看到了中国球员身上的战斗精神。
(2) 在北京，这种情况出现了令人欣喜的改变。

16. 金额	jīn'é	名	（书面语）钱的数量。

(1) 代表团将与中方签署一系列能源和科技等方面的协议，总金额超过20亿美元。
(2) 这一项目本身带来的合同金额不会很多，短期内并不能给公司带来多少直接经济效益。

17. 推行	tuīxíng	动	普遍实行；推广（经验、办法等）。

(1) 这种先进的生产技术已经在全国各地的工厂推行。
(2) 芝加哥大学推行的"一对一"教学模式使该校日后涌现出大量顶尖人才。

18. 下达	xiàdá	动	向下级或级别、地位等较低的人、团体发布或传达。

(1) 交通部最近已经将2009年危险路段整治任务下达到各省区市。
(2) 总部已向我们下达命令，不论什么地方，任何一家门店的价格都绝不容许比竞争对手高。

		注音	词性	释义
19.	发愁	fā chóu		为烦恼或焦虑的事情所折磨；因为没有主意或办法而愁闷。
	(1) 你别发愁，相信我们一定能想出办法解决好这个问题的。 (2) 房车出游的最大特点就是可以野外露宿，不用再为找不到宾馆发愁。			
20.	临终	línzhōng	动	人将要死亡（指时间）。
	(1) 临终前，姑娘那双企求生存的眼睛紧紧地盯着她。 (2) 临终前，她把平生积攒的80万元存款全部捐献给了军区总医院，设立了"为兵服务奖励基金"。			
21.	新房	xīnfáng	名	新建的住房。
	(1) 去年夏天的时候我买了新房，装修房子用去了我所有的积蓄。 (2) 灾区五万三千多户老百姓，接近二十万人搬进了宽敞明亮的新房。			
22.	历来	lìlái	副	过去多年(次)以来；从来。
	(1) 刘禄祥对人热情、待人和蔼，但对工作、对工程质量历来严格，从不马虎。 (2) 我们历来就不是一类人，平时交往也很少。			
23.	群体	qúntǐ	名	由许多同种生物的个体组成的整体；同类人或事物组成的整体。
	(1) 这家店以工薪阶层、普通市民和游客为主要消费群体。 (2) 青年教师是高校教师队伍中的一个特殊而重要的群体。			
24.	主流	zhǔliú	名	水的干流；事物发展的主要或本质方面；事物发展中占优势地位的力量。
	(1) 目前来看，愿意为多媒体付费的读者还不多，在未来两三年，网上阅读收费都不可能成为主流。 (2) 英国《泰晤士报》、《卫报》、《独立报》、《每日电讯报》等主流报纸23日纷纷从北京发回报道。			
25.	季度	jìdù	名	每三个月为一个季度，一年有四个季度。
	(1) 协会办有行业刊物，供会员了解每个季度、半年和全年国际市场的需求变化。 (2) 经济发达国家每年有大量人员出国进行商务或旅行访问，据说仅第一季度就有90万日本人到过中国。			

	注音	词性	释义
26. 比重	bǐzhòng	名	某事物在整体中所占的分量。

(1) 85%的私家车比重使成都享有全国"私家车第三城"之称。
(2) 高尔夫在李小双的生活中占有很大的比重，只要有时间，他都会约上三两知己，挥杆球场。

	注音	词性	释义
27. 整整	zhěngzhěng	副	达到一个整数的；实足的。

(1) 整整一柜子的书都被翻得乱七八糟的，卷边缺页，一塌糊涂。
(2) 到今年年底，我和李林就结婚整整7年了。

	注音	词性	释义
28. 要么	yāome	连	在两种不同情况或事物之间的选择。

(1) 从事航天就是从事了一个蕴含高风险的行业，发射只有"0"和"1"两个结果，要么成功，要么失败，没有中间道路。
(2) 现在新房的房价太高了，我看中的楼盘要么单价太高，要么地理位置太远。

	注音	词性	释义
29. 指望	zhǐwang	动、名	盼望；所盼望的事物。

(1) 现在很多人都是在外面打工做事，一年到头就指望过年时和家人团聚，总感觉时间太短。
(2) 他家日子过得很艰难，他一旦没有收入，全家也就没什么指望了。

	注音	词性	释义
30. 担忧	dānyōu	动	感到忧虑和不安。

(1) 许多志愿者对当前普遍存在的不文明旅游行为深感担忧。
(2) 科什的父母对女儿近似疯狂的减肥方法表现出极度的担忧。

	注音	词性	释义
31. 偿还	chánghuán	动	归还所借的钱。

(1) 老林提前偿还了5万元贷款，这样他的每月还款就从1268元降低到862元，利息也少支出不少。
(2) 按照这一计划，消费者需首付40%车款，其余车款可分三年偿还。

	注音	词性	释义
32. 相关	xiāngguān	形	互相关联的；彼此有关系的。

(1) 他们和相关专家以及奥组委、残联的负责同志等在工作中发现，3个修改方案都存在一些绕不开的矛盾。
(2) 本届大学生冬季运动会的竞赛安排、新闻宣传和市场开发等相关工作均已启动。

新 汉语高级教程（下册）

		注音	词性	释义
33.	发布	fābù	动	宣布，发表。

（1）2007年2月13日上午吉林省统计局召开了新闻发布会，发布2006年吉林省经济和社会发展的主要情况。
（2）昨日上海通用汽车公司发布消息，为了迎接即将到来的旺季市场，上海通用推出了乐风活力版车型。

34.	住房	zhùfáng	名	供人居住的房屋。

（1）对于如何使用这笔巨款，李先生表示先给家里买套房子改善改善住房条件，剩余的钱留下慢慢花。
（2）现在老百姓的日子是越来越好了，对住房的要求也越来越高了。

35.	债务	zhàiwù	名	还钱的义务，有时也指银行贷款所供的钱。

（1）他因为父母治病欠下了8万元债务。
（2）只要持卡人的公交IC卡上有余额，乘客就不是债务人而应该是债权人，公交公司才是债务人。

36.	即便	jíbiàn	连	即使；纵使。

（1）即便你有理，也不该发脾气啊！
（2）无车日那天，人们会发现即便不坐私家车，生活依然会继续，而且还有可能生活得更好。

37.	对照	duìzhào	动	相互对比参照。

（1）申请者应仔细对照有关条件。
（2）许多人是从药店买回药后，对照着说明书用药的。

38.	外出	wàichū	动	到外面去，特指因事到外地去。

（1）车主们每天最好保证半个小时左右的运动时间，外出路途不远时尽量以步代车。
（2）他们每次外出旅游，都会提前大半年就把机票订好。

39.	族	zú	名	某一类人。

（1）在英美等汽车比较普及的国家，一些上班族为了节省时间，往往会在上班的路上一边开车一边吃东西。
（2）我从四处飘荡的打工族变成了公司的管理者，然后又脱离了原来的单位，创立了自己的小公司。

		注 音	词 性	释 义
40.	承受	chéngshòu	动	经受或支撑（重量或压力）。
	（1）目前国民对图书价格的承受能力越来越强，网络阅读人数也正在逐步增加。			
	（2）我认为，老百姓既然买了黄金就应该承受价格变动带来的风险。			
41.	储蓄	chǔxù	动、名	把钱放在银行存起来。存起来的钱。
	（1）中国的储蓄率一直很高，主要原因是人们习惯了为子女教育、买房、买车、医疗、养老等等做准备。			
	（2）随着城乡居民收入连年快速增长，城乡居民储蓄存款也大幅度增加。			
42.	积蓄	jīxù	动、名	存起来。存起来的财物。
	（1）空中客车在公司构建、客户服务、支援培训等方面做了大量基础工作，为实现快速发展积蓄力量。			
	（2）他工作8年，所有的积蓄只能买得起5平方米的房子。			
43.	同期	tóngqī	名	相同的时期。
	（1）从沪上几家旅行社了解到，今年欧洲出境游的价格和去年同期基本持平。			
	（2）2006年，来华旅游人数高达创纪录的2221万人次，而同期我国公民出境也达3452万人次。			

注释词表

生词	注音	释义
1. 房贷	fángdài	买房子的贷款。
2. 房奴	fángnú	泛指身心俱疲、辛辛苦苦努力奋斗贷款买房的人，奴指奴仆或奴隶。
3. 警戒线	jǐngjièxiàn	这里指接近危险的界线，或者说是一种危险的情况。
4. 还贷	huán dài	还钱。
5. 房产	fángchǎn	房子。
6. 频道	píndào	特定的无线电广播频率或其他无线电通讯频率的波段。
7. 发稿	fā gǎo	发新闻专稿。
8. 月供	yuègōng	每个月供给，课文指每个月要还给银行的钱。
9. 按揭	ànjiē	英文"mortgage"的粤语音译，含义逐渐演化成了"抵押贷款"，目前在国内已经被正式称为"个人购置商品房抵押贷款"。
10. 相熟	xiāngshú	彼此了解、相识；由于互相接触得多而熟悉。
11. 饭局	fànjú	饭局，即吃饭的聚会。旧时称某些聚会为"局"，如赌局、饭局。
12. 冠冕堂皇	guānmiǎn tánghuáng	比喻光明正大、尊贵严整的状态，多用以批评人的言词、声明徒有其表。冠冕，指古代皇冠或官员的帽子。

生词	注音	释义
13. 匪夷所思	fěi yí suǒ sī	考虑问题的方法、言语、行动违反常规，使人难以想象和理解。
14. 泡吧	pào bā	指在酒吧里消磨时间。泡，本指较长时间地放在液体中，此指故意消磨时间。
15. 一年半载	yì nián bàn zǎi	一年或者半年左右，表示不太长的时间。
16. 戏称	xìchēng	开玩笑地称呼。
17. 无奈	wúnài	没有别的办法；表示"惋惜"的转折。
18. 广为流传	guǎng wéi liúchuán	谣言、新闻或其他信息在人们中间传播得很广。
19. 未经证实	wèi jīng zhèngshí	没有经过证明其真实性。
20. 房改	fánggǎi	居民住房改革（政策）。
21. 拉动	lādòng	用力使朝自己所在的方向或跟着自己移动，这里是带动的意思。
22. 内需	nèixū	国内市场的消费需求。
23. 感言	gǎnyán	由于接触外界事物而引起的感慨的言论。
24. 认作	rènzuò	当做，看作，看成。
25. 写照	xiězhào	描写刻画。
26. 寅吃卯粮	yín chī mǎo liáng	今年吃掉了明年的口粮，比喻入不敷出，预先支用了以后的收入。
27. 耻	chǐ	羞辱；侮辱。
28. 趋于	qūyú	朝某个方向发展。
29. 期房	qīfáng	指开发商从取得商品房预售许可证开始至取得房地产权证大产证止，在这一期间的商品房，即在建的商品房。

生　词	注　音	释　　义
30. 冠	guān	超出众人；超过；位居第一。
31. 撞大运	zhuàng dàyùn	猛然遇到很好的运气；试试运气。
32. 宽泛	kuānfàn	涉及的面宽。
33. 高薪	gāoxīn	收入、得到的薪金很高。
34. 大为	dàwéi	表示程度很高，相当于"非常"。
35. 息	xī	利息，去除本金以外所增加的利钱。
36. 叩	kòu	击，敲打。
37. 隐忧	yǐnyōu	内心里的忧愁；忧痛。
38. 出资	chū zī	出钱。
39. 负债	fù zài	欠钱。
40. 步入	bùrù	进入。
41. 养老	yǎnglǎo	奉养老人；上年纪后闲居休息。
42. 不时之需	bù shí zhī xū	某个可能时期的需要；将来某个时期随时可能的需要。

第10课　31.8%的房贷一族已成"房奴"

阅读提示

衣食住行是人们最基本的生活需要。住房问题是现代都市人面临的一个重要问题。很多年轻人工作不久就通过按揭向银行贷款买房，可是，他们在享受有房一族的心理安慰的同时，生活质量却大为下降，甚至出现了"房奴"这一说法。

按照国际通行的看法，月收入的1/3是房贷按揭的一条警戒线，越过此警戒线，将出现较大的还贷风险，并可能影响生活质量。新浪网房产频道最新一项调查（截至记者发稿时有15014人参与）显示，有91.1%的人购房用了按揭。这群按揭族中，有31.8%的人，月供占到了其收入的50%以上。

如果是贷款买房，月供占你月收入的多少？

月收入的20%~50%	54.1%
月收入的50%以上	31.8%
月收入的20%以下	14.1%

和王俊相熟的朋友最近都明显感觉到了他的变化：曾经是"饭局"的积极组织者的他，开始以各种冠冕堂皇或者匪夷所思的借口拒绝参加"腐败"活动；不论什么时候打他的手机，无一例外都会听到一个甜美的女声说："您所拨打的电话正在通话中。"过不多久，一个短信息蹒跚而至："有什么事吗？"以前每周必去的泡吧和健身被取消，转而每月去银行一次——当然，是去还房贷按揭，而不是去银行泡吧或者健身。

"买了房之后，我的生活完全变了。最要命的是，这种改变

不是一年半载,而是漫长的15年!"王俊曾因为在同学中最早成为有房一族而被戏称为"钻石王老五",可是提及现在的生活,他已经没有了当初的欣喜,显得颇有些无奈。

一个广为流传但未经证实的说法是,在中国,像王俊这样,生活被房贷按揭所改变的青年有2600万。而一个确定的数字是,1997年中国个人住房按揭贷款金额不到200亿元;到2005年,这一数字已经达到1.6万亿元。8年的时间,增加了80倍。

新浪网房产频道最新一项有15014人参与的调查显示,有91.1%的人,其购房方式是按揭贷款。

而在1998年,当房改作为拉动内需的措施之一被推行,房地产个人贷款也由此被推广时,怎样完成上级下达的按揭任务,是让银行工作人员很发愁的一件事情。那一年,一则关于中美两位老太太临终感言的笑话——"我终于住进新房了"和"我终于还清房贷了"——依然被认作是中国人和美国人消费观念差异的真实写照。

仿佛在一夜之间,历来以"寅吃卯粮"为耻的中国人,学会了"用明天的钱,圆今天的梦",主流就是年轻人。2005年初,北京市建委的网站上公布的一项调查表明,北京商品住宅购房对象正趋于年轻化,20~30岁群体是商品房购房主力。而当年第四季度,其所占比重又有大幅增长,达到了近四成。

"我是被逼出来的。"王俊这样解释自己观念的"进步"。一项来自北京市统计局的数据显示,2005年当地商品住宅期房均价每平方米6725元,居全国之冠。也就是说,收入还算不错的王俊,要不吃不喝整整10年,才能在北京买得起一处60平方米的小房子。

"现在房价这么高,想不贷款买房,要么有个好爸爸,要么,就只能指望买彩票撞大运了。"王俊半开玩笑地说。

如果说,房贷按揭还算一种观念的开放,给人以更多选择的话，新浪网这次调查的另一个结果无疑让人担忧。调查显示，在贷款买房的人当中，54.1%的人月供占其收入的20%~50%，甚至有31.8%的人，月供占到了其收入的50%以上。

前文提到，按照国际通行的看法，月收入的1/3是房贷按揭的一条警戒线，越过此警戒线，将出现较大的还贷风险，并可能影响生活质量。美国的银行就明确规定，每月偿还的按揭贷款以及与住房相关的税费，不得超过贷款人税前收入的28%。而中国银监会在2004年9月发布的《商业银行房地产贷款风险管理指引》中指出："应将借款人住房贷款的月房产支出与收入比控制在50%以下（含50%），月所有债务支出与收入比控制在55%以下（含55%）。"

也就是说，即便是按照中国银监会更为宽泛的标准，也有31.8%的人，房贷月供超过了50%这一警戒线。

与此相对照的是，2003年，美国人把约1/3的收入用来支付跟住房相关的一切费用，另外1/3花在交通和食物方面，约10%花在个人保险上，5%用于娱乐和外出旅游。

过高的房贷月供正在影响着人们的生活。这次调查发现，

77.9%的人认为房贷还款负担太重，使他们的生活质量下降。

很多按揭买房的人自称为"蜗牛"一族。他们身上背着房子，在享受着高薪、白领、有房一族等诸多心理安慰的同时，也承受着"一天不工作，就会被世界抛弃"的精神重压，生活质量大为下降：不敢轻易换工作，不敢娱乐、旅游，害怕银行涨息，担心生病、失业，更没时间好好儿享受生活。他们常常戏称自己正在坚定地叩响"忧郁症"的大门，甚至一只脚已经迈了进去。

在影响生活质量之外，月供占收入比例过高的另一个隐忧是，这必然导致储蓄的下降。对很多人来说，购房已不是个人行为，甚至是一个家庭、一个家族在供房。有人用"六一模式"概括全家供房的情景：六个人，青年夫妻、男方父母、女方父母用多年的积蓄共同出资，在城市里买一套房。

一项来自中国社科院的统计显示，2003年，上海、北京两地家庭负债比例分别达到155%和122%，已经超过美国同期的115%。而在目前社会保障体系尚不健全、我国开始逐渐步入老龄社会的大背景下，人们又必须留出部分积蓄以备失业、养老、医疗、教育等方面的不时之需。

"我们养房，谁养父母？"对于未来，王俊显得有一些忧虑。

（据 http://news.xinhuanet.com / house / 2006-04-17/ content_4432517. htm，作者：唐勇林）

第10课　31.8％的房贷一族已成"房奴"

课文练习

一、根据课文回答问题：

1. 为什么买了房反而被称做"房奴"？
2. 王俊在买房后生活出现了什么样的变化？为什么出现这些变化？
3. 文中"钻石王老五"是什么意思？你怎么看待这个现象？
4. 按揭购房是怎样一种方式？
5. 怎么理解文中所说的房改刚推行的时候那则关于中美两位老太太临终感言的笑话是"中国人和美国人消费观念差异的真实写照"这句话？
6. 谈谈你对"房奴"现象的看法。

二、词语辨析与练习：

调查　考察

"调查"、"考察"都是动词，都表示为了一定的目的，深入实地，仔细查看，但使用对象、范围大小又有不同。

"调查"是以弄清事实、查出事情的来龙去脉为目的，可用于各类事和人，使用范围较大，像"人口、原因、表现、情况"等。"考察"常用于相对比较重大的事物，其目的常常是探求事物的本质，带有科学研究的性质。它的使用范围较小，如"山川、资源、地质、工程项目"等。用于人时，有"观察、考验"的意思，如："让他到基层工作，目的是考察他的能力。"如：

(1) 报告对留守儿童的现状做了详尽的**调查**和分析，认为留守儿童非常需要心灵上的关爱。
(2) 朝阳区统计局对近5年该区居民新婚人群的消费**调查**显示，近一成新人的总花费已达80万元以上。
(3) 火灾具体原因尚不清楚，警方表示目前只知道是一场非常大的火灾，并正在**调查**是否与恐怖袭击有关。
(4) 事件原因正在进一步**调查**当中。
(5) 湖北正逐步成为我国改革开放的主战场和国内外投资的热点，希望你们能组织更多的工商界人士到湖北**考察**、访问，共谋发展。
(6) 在经过短短一天的实地**考察**后，北京有色金属研究总院张国成院士用诗一般的语言表达了他对红河的第一印象。

(7) 白善霖一行于11月9日至12日来我区进行农业合作方面的**考察**。

(8) 自2005年10月试验区成立以来,来这里**考察**和投资的外地客商络绎不绝。

通行　流行

"通行"有"流行"的意思,但"通行"侧重在"通"上,即"在各处都能行得通",有被广泛接受、普遍认同或普遍采用的意思,其对象通常是"规则、惯例、方法"等。而"流行"只是指广泛传播、盛行,其对象可以是生活方式、产品设计、服饰、音乐、疾病等。另外,"通行"还指行人、车马等经过交通线;"通行证",则是指允许在某一特定地区或地方自由走动或进出其边界范围的书面许可证。而这是"流行"不具备的含义。如:

(1) 国际上有一个**通行**的说法,好的学习是导致行为改变的学习。

(2) 本书揭示了实现卓越的**通行**法则,商品的品质才是最重要的。

(3) 我国建筑能耗按照国际**通行**的办法主要指建筑运行能耗。

(4) 约10分钟后,该路段车辆**通行**基本恢复了正常。

(5) 福勒素有"**流行**音乐教父"之称,同时也是全球最成功的电视娱乐节目——《美国偶像》的策划人之一。

(6) 在世界很多国家,自行车运动是非常**流行**而且很受欢迎的运动。

(7) 黑色的镜面效果属于目前**流行**的产品外观设计潮流。

(8) 1979年巴切莱特返回智利并成为一名儿科和外科医生、**流行**病学家。

推广　推行

"推广"、"推行",都是动词,都有"让某事开展起来"的意思,但词义侧重、适用对象和词义色彩上都有不同。

"推广"侧重于"广",强调的是使应用和实施的范围更加广泛,换个说法就是"推而广之",其对象主要是"经验、方法、技术、事迹、品种、工具"等。"推行"侧重于"行",强调的是使要贯彻的东西能够保证实行或通行,其对象经常是"方针、政策、路线、战略、制度、计划、方案"等。

"推广"的往往是具有普遍意义的,但方式常常是要通过说服、说理、宣传或逐步实施来实现的。因此,经常说"应该推广、值得推广、大力推广"。"推行"的往往是代表当权者意志的,因此在方式上要强硬得多。所以,经常说"坚决推行、坚持推行、疯狂推行、始终推行"。

由此可以看出,二者在词义色彩上也有差别词,"推广"是褒义词,而"推行"是个中性词,有时还略带贬义。

(1) 要加强农业机械研究开发和技术**推广**,提高农机化科技水平。
(2) 要注重实效,及时了解学习贯彻情况,总结**推广**经验。
(3) 明年,宝马将继续大力**推广**儿童交通安全教育,寻求商业发展与社会贡献相结合的长期和谐发展。
(4) 他们在世界各国巡演,**推广**中国打击乐文化,创造了多首融合中西文化底蕴的打击乐节目,获得了多项国际殊荣。
(5) 在全面**推行**计划生育的30年时间里,我国将人口总和生育率由20世纪70年代初的5.8%下降到目前的1.8%左右。
(6) 充足的资金支持是重庆廉租住房制度得以顺利**推行**的重要保障。
(7) 政府将**推行**六项新的举措,支持海鲜产业发展。
(8) 国际田联曾**推行**"零抢跑"规则,即只要有人抢跑就将罚下,但是该规则没有被**推广**。

公布　宣布　发布

"公布"、"宣布"都是动词,都有"告知"的意思,但词义侧重、适用范围和搭配对象都有不同。

"公布"是"公开发布",如政府机关的法律、命令、文告,团体的通知事项等,使大家知道。"宣布"是"正式告诉"。二者告知的内容有许多是相同的,如"命令、决定、纪律、方案、情况、结果"等,但也有不同之处:"公布"主要是通过书面形式来实施的,因此可以说"张榜公布、报纸上公布、告示栏里公布、黑板上公布"等;"宣布"则主要是通过口头方式来完成的,因此可以说"大声宣布、会议上宣布、当场宣布"等。因此,像"法律、宪法、账目"等适合于"公布",而"开会、闭会、开始、结束、动工、停工、集合、解散"等适合于"宣布"。"发布"指"宣布、发表",主要适合于"命令、指示、新闻"等。

由于"宣布"是通过具体人在当场实施的,因此在它的前边又常常可以加上"庄严、郑重、高兴地、难过地"等词语,来交代出宣布者的态度及心情,这又是"公布"一般不使用的。如:

(1) 国家统计局昨天**公布**的最新数据显示:今年10月份,全国工业品出厂价格(PPI)比去年同期上涨3.2%。

(2) 世界经济论坛近日**公布**的《2007－2008年全球竞争力报告》显示，美国是世界上竞争力最强的经济体，瑞士和北欧国家排名继续靠前，中国排名比去年有所上升。

(3) 甲骨文公司**公布**了新的业务计划，以进一步提高其在重庆市场的份额。

(4) 整改报告经董事会讨论通过后，报送广东证监局、深圳证券交易所，并在中国证监会指定的互联网网站上予以**公布**。

(5) 中国汽车工业协会11月9日**发布**的汽车产销统计显示，10月份汽车产销总体较上月有所下降，但同比继续呈现明显增长。

(6) 11月12日晚间，中关村**发布**公告称，第三届董事会2007年度第九次临时会议于11月12日召开。

(7) 赛后略显沮丧的费德勒匆匆来到新闻**发布**厅召开了赛后**发布**会。

(8) 上周，时代华纳董事长兼CEO帕森斯**宣布**离任。

(9) 2006年4月15日，中共中央台湾事务办公室主任陈云林在两岸经贸合作论坛闭幕式上**宣布**了15项惠台措施。

(10) 昨天，法国经济财政与就业部长拉加德**宣布**，将加大对法国贫困家庭取暖补助的力度。

(11) 波音公司**宣布**，预计今年年底前该公司将在中东地区收到总共150架飞机的新订单。

解释　说明

"解释"、"说明"都是动词，都有"说清楚"的意思，但词义侧重、搭配特点都有不同。

"解释"重在"分析、阐明、化解"，其目的往往是让对方懂得、理解或消除对立情绪，因此，常常说"解释词义、解释语法、解释误会"；"说明"重在"告知"，其目的常常是让被告知者明确知道、清楚了解，因此，"说明"的对象常常是"特点、事实、真相、情况"。二者在使用的要求上也有差异。前者常常要"认真、耐心、清楚、苦口婆心、煞费苦心"；后者常常要"仔细、详尽、及时、简洁"。当行为过分时，前者可以说"总解释、老解释、没必要解释、没完没了地解释"；后者可以说"说明繁琐、说明冗长"。当然，有些事情既可以说明，也可以解释,如原因、理由、含义等,但差别依然存在,如同样是原因,"解释原因"和"说明原因"显然不同:前者要向对方讲清"为什么会这样",而后者则只是客观地告知原因。另外,"说明"做动词还可以表示"证明"的意思,如"这次表现说明他很能吃苦";在使用上,还可以用"很、很能"来修饰,还可以和"书"、"文"结合成"说明书"、"说明文"等固定说法。这些都是"解释"一词所不具备的。如:

(1) 赛后接受意大利天空电视台采访时,亚昆塔**解释**道:"我生气,因为最后的进球被裁判取消。在我看来,这个进球是有效的。"

(2) 对于这一条,其实没有必要再多做**解释**,实德如果因此来要求荷兰人走人,相信没有谁会感到意外与不解。

(3) 管理员还**解释**了到场朋友们在阿里平台运作时不明白、不清楚的技术问题。

(4) 实验室主任李宁向专家们介绍了重点实验室的发展、目标定位、主要研究方向、已取得的主要成果,并**说明**了重点实验室在本科教育中的重要功能。

(5) 车到终点站,周师傅下车立即去找值班线长**说明**了情况。

(6) 由于治疗需要使用精神类药品帮助孩子集中注意力,所以医生必须加以特别**说明**。

(7) 如果打这么低的折扣,书店还能坚持,那就**说明**书价不合理,就应该打折。

渴望　希望　盼望　指望

"渴望、希望、盼望、指望"都是动词,都含有"期待、想要"的意思,但轻重程度、搭配特点都有不同。

"希望"词义较轻,表示的就是一般的"想要"或"期待";"渴望"词义较重,突出如饥似渴、十分迫切。因此,同样以"找到一份理想的工作"为内容,"渴望找到一份理想的工作"和"希望找到一份理想的工作"在情感色彩上完全不同:前者是说急切盼望;后者则只是表达了一个愿望。由于"渴望"的迫切性,它所反映的内容往往是当时的心境和急切的愿望;而"希望"则不同,可以反映对未来的要求和对将来的期待。"渴望"的事,往往是和自己或自己的家庭有关的;而"希望"的内容则宽泛得多。因此,可以说"我们希望环境意识能成为每个公民的自觉意识","渴望"则不适用于这类场合。"盼望"含有"以愉快或满足的心情期待(某个时刻的到来)"的意思。它的词义比"希望"重,比"渴望"轻。而"指望"则是指"一心一意地盼望",有"依赖"的意味。

在搭配特点上,"渴望"可以支配一个词,如"自由、生活、成功、富有、健康、团聚、幸福"等;而"希望、盼望、指望"则不行,它们一般只能支配小句,如"得到自由、生活愉快、能够成功、变得富有"等。此外,"希望、渴望、指望"还有名词用法,指所希望或盼望的事物,而"盼望"则一般没有名词用法。如:

(1) 她说:"我**渴望**出名,我才不想整天呆在学校里扮成好好学生呢。"

(2) 尽管我们现在也有夺冠的**渴望**和激情,但即使最后不能拿到冠军我们也不会太伤心。

(3) 那时,我们最**渴望**的就是能早日拥有一套属于自己的房子。

(4) 在接受媒体采访时,音乐人小柯对于自己能获得金牌制作人非常满意,并且**希望**下届能够继续获奖。

(5) 下面就由我给大家推荐一些目前比较热卖的型号,**希望**能对大家的选购有所帮助。

(6) 我**希望**所有车迷都记住我们在一起度过的快乐时光,我**希望**他们知道,为了冠军的荣誉,为了获胜的喜悦,我和我曾经的战友们拼尽了全力。

(7) 因为各自还有3场比赛,理论上讲,这六支队伍都还有夺冠的**希望**。

(8) 我最**盼望**的就是过节或者放假能够有机会和爸爸妈妈团聚。

(9) 当前热播的美国连续剧《迷失》的结局总是给人留下很多未解的问题,这是为了吸引观众迫不及待的**盼望**下一季的出现。

(10) **盼望**着,**盼望**着,总算熬过了这段学习期,我兴冲冲地飞回了广州。

(11) 家住兴安支路2号的苏先生说,他们**盼望**通暖气已经有好长时间了,今年终于如愿以偿了。

(12) 他说,千万不要**指望**新成立的特别基金成为救世主,但只要是对市场的长期稳定有力的措施,都值得尝试。

(13) 郭先生告诉记者,要**指望**房价降下来再买房不太现实,所以很多有自住需求的消费者"找到合适的房子还是会买的"。

(14) 教练让他出场,与其说**指望**他改变比赛结果,不如说是给了他一次锻炼的机会。

(15) 如果想从黄金上获得投资收益,唯一的**指望**就是金价上涨。

第10课　31.8%的房贷一族已成"房奴"

辨析练习

选择填空（一）：

考察　调查　推行　推广　通行　流行

1. 警方称正在_____该起事故是否与火灾或是爆炸有关。
2. 在上海设立办事处，将使我们更好地处理与外部资产管理者的关系，并有利于当地开展市场_____活动。
3. 12日，中国第24次南极_____和第4次北极_____的首批工作人员146人出发。
4. 记者_____发现，对于为什么中意用一次性杯子，最普遍的回答都是方便、卫生、安全。
5. 一位海外投资机构的负责人应邀_____过京沪高铁项目。
6. 各种各样的_____显示，中国网民的首要目的还是娱乐。
7. 研究人员_____了甘油液精制的方法与条件，得到高质量的甘油。
8. 当泥沙在河口沉积到一定程度，黄河水无法_____时，它就会另寻出路。
9. 只要把握适宜秋冬的_____色彩，再搭配布艺、饰品和灯光几种元素，秋季家居清爽、悠然又暗生一丝暖意的家居情调就出现了。
10. 他们按照国际_____做法，积极培育国内市场，力争保持内销远洋船视同出口船政策的连续性。
11. 一个房地产项目临近轨道相差800米至少相差一两千块钱的售价，这是房地产行业_____的规则。
12. 论坛的主题为时尚、品牌与创新，内容分为设计与_____趋势、品牌与生活，以及生丝电子监测技术讨论三个板块。
13. 目前_____的动漫作品主要来自日、美等国。

14. 即使国际_____的转机免签，在美国、加拿大、澳大利亚、英国等国对中国因私护照也不适用，必须另行办理过境签证。

15. 现在_____用音乐对宝宝进行胎教，但听音乐的时间不应该太长，否则会让宝宝产生疲惫、厌倦的感觉。

16. 双方积极致力于_____农村信息技术，并把数字娱乐带入中国各地的家庭。

17. 这些产品将首先在韩国销售，进而_____到其他市场。

18. 任保才还在村里_____听证会制度，对村内的重大事情进行听证。

19. 在企业品牌_____过程中，公益传播也将在企业传播策略体系中得到更多重视。

20. 9月开学后他们开始策划此项活动，并在上周正式在校内_____。

选择填空（二）：

公布　宣布　发布　说明　解释　希望　指望　渴望　盼望

21. 在信息产业部_____的"中国软件收入百强"名单中，神州数码作为行业应用软件的领军企业，在该名单中名列第四。

22. 中华网于今日_____了截至2007年9月30日的业绩。

23. 日前，上海汽车_____公告，称将通过发行债券募集63亿元资金，这笔资金的首要用途即为自主品牌建设的一、二期工程。

24. 大会裁判长朱晓峰_____了比赛成绩。

25. 上周，巴西国家石油公司_____在里约热内卢附近的海上发现了一个大油田。

26. 在赛手的新闻_____会中，费德勒也发表了这样的看法。

27. 除了交通费以外，多家知名厂商也_____涨价。

28. 食品专家_____道：这种焦糖里含有一定的有害成分，是不宜食用的。

29. 非法报纸《社会新闻报》现出原形，_____假冒境外媒体也是同样可以揭穿的。

30. 业内专家表示，化妆品按照词义的_____是为修饰和装扮而使用的制品。

31. 按照产品_____中的温度涂刷，乳胶漆施工的环境温度不宜低于5℃。

32. 虽然我也有同其他球员一样的_____，但只有在条件允许的情况下，我才会考虑这个问题。

33. 记者请教了具有多年驾车经验的老司机，_____他们的经验能对车主有所帮助。

34. 面对有钱人，我想女人最好不要总带有托付心态，像童话里的"灰姑娘"一样_____王子来救自己。

35. 虽然改变思路未必能成功，但至少有成功的_____吧！

36. 我年龄不小了却还是单身，非常_____找个男朋友。

37. "您看那3000块钱能不能先给我，女儿的学费还_____着这些钱呢。"陈庆近乎乞求地说。

38. 能喝上清澈甘甜的长潭水是台州南片供水紧张的城市_____已久的大事。

39. 她很想念自己的同学和老师，_____着能够早点儿康复回到学校。

40. 花了银子的企业老板，原本_____有更多的观众记住他们的广告，喜欢他们的品牌，激发起观众购买产品，没想到为人做了嫁衣，使得大把的银子打了水漂。

三、语法讲解：

> 1　这群按揭族中，有31.8%的人，月供占到了其收入的50%以上。很多按揭买房的人自称为"蜗牛"一族。

"族"，品类，种类。"……族"，用来指称具有某种共同特征的一类人或物，如上班族、购房族、学生族、开车族，等等。例如：

(1) 许多上班**族**都选择工作之余购物，进超市往往是顺便之举。

(2) 无论是学生**族**还是白领一**族**，学习和工作的压力已经让我们快要不能呼吸了。

2　不论什么时候打他的手机，无一例外都会听到一个甜美的女声说……

"无一"，没有一(个)，即全部、都，以双重否定表示肯定，有强调的意味。例如：

(1) 历时14个小时、横跨两地的捕歼战斗结束，涉案人员**无一**漏网。

(2) 虽然是第一次跳伞，但在赵老报告的激励下，我们一个个激情豪迈、意气风发，**无一**退缩、**无一**失误。

3　过不多久，一个短消息蹒跚而至。
　　王俊曾因为在同学中最早成为有房一族而被戏称为"钻石王老五"。

"而"，用在动词前，连接状语和中心语，对中心语起修饰、说明或限定作用。

(1) 前面用动词、形容词表示方式、状态。例如：

① 谈到此事，叶成群和郭传辉相视**而**笑。

② 国外厂商蜂拥**而**入。

③ 同事们一个个都睁大了眼睛，正对我怒目**而**视呢。

(2) 与"因为、由于、因、为、随、由、以"等连用，构成"因为、由于、因、为、随、由、以……而……"的短语结构。例如：

④ 企业领袖和卓越的管理者往往不是因为拥有高智商**而**成功，相反的，他们成功的秘诀是"情感智慧"。

⑤ 该剧讲述了一个上海媳妇和东北婆婆因为彼此生活习惯的差异**而**导致的婆媳大战。

⑥ 该公司因未能及时扩大发电能力**而**遭到国内的广泛批评。

⑦ 这场比赛中，来自美国和英国的双人组合将为争夺3万美元最高奖**而**展开角逐。

⑧ 这种合同关系，显然是不能随任何单方的意志**而**转移的。

⑨ 随着城市的发展，杭州已经走向由钱塘江、运河、西溪等围合**而**成的更为广阔的平台。

⑩ 这些规律和原理不以时间和地点的改变**而**改变。

(3) 同介词"随着、因、因为"等连用，构成"随着、因、因为……而

被……"的短语结构,表示主体受到某一动作、行为是由某一原因引起的,含有因果和被动两种意味。例如:

⑪ 初来瓷厂,就**因**年龄太小**而被**拒之门外。

⑫ 74%的被召回的玩具是**因为**设计的瑕疵**而被**召回。

⑬ 比赛也**随着**他的意外受伤**而被**终止。

4　他们在享受有房一族的心理安慰的同时,生活质量却大为下降。一个广为流传但未经证实的说法是,在中国,像王俊这样,生活被房贷按揭所改变的青年有2600万。

"为",读做wéi,有两种用法。

(1) 附于某些单音节形容词后,构成表示程度、范围的副词。例如:

① 早在两年前,"连连看"游戏就在国内的年轻人当中广**为**流行。

② 近年来,贵州文艺生态状况大**为**改观。

③ 对于中国市场而言,其影响远**为**轻微。

(2) 附于某些表示程度的单音节副词后,加强语气。例如:

④ 通过本周的强化训练,他们在第三场比赛上会给观众带来更**为**精彩演。

⑤ 古城西安以其得天独厚的旅游资源,每年吸引了众多海内外游客,中外旅客极**为**向往的旅游胜地。

⑥ 一个老太太甚**为**不悦,呵斥我们要肃静,闲杂人员出门等候。

⑦ 她踏实稳重、超越年龄的成熟让记者颇**为**惊讶。

语法练习

(一) 选择合适的词或短语填空:

1　租房族　　有车族　　打工族　　退休族

(1) 许多_____都喜欢一边开车一边听广播,或是在车上准备几张自己钟爱的CD,在欣赏音乐的同时舒缓驾车的疲劳。

(2) 在_____中,近六成人的租金占到月收入10%～25%,大多数选择1000～2000元/月租金房子。

(3) 成都的许多_____把茶馆当成了第二个家。

(4) 幸亏有宝宝妈妈的支持,他实现了从_____到老板的转型。

2 俯冲而下　　一拥而出　　拍案而起　　挺身而出

(5) 不到两分钟,门就被打开,里面的受困人员_____。

(6) 无论是民警还是协管员,遇到这种情况都会_____。

(7) 心灵的震颤,几乎使我_____,击节高歌,敬佩和赞赏之情油然而生。

(8) 此时高空虫蛾很快_____,聚于水面灯光四周。

3 无一成功　　无一幸免　　无一差错　　无一例外

(9) 失火房屋的阁楼屋顶被烧穿,木质的门窗框烧毁成了木炭,北面墙上的爬山虎和屋后的几棵水杉树也_____。

(10) 景区住宿价格从星级酒店到普通招待所_____地飞涨。

(11) 郭喜艳的表现依然糟糕,她三次试举125公斤_____,最终没能取得成绩。

(12) 王海一丝不苟、精益求精、认真编写编码,在他编写的近6000个材料编码中_____。

4 广为流行　　深为忧虑　　颇为满意　　大为提升
　　更为辛苦　　广为传看　　甚为大胆　　大为减少

(13) 聚餐、出游等提倡AA制,则是节俭主义_____的普通表现方式。

(14) 该期刊物反响热烈,一经推出便被_____。

(15) 通过此举,海外客户的满意度_____,桑达与客户之间的文书往来_____。

(16) 王先生和王太太慨叹,在美国的生活比在中国内地_____。

(17) 罗伯逊言行_____,常常出人意料。

(18) 整体的市场反映令人_____。

(19) 虽然总体上仍属少数,但此类案件频频出现,还是让人们_____。

（二）仿照例句用加下划线的词造句：

(1) 个别材料<u>因</u>货源较少或出厂价上扬<u>而</u>向上攀升。
　　_____。

(2) 社区服务中心等公共设施将<u>随着</u>项目开发而逐渐臻于完善。
　　_____。

(3) 在比赛中，有的队员<u>由于</u>犯规<u>而</u>被黄牌警告。
　　_____。

(4) 他是在世界羽坛上<u>以</u>进攻意识强、场上速度快、攻击犀利、步伐灵活，霸气十足<u>而</u>著称的男单冠军。
　　_____。

四、写作：

　　模仿本文的写法，写一篇关于住房的小文章。要求围绕住房问题，调查你身边的人，从网络、报刊等媒体查询相关信息，并结合你自己的体会，字数在200～600字之间。

字词扩展练习

仿照例子组词,并从中选择10个词造句:

按揭族	____族	____族	____族	____族
广为流传	广为___	广为___	大为___	深为___
	极为___	极为___	甚为___	颇为___
蹒跚而至	___而__	___而__	___而__	___而__

阅读扩展及泛读练习

副课文

走近房贷一族,细说"豪宅"之痛

月收入1万元的"穷汉"坐在空荡荡的地板上,罗鹏(化名)咧嘴苦笑,苦乐糅杂。有些事是不能细细推敲的,比如他现在就困惑:自己怎么能既是月入1万的高级白领,又是负债累累的穷光蛋?

他和妻子每月的税后收入,加起来有1万元,但用于房子这一项,月供加物业费(每平方米3元)等基本支出,高达5000元。他的新房位于北京亚运村以北,开发商美其名曰"亚奥腹地"、"黄金之选"。买的时候罗鹏还是踌躇了一番的,一方父母肯定会搬来常住,因此咬咬牙选择了130平方米的户型,单价每平方米6800。这意味着他在自己掏出24万元首付后,得向银行借贷64万元,如今本息合计已达104万元。

罗鹏生性乐观,名校热门专业研究生毕业,这曾使他对个人未来充满期待,从看房、订房到最后签订合同,铁板钉钉,其间花费的时间不过10天。当时还存在另一个轻松选择,即选择朝北的一套房,单价为5400元,每平方米便宜1400元。但家长的一番话,让他决定避轻就重,"北京冬天北风呼呼

第10课 31.8%的房贷一族已成"房奴"

的，还是朝南的房子暖和，有阳光。"奢侈的阳光啊，价值14万元。

巨大的还贷压力在攒钱装修的一年中开始凸显。除了还欠银行的，他得准备装修款、入住时缴纳的契税、房租及应付日常开销。房租每月就有800元，而130平方米的房子，装修及家具款至少得准备七八万元，不然对不起他的"豪宅"。节衣缩食了一年后，罗鹏还是靠向亲朋借得若干银子，才得以乔迁新居。

乔迁的那一天，理论上应是最开心的一天，罗鹏与妻子却莫名怅惘，房子里空荡荡的，除了必要的床和电视柜外，沙发没有，茶几没有，两个"小知"的书籍乱七八糟地挤靠在一面墙边。家具、电器，得一个月一个月慢慢地来。

老家的人纷纷说，月入1万，肯定把屋子装成皇宫，可谁知这"皇宫"里，住着一个两手空空的穷汉。每天早上一起来，想到的第一件事是欠银行100多万元，你得挣回来，这念头有可能折磨你20年。

不能失业，也不敢跳槽，老板冲他吼了一顿，他温和地一笑，心里说，我什么也没听见。江山代有才人出，不知道有多少山清水秀的学弟学妹，排着长龙等着填他的空。以前罗鹏打车、吃哈根达斯、节假日旅游，都不用计算手中的钱，但现在，骑车上班，至多给老婆买根雪糕；旅游？就去各大公园。

217

他和老婆都是忠实的好莱坞粉丝,斯皮尔伯格导演的《世界大战》北京公映了,听说效果那叫一个震撼。"去电影院看吧"。老婆说。他上网查了查票价,成人票每张45元。照以前,真不贵。"买张碟,放DVD里看吧。"今天的罗鹏答道。

(据2006年4月22日《人民日报》海外版,
作者:梁峰)

请简要回答问题:

1. 买房时罗鹏"踌躇"和"咬咬牙"说明什么?
2. 买朝北还是朝南的住房为什么价钱相差那么多?
3. 乔迁之时,罗鹏的新家怎么是"空空荡荡"的?
4. 怎么理解老家人说罗鹏会"肯定会把屋子装成皇宫"?
5. 购房使罗鹏的生活发生了哪些改变?

第11课　从"慢餐运动"到"慢生活"

生　词

	注　音	词　性	释　义
1. 旺盛	wàngshèng	形	生命力强；情绪高涨。
	(1) 这种植物有旺盛的生命力，在十分干旱的环境下也能生长。		
	(2) 良好的饮食和睡眠加上锻炼能让人精力旺盛。		
2. 潮流	cháoliú	名	比喻社会变动或发展的趋势。
	(1) 香港的潮流杂志上每周都会有许多潮流品牌的最新商品信息。		
	(2) 年轻人比较喜欢追赶潮流。		
3. 繁忙	fánmáng	形	事情多，没有空。
	(1) 在繁忙的大型机场，不到一分钟就有一架飞机起飞或降落。		
	(2) 在繁忙的工作中，他仍然坚持每天锻炼身体。		
4. 呼吁	hūyù	动	向个人或社会进行说明，请求帮助或主持公道。
	(1) 许多科学家大力呼吁要保护环境，防止污染。		
	(2) 世界卫生组织呼吁所有吸烟者在世界无烟日这一天停止或放弃吸烟。		
5. 浪潮	làngcháo	名	比喻大规模的社会运动或群众性运动。
	(1) 在全球化的浪潮中，外语的地位越来越重要。		
	(2) 现在，高科技的浪潮影响着人们生活的各个方面。		

	注音	词性	释义
6. 数以万计	shù yǐ wàn jì		数目很大；数量很多。

(1) 全球每年有数以万计的人死于战争。
(2) 洪水发生后，数以万计的老鼠涌到露出水面的小岛上。

7. 慢腾腾	mànténgtēng	形	非常慢。

(1) 这个人做事总是慢腾腾地，有时候能让别人急死。
(2) 他一字一句慢腾腾地念着……

8. 追随者	zhuīsuízhě	名	跟随的人；追随的人。

(1) 调查发现，明星的主要追随者是学生，特别是中学生和大学生。
(2) 在大学里，各类社团都有一批追随者。

9. 崇尚	chóngshàng	动	尊重；推崇。

(1) 每个人都应该崇尚科学，反对迷信。
(2) 这是一个崇尚自由、民主的民族。

10. 签署	qiānshǔ	动	在重要文件上正式签字。

(1) 经过谈判，中国政府和美国政府签署了关于中国加入WTO的协议。
(2) 昨天，两国签署了建立外交关系的联合公报。

11. 节奏	jiézòu	名	有规律的工作、生活进程。

(1) 大城市里人们的生活节奏比农村快多了。
(2) 他比较喜欢快节奏的工作方式。

12. 会员	huìyuán	名	加入某一组织或团体的成员。

(1) 这个组织成立不到一年，会员已经达到一万人。
(2) 截至2007年，联合国已经有191个成员国。

13. 时速	shísù	名	按小时计算的速度，即1小时移动的距离。

(1) 这种车的最高时速可以达到320公里。
(2) 字母"D"开头的动车组列车是目前中国时速最快的列车。

14. 作息	zuòxī	动	工作和休息。

(1) 他每天都严格地遵守作息制度，按时睡觉、准时起床。
(2) 请各班班长到办公室领取新的作息时间表。

15. 机制	jīzhì	名	一个系统中，各元素之间相互作用的过程和功能。

(1) 由于引入了竞争机制，员工们的工作效率有了很大的提高。
(2) 市场机制有效地调节着商品的生产和销售。

	注 音	词 性	释 义
16. 设置	shèzhì	动	设立；安装。
	（1）这座电影院是专门为儿童设置的。		
	（2）学校为不同水平的留学生设置了不同的课程。		
17. 渗入	shènrù	动	液体慢慢渗透到里面去；比喻某种势力无孔不入地钻进来。
	（1）战争开始后，特种兵慢慢渗入了这个国家的后方。		
	（2）不少有害物质会随雨水渗入到地下，使地下水受到污染。		
18. 闻所未闻	wén suǒ wèi wén		听都没听说过；从来没有说过。
	（1）一道道以前人们闻所未闻的菜品现在都上了餐桌。		
	（2）老师讲的东西全是他闻所未闻的，他更加佩服老师了。		
19. 欲速则不达	yù sù zé bù dá		想快却达不到目标。
	（1）你想今天就把整本书看完？我看那不是好主意，因为欲速则不达嘛。		
	（2）现在有人学习工作总想一夜之间就成功，结果往往是欲速则不达。		
20. 劳逸结合	láo yì jiéhé		学习或工作要与休息结合起来。
	（1）学习和工作都应该注意劳逸结合。		
	（2）劳逸结合能提高我们的工作效率和生活质量。		
21. 来年	láinián	名	接下来的一年，未来的一年。
	（1）冬天下很大的雪，来年小麦一定会大丰收。		
	（2）来年我们会更加努力地学习和工作。		
22. 引入	yǐnrù	动	带进；引进。
	（1）我市今年引入外资数额比上年增长了59个百分点。		
	（2）新技术的引入大大提高了该公司的收益。		
23. 鞭子	biānzi	名	用来赶牲畜或打人的工具。
	（1）他高高地扬起鞭子朝对手抽过去。		
	（2）一鞭子打下去，他疼得大叫起来。		
24. 抽打	chōudǎ	动	（用条状的东西）打。
	（1）他用鞭子在犯人身上狠狠地抽打着。		
	（2）几头牛在草地上吃草，偶尔用尾巴抽打一下身上的蚊虫。		

	注 音	词 性	释 义
25. 物极必反	wù jí bì fǎn		事物发展到极端，就会向相反的方面转化。
	（1）中国古代思想家老子首先提出"物极必反"的思想。 （2）再好的东西超过了限度都会物极必反，因此进行体育运动也要掌握好一个度。		
26. 珍视	zhēnshì	动	珍惜重视。
	（1）老师应该教育学生珍视宝贵的学习机会。 （2）年轻人应该珍视今天的美好生活。		
27. 发病	fā bìng		疾病发作、发生。
	（1）因为十分劳累，他昨晚又发病了。 （2）病人在发病时需要得到及时的救治。		
28. 倾诉	qīngsù	动	完全说出（心里的话）。
	（1）许多听众通过电台的热线电话向节目主持人倾诉心声。 （2）听完老婆的倾诉之后，丈夫不停地责备自己平时对她关心得太少了。		
29. 一旦	yídàn	副	如果有一天（，用于没有发生的事）。
	（1）平时不努力学习，一旦考试就不会有好成绩。 （2）船在大海中航行，一旦遇到大雾就很危险。		
30. 阅历	yuèlì	名	由经历得来的知识。
	（1）为了增加社会阅历，许多大学生都利用暑假出去工作、体验生活。 （2）他在不少单位和部门都工作过，因此阅历十分丰富。		
31. 动脉	dòngmài	名	把心脏中压出来的血送到全身各部分的血管。
	（1）颈部动脉被割断后，猪很快就会死亡。 （2）把手搭在手腕的动脉上，你能感觉到脉搏的跳动。		
32. 免疫	miǎnyì	动	由于具有抵抗力而不患某种传染病。
	（1）体育锻炼能增强我们的免疫力。 （2）艾滋病患者的身体免疫系统遭到了破坏。		
33. 健忘	jiànwàng	形	容易忘记事情。
	（1）老年人比较容易健忘。 （2）有时健忘也能让你幸福，因为你更容易丢掉不愉快的记忆。		

	注音	词性	释义
34. 噩梦	èmèng	名	可怕的梦。
	(1) 她经常被噩梦吓醒。		
	(2) 一次又一次的失败让他感觉生活就像一场噩梦一样。		
35. 焦虑	jiāolǜ	形容词	着急；担心；忧虑。
	(1) 有趣的事情可以使人减少焦虑，增加快乐感。		
	(2) 他焦虑地等待着考试的结果，饭也吃不香，觉也睡不好。		
36. 失误	shīwù	动	因为不小心或水平不高而造成差错。
	(1) 由于他工作中的失误，使公司遭受了巨大的损失。		
	(2) 我们应该尽量避免在工作中出现严重的失误。		
37. 突发	tūfā	动	突然发生。
	(1) 遇到火灾、洪水等突发事件时不能紧慌乱，要迅速查明原因，找到解决问题的办法。		
	(2) 他突发心脏病。		
38. 反常	fǎncháng	形	跟正常情况不同。
	(1) 夏天下冰雹是一种反常的气候现象。		
	(2) 他的反常举动引起了警察的注意。		
39. 倡导	chàngdǎo	动	带头提倡。
	(1) 我们应该积极倡导科学、文明的生活方式。		
	(2) 中国政府倡导帮助孤儿活动，要求全社会都来关心和帮助孤儿健康成长。		
40. 循序渐进	xún xù jiàn jìn		(学习、工作)按照一定的步骤逐渐深入或提高。
	(1) 健身要循序渐进才能有效果。		
	(2) 学习要有个过程，循序渐进才能学得扎实。		
41. 懒惰	lǎnduò	形	不喜欢劳动和工作。
	(1) 这个人太懒惰了，在家里什么事都不愿意做。		
	(2) 我们要改掉懒惰的习惯，认真学习，努力工作。		
42. 质疑	zhìyí	动	质问；责问。
	(1) 很多专家都对这项新政策提出质疑和批评。		
	(2) 人们都开始质疑选举结果的有效性。		
43. 拖延	tuōyán	动	把时间延长；处理得慢。
	(1) 商场拖延了很多天才把顾客买的电器送到顾客家中。		
	(2) 工作中遇到的问题要及时解决，不能拖延。		

	注音	词性	释义
44. 瞬间	shùnjiān	名	转眼之间，形容时间非常短。
	（1）记者用手中的摄像机拍下了车祸发生那一瞬间的场景。		
	（2）如果停电，电脑里记录的资料将会瞬间消失。		
45. 负面	fùmiàn	形	坏的、不好的一面；反面。
	（1）他的违法行为给公司带来了很大的负面影响。		
	（2）这种药对人体的负面作用很小。		
46. 千变万化	qiān biàn wàn huà		变化很多；变化很快。
	（1）人的行为表面上看起来千变万化，实际上每个人的行为反应都是有次序的。		
	（2）天空中的云彩千变万化，好看极了。		
47. 核心	héxīn	名	中心；重要部分。
	（1）发动机是汽车的核心部件。		
	（2）他是球队的核心成员。		
48. 杠杆	gànggǎn	名	能绕着固定点转动的杠。
	（1）利用杠杆原理可以做成各种器械，如剪刀等。		
	（2）有人说给他一个杠杆和一个支点他就能把地球翘起来。		
49. 照搬	zhàobān	动	不加改动地搬来、抄来。
	（1）如果你总是照搬别人的经验，你一定不会超过别人。		
	（2）我们不能照搬别国的企业文化，要建立具有本国特色的企业文化。		
50. 理念	lǐniàn	名	观点；观念；信念。
	（1）成功需要努力和一个好的理念。		
	（2）新的管理理念带来了公司的迅速发展。		
51. 宽容	kuānróng	形	对犯错误或犯罪的人不计较或不追究。
	（1）当孩子出现失误时，父母应采取宽容的态度。		
	（2）这个人对自己要求很严格，对他人却往往比较宽容。		
52. 窝囊	wōnang	形	因受委屈而烦闷；无能、怯懦。
	（1）毫无理由地受到上司批评让他感到非常窝囊。		
	（2）她总认为自己的丈夫很窝囊。		

注释词表

生词	注音	释义
1. 中期	zhōngqī	中间阶段；中间时期。
2. 新建	xīnjiàn	新建立。
3. 美食	měishí	好吃的食物。
4. 全球性	quánqiúxìng	全世界的；世界性的。
5. 支持者	zhīchízhě	给别人鼓励或帮助的人。
6. 协约	xiéyuē	国家、政党或团体间经过谈判、协商后取得的一致意见。
7. 放慢	fàngmàn	让动作等的速度慢下来。
8. 绿地	lǜdì	有花草树木等绿化的地块，是市民休闲、锻炼的场所。
9. 休闲	xiūxián	不工作和学习，休息、放松或参加体育、文化娱乐等活动。
10. 霓虹灯	níhóngdēng	灯的一种，在真空玻璃管里充入一种气体，通电后发出黑色或蓝色的光。多用作广告灯或信号灯。
11. 看成	kànchéng	当做，认为。
12. 最佳	zuìjiā	最好。
13. 授课	shòukè	（老师）讲课，上课。
14. 抗	kàng	抵抗，抵挡。
15. 培训班	péixùnbān	培养和训练人（掌握某种知识和技术）的学习班。
16. 盟友	méngyǒu	存在共同利益并签约的国家、团体或个人；朋友。
17. 秒表	miǎobiǎo	可以用秒计时的表。

生　词	注　音	释　义
18. 路人	lùrén	行路的人，常比喻不相干的人。
19. 上前	shàngqián	向前移动。
20. 劝导	quàndǎo	规劝开导。
21. 邮件	yóujiàn	原为邮局接收、运送、投递信件、包裹的统称。现在也用于网络传递的信件。
22. 年假	niánjià	学校放寒假常始于阴历年底终于年初，故又称年假；过年期间放的假。
23. 专柜	zhuānguì	专门销售某种商品的柜台。
24. 商城	shāngchéng	大型的购物场所。
25. 向前	xiàngqián	往前走。
26. 养生	yǎngshēng	保养身体。
27. 大师	dàshī	在学问和艺术上有很深的造诣，为大家所尊崇的人；对和尚的尊称。
28. 心血管	xīnxuèguǎn	心脏器官的血管。心血管病包括高血压病、中风、冠心病、风湿性心脏病、肺心病和先天性心脏病等。
29. 减压	jiǎnyā	减轻压力；与"加压"相对。
30. 肾上腺	shènshàngxiàn	一种内分泌腺。分别位于人体左、右肾的上端，左侧为半月形，右侧为三角形，与肾共同包裹在肾筋膜内。
31. 皮质	pízhì	肾上腺的一种。
32. 传遍	chuánbiàn	广泛散布到每一个地方。
33. 增多	zēngduō	增加，加多。
34. 内分泌	nèifēnmì	人或高等动物体内有些腺或器官能分泌激素，不通过导管，由血液带到全身，从而调节有机体的生长、发育和生理机能，这种分泌叫内分泌。

生词	注音	释义
35. 体能	tǐnéng	身体的能量。
36. 心肌梗塞	xīn jī gěngsè	一种病，是冠状动脉闭塞，血流中断，使部分心肌因严重的持久性缺血而发生局部坏死。
37. 失控	shīkòng	失去控制。
38. 女婿	nǚxù	女儿的丈夫。
39. 利己	lìjǐ	有利于自己，对自己有利。
40. 利人	lìrén	有利于别人，对别人有利。
41. 独裁者	dúcáizhě	独揽政权、实行专制统治的人。
42. 名家	míngjiā	在某种学术或技能方面有特殊贡献的著名人物。
43. 事业心	shìyèxīn	致力于实现某种事业的志愿。
44. 平常心	píngchángxīn	平常的心态；平和的心态。
45. 走极端	zǒu jíduān	(观点、处事) 偏激。
46. 郊外	jiāowài	郊区；野外。
47. 相处	xiāngchǔ	共同生活；相互交往。
48. 哪怕是	nǎpàshì	即使是，假设是。
49. 发呆	fā dāi	因着急、害怕或心思有所专注，而对外界事物完全不注意。
50. 出血	chū xiě	血液流出；比喻拿出钱或拿出东西。
51. 谦让	qiānràng	谦虚地不肯担任、不肯接受或不肯占先。

课文 从"慢餐运动"到"慢生活"

阅读提示

在经历了社会快速发展所带来的各种负面影响之后,如何选择发展速度和生活节奏,才能使社会更健康地发展,使人们更幸福地生活,已经是一个非常重要的课题。本文介绍了从"慢餐运动"到"慢生活"的发展历程、表现形式,指出"慢生活"的本质在于珍视身体和精神健康、在千变万化的社会和生活中寻求平衡。

从20世纪90年代中期开始,许多正处于事业旺盛期的欧美中年人逐渐从紧张的生活中脱离出来,开始重视身体和精神健康,勇敢地让生活"慢"下来。

说起这股潮流,还要回到1986年意大利罗马的西班牙广场。当时,意大利作家卡罗·皮狄尼为了抗议在广场上新建的一家麦当劳,在小镇巴沃罗发出"即使在最繁忙的时候,也不要忘记享受家乡美食"的呼吁。这次呼吁带起了一股全球性的"慢生活"浪潮。现在,全世界的"慢生活"支持者已经发展到数以万计,这些慢腾腾的人拥有一套独特的方式,让生活和工作中的方方面面都慢下来。

欧美社会崇尚"慢"

随着"慢"的追随者越来越多,欧美社会逐渐受到这股潮流的影响,开始崇尚"慢"。

1989年,"国际慢餐运动"在法国巴黎正式开始,20多个国家的代表签署了《慢餐协约》,鼓励人们放慢节奏、享受生活。截至去年,"国际慢餐协会"已发展到100多个国家,拥有8

万多名会员。1999年,第一届"慢城市国际大会"在意大利的奥维托召开。在"慢城市"里,有更多的空间和绿地供人们休闲娱乐,广告牌和霓虹灯能少则少,20公里被看成汽车的最佳时速。目前,仅在意大利就有30多个小城加入了"慢城市"的行列。接着,"慢学校"也开始出现,拥有大约1000名学生的美国加利福尼亚伯克利马丁·路德·金学校就是其中的代表。在这里,没有严格的作息时间和所谓的竞争机制,授课时间和课程的安排都按照学生的需要来设置。

如今,"慢"的理念已经渗入到欧美社会的各个角落。时间研究员、时间经理、抗紧张培训班等闻所未闻的名词不断出现。在美国,甚至出现了一个"放慢时间协会",在全球拥有700多个盟友。他们的一项重要工作就是手拿秒表观察路人,如果发现有人不到半分钟就走了50米以上,他们就会上前给予"劝导"。各大公司也明白了"欲速则不达"的道理,提倡员工劳逸结合:著名的安永管理咨询公司建议职员不要在周末上网查邮件;日本丰田公司不再允许员工把年假推迟到来年;奥地利的一家电视公司还准备成立"慢速电视台",让观众慢慢地听新闻、看电影,不用每10分钟就受到广告干扰。现在,"慢餐"理念还被引入中国,首个"国际慢餐协会推荐商品"专柜已在北京燕莎友谊商城开业。

"慢"的本质是珍视健康

德国著名时间研究专家塞维特在评价"慢生活"时说,与

其说这是一场运动，不如说是人们对现代生活的反思。快节奏的生活就像鞭子一样抽打着人们不断向前，没办法慢下来。因此，"慢生活"有点物极必反的道理，其本质是对健康、对生活的珍视。谈到这股潮流时，著名养生大师洪昭光教授认为，"慢"能从几个方面改善人们的健康。

首先是心理的健康。根据欧洲健康协会的调查，忧郁症已经成为继癌症和心血管病之后的第三大疾病，并且发病年龄在不断下降。其最主要原因正是：长期生活在紧张的状态中、没有人可以倾诉烦恼、生活不规律且节奏太快。洪教授认为，人一旦"慢"下来，就能有更多的时间品味生活、丰富阅历，从而达到减压的目的。

其次是生理的健康。心理学家瓦格纳·林克指出，压力会导致人体产生大量的肾上腺素和肾上腺皮质激素。它们通过动脉传遍全身，使感官、神经系统、免疫系统、肌肉等都出现紧张反应。时间一长，就会出现失眠、健忘、噩梦频繁、焦虑、工作中失误增多等现象。洪教授表示，"慢下来"带来的是压力的降低、神经和内分泌系统的恢复，同时还能避免体能的过分消耗。

其三，"慢"能让身体的运转更正常。很多平常忙碌的人在度假的时候病倒；有些人工作时没事，退休之后反而突发心肌梗塞而死。瓦格纳·林克指出，如果一个人长期处于紧张中，身体就会习惯于这种状态。一旦紧张因素消失，对身体来说就是一种反常现象，肾上腺素大量减少使器官失控，导致各种疾病。

"慢"一族倡导在生活中有机会就慢下来，正是一种循序渐进地

改善生活、促进健康的好办法。

"慢生活"不支持懒惰

美国休斯顿儿童医院的一位医生在谈到"慢生活"时表示：社会竞争如此激烈，如果慢下来，很快就会被取代。他的意见，正是很多人对"慢生活"提出质疑的主要原因。

针对这种想法，著名的"慢生活"家卡尔·霍诺指出，"慢生活"不是支持懒惰，放慢速度不是拖延时间，而是让人们在生活中找到平衡。这种"平衡"的哲学思想，欧洲人很早就提出过。1883年，马克思的女婿拉法格出了一本名为《懒惰的权利》的书，认为只有劳逸结合才利己利人。挪威作家耳克森的《瞬间独裁者》更是深刻地批判了高速发展带给人类社会和个人生活的负面作用，强调人们应该在千变万化的社会和生活中寻找平衡。

这些名家的意见核心其实都是"平衡"。洪教授认为，一个人必须同时具备事业心和平常心，这道杠杆一定要把握好。他指出，西方国家已经发展到了一定的程度，而中国还处于发展阶段，所以他们的"慢"我们还没法照搬。但是，我们可以学习他们不走极端的生活理念和让心"慢"下来的生活意识。比如，我们可以在一年的开头做个计划，清理掉不必要的应酬和消费项目。每个月争取去郊外走一走，和老朋友、老同学聚一次。接着，将工作和生活划分开，每周两天的休息时间全部用来睡觉、看书、和家人相处，哪怕是发呆都行。每一天，中午挤20分钟时间睡个觉；尽量按时下班，买菜回家去慢慢做、慢慢吃；晚上不上网，少看电视，能和家人一起出去散散步的话，就不要犹豫。

洪教授指出，一个真正会工作、会生活的人应该"努力出汗不出血、拼脑拼劲不拼命、宽容谦让不窝囊"，满足了这样的目标，才能拥有积极而又健康的生活。

（据中国博克网）

课 文 练 习

一、根据课文回答问题：
1. 20世纪90年代中期开始许多欧美人为什么要让生活慢下来？
2. 欧美社会崇尚"慢"的表现有哪些？
3. 为什么说"慢生活"的本质是珍视健康？
4. "慢生活"和懒惰的关系怎样？为什么？
5. 中国目前能否照搬西方国家的"慢生活"？为什么？

二、词语辨析与练习：

忙碌　忙乱

"忙碌"、"忙乱"都是形容词，表示事情多、不得空，都可受程度副词修饰，都能做谓语。

"忙碌"还可以做动词，侧重指忙着做各种事情，多用于描写人的工作、学习等状态，可以重叠：忙忙碌碌。例如：

(1) 为了大家的事情，他从早到晚**忙碌**着。

(2) 人们经常看到一位中年妇女擦窗户、拖地板，整天**忙忙碌碌**。

"忙乱"不可以做动词，侧重指事情繁忙而没有条理，有贬义色彩，一般不能重叠。例如：

(3) 事前应做好准备，以免临时**忙乱**。

(4) 他经验丰富，把各种事情安排得有条不紊，没有一丝**忙乱**。

珍视　珍重　珍惜

"珍视"、"珍重"、"珍惜"都是动词，都有认为有价值而特别重视的意思，都能做谓语，都能带宾语。

"珍视"侧重指重视、看重。例如：

(1) 请大家一定要**珍视**同学之间的情谊。

(2) 我们要十分**珍视**千百万同胞用鲜血和生命换来的和平与自由。

"珍重"侧重指特别重视而爱护（重要或难得的事物），语义比"珍视"重。另外，"珍重"还有保重（身体）的意思。例如：

(3) 我们教师不能为了金钱而丧失教师最值得**珍重**的人格和师德。

(4) 在处理传统与现代的关系上,现代新儒学强调要**珍重**传统,继承、发扬民族优秀传统文化。

(5) 两人紧紧握手,互道**珍重**。

"珍惜"侧重指爱惜而不糟蹋(浪费或损坏)。例如:

(6) **珍惜**各种自然资源是全人类的责任。

(7) 年轻人应该**珍惜**时间,努力学习和工作。

倡导　劝导

"倡导"、"劝导"都含有引导、疏导的意思,都是动词,都能带宾语。

"倡导"指带头提倡,带头鼓励大家使用或实行,侧重于自己带头。例如:

(1) 韩愈对中国古代文学最突出的贡献是**倡导**了唐代的古文运动。

(2) 她们积极**倡导**平等、文明、和睦的新型家庭关系,减轻职业妇女的家务负担。

"劝导"指规劝开导,侧重于拿道理说服人,使人改正错误或接受意见,常用于兼语句。例如:

(3) 下属之间发生矛盾冲突,领导进行适当的**劝导**是很重要的。

(4) 气象专家**劝导**人们要相信、尊重科学,不要听信各种谣言。

辨析练习

选择填空:

忙碌　忙乱　珍视　珍重　珍惜　倡导　劝导

1. 在车间里,身穿蓝色工作服的工人们在紧张地_____着,谁也不说话。

2. 篮球比赛刚开始时,不少运动员比较紧张,场面显得有些_____。

3. 如果不注意经常读书学习,就容易在_____中迷失方向。

4. 公司规模不大,职员们却非常_____。

5. 大家七手八脚_____了半个多小时，才把他抢救过来。

6. 我们_____两国人民的传统友谊，重视发展双边关系。

7. 今天各位代表把这个权力交给了我们，我们一定要_____这个权力，用好这个权力。

8. 这是一笔巨大的财富，我们要十分_____。

9. 我们的文艺工作者，应该懂得_____自己，并时刻注重自己作品的社会效果。

10. 他十分_____这宝贵的机会，发疯般地苦练。

11. 他十分_____地打开父亲临终前留给他的那个盒子，仔细看了一会儿，又十分_____地把它收藏起来。

12. 要_____劳动，_____人才，人才难得啊！

13. 许可证贸易已经在当地政府的大力_____下积极地开展了起来。

14. 饭店经理一次次解释，一遍遍_____，终于使旅客平静下来。

15. 中国一贯_____全面禁止和彻底销毁核武器。

16. 无论她花了多少时间怎么_____丈夫，结果都是白费力气，丈夫仍然坚决要辞职。

17. 张老师经常_____学生不要早恋，要把主要精力放到学习上。

18. 我们要移风易俗，_____科学文明的生活方式。

三、语法讲解：

1 勇敢地让生活"慢"下来。

"下来"，趋向词，表示由动态转为静态，并强调由此形成的状态的延续，状态延续的终点一般是清楚的。可以用在动词的后面，也可以用在形容词的后面。例如：

(1) 这样会使有些商品的价格降**下来**。

(2) 天渐渐黑**下来**，风越刮越大。

(3) 过了很久，沸腾的会场才安静**下来**。

如果带宾语的话，宾语必须放在"下"和"来"的中间：

(4) 他停下活儿**来**，端起茶杯，喝了一大口水。
(5) 你们要静下心**来**，仔细想一想。

2 广告牌和霓虹灯能少则少。

这是一个表示假设关系的紧缩句，关联词是"则"。紧缩句是没有语音停顿的特殊复句，由复句紧缩而成。"紧"是紧凑，指复句的分句间的语音停顿没有了；"缩"是缩减，指句中的一些词语被压缩掉了。许多复句可以变换成紧缩句，例如：

(1) 只要天一亮，就出去锻炼。→天一亮就出去锻炼。(紧缩句)

紧缩句简练明快，常在口语中使用。紧缩句内部可以用成对的关联词语或用一个关联词语表示关系，也可以不用关联词语。关联词语大都是起关联作用的副词。例如：

(2) 一学就会。(一……就……)
(3) 不问不开口。(不……不……)
(4) 你请客我就去。(……就……)
(5) 看了才知道。(……才……)
(6) 雨过天晴。(无关联词，顺承关系)

3 如果发现有人不到半分钟就走了50米以上，他们就会上前给予"劝导"。哪怕是发呆都行。

表示假设关系的复句由偏句和正句构成，偏句提出假设，正句表示假设实现以后所产生的结果。根据偏句和正句之间的关系，表示假设关系的复句可以分为"一致"和"相背"两类。

"一致"关系的假设复句，偏句提出假设，正句表示结果；假设如果成立，结果就能出现，假设和结果是一致的。表示"一致"假设关系的复句结构有："如果(假如、假若、假设、若、要是、一旦)……就(那么、那、便、则、也)……"、"……的话，就……"、"……那(那么、就、则、便)……"。例如：

(1) 一个人长期处于紧张中,身体**便**会习惯于这种状态。

(2) 能和家人一起出去散散步**的话**,**就**不要犹豫。

"相背"关系的假设复句,偏句和正句的意思是相悖的,假设和结果不一致。偏句先退一步说,把假设当做事实承认下来,正句却说出不因为假设实现而改变的结论。这种句子更加强调正句。表示"相背"假设关系的复句结构有:"即使……也……"、"就是(就算)……也……"、"哪怕……也(都)……"、"再……也……"、"……也(还)……"。例如:

(3) **即使**在最繁忙的时候,**也**不要忘记享受家乡美食。

4
……突发心肌梗塞**而**死。
西方国家已经发展到了一定的程度,**而**中国还处于发展阶段。
……才能拥有积极**而**又健康的生活。

这三个句子中都有表示连接作用的连词"而",但是各句中"而"的意义却不一样:

(1) 把表示目的、原因、方式、状态的成分连接到动词上面。例如:

　　① ……突发心肌梗塞**而**死。(原因)

　　② 为学汉语**而**来中国。(目的)

　　③ 他高兴**而**来,失望**而**去。(状态)

　　④ 小船顺流**而**下,很快到达了目的地。(方式)

(2) 表示转折关系。例如:

　　⑤ 西方国家已经发展到了一定的程度,**而**中国还处于发展阶段。

　　⑥ 这种水果好看**而**不好吃。

(3) 表示并列、顺承等关系。例如:

　　⑦ ……才能拥有积极**而**又健康的生活。(并列)

　　⑧ 我们要好好工作,**而**做好工作要付出辛勤的劳动。(顺序)

语法练习

（一）指出下列句子中"而"的意义：

1. 他必能将人体内部的器官移出体外而不被人们发现。
2. 社会文化主要是为了与他人和谐共处以维持集体生活而创造的。
3. 每个民族都拥有大量的象征符号，而这些象征符号通常只有本族群的人才能理解。
4. 由于互联网业急速而蓬勃发展，许多大学毕业生纷纷加入到这个行业。
5. 参加半脱产和开放大学学习而获得学位的硕士生相比之下对公司更忠心些。
6. 面试不在于你说的是什么，而在于你怎么说。
7. 问卷调查的答案因调查对象的性别、年龄、人种而有区别。

（二）用课文中出现的关联词填空：

1. ＿＿＿你想进入我的市场，你＿＿＿必须开放你的市场。
2. ＿＿＿在茫茫的大海上行驶，遇到风暴＿＿＿不会有危险了。
3. 食物中的维生素不足＿＿＿，＿＿＿会引起一系列疾病。
4. ＿＿＿心脏停止跳动，人＿＿＿会迅速死亡。
5. ＿＿＿是品质很好的人，在有些情况下，＿＿＿不能避免犯错误。
6. 世界上＿＿＿没有光，＿＿＿会变成一片黑暗。

字词扩展练习

仿照例子组词,并从中选择10个词造句:

说起	___起	___起	___起	___起
中期	___期	___期	___期	___期
渗入	___入	___入	___入	___入
习惯于	___于	___于	___于	___于
最佳	最___	最___	最___	最___

阅读扩展及泛读练习

> 副课文

中国人需要慢生活

"快些! 再快些!"

著名相声演员侯耀文猝然离世,再度引起人们对当前城市生活节奏的关注。医学专家和他的家人朋友们纷纷指出,诱发侯耀文因心肌梗塞猝死的主要原因,便是其生活节奏太快,压力过大。

然而,生活节奏太快和压力太大,似乎并不是专属于侯耀文们的苦恼。近日某媒体的调查显示:84%的受访者确信自己生活在"加急时代","只是在疲于奔命"成了多数人的共同感受。不仅在中国如此,世界卫生组织曾有调查:每年全球有190万人因劳累猝死。典型的如麦当劳前首席执行官坎塔卢波,其在该公司的国际业主和经营者大会上猝死,原因也是生活节奏太快,疲劳过度。

中国被"快餐"化了

时下的中国,越是在大城市,"快"就越是一种不容分说的时尚、躲避不开的潮流。有许多人在工作紧张的背景下,饮食"快餐化"了,娱乐"快餐化"

了，阅读"快餐化"了，甚至连感情也在"八分钟聚会"、"闪婚"乃至"一夜情"等概念下被"快餐化"了。

从个人生活层面上看，"快生活"使越来越多的人进入亚健康状态。据统计，因为长期生活在"快生活"中，目前中国大约有3000万抑郁症患者。"快生活"也使文化发展趋于粗鄙化，使整个中国文化市场上充斥着文化内涵极其稀薄的图书和低俗的影视娱乐节目。"快生活"还使道德风尚受到挑战，甚至威胁到公共卫生安全。"快餐式"的感情生活时尚，使两性关系变得随意而混乱，大多人对社会和家庭的责任感降低，更严重的是，还导致了艾滋病等性病的蔓延。虽然有人将此称为"人性的解放"，但笔者无论如何也坚持认为，这肯定属于道德的退化和文明的异变。

从社会层面看，发展节奏过快的负面影响也已经很明显。最近太湖、巢湖、滇池等接连发生严重蓝藻暴发。据悉，目前中国境内80%的湖泊的水已经坏死，七大江河的大小支流几乎全部坏死，以至于国家环保总局副局长潘岳警告道：我国水污染已经逼近危险临界点。

还有，因为城市化太快，很多城市的房价产生了巨大泡沫；因为高校扩招太快，中国的高等教育质量正在不断下滑；因为社会进入"汽车化"太快，一些大城市似乎一夜之间就变得拥堵不堪，空气质量受到威胁，而且还在一定程度上加剧了能源的紧张……

别走西方"速度病"的弯路

圣哲有言："欲速则不达。"中国是后发国家，社会整体尚不富裕，加快社会发展速度迎头赶上是当然的选择，每个人都不懈地努力工作也是应当的。但是如何选择发展速度和生活节奏，才能使社会更健康地发展，使人们更幸福地生活，已经是一个非常重要的课题。

作为对快节奏发展和生活的反思和对抗，从20世纪80年代开始，一种主张"慢生活"的声音在欧美社会中逐渐响亮了起来。近年来，"国际慢餐运动"、"放慢时间协会"等组织活动不断，甚至以"慢"为主张的城市、学校和电视频道也开始出现并迅速增多。在"慢城市"中，严格控制广告牌和霓虹灯，提供了更多的空间和绿地供人们休闲，20公里被看成汽车的最佳时速。据悉，仅意大利就有30多个城市加入了"慢城市"的行列；在"慢学校"里，甚至没有严格的作息时间；而观看"慢电视"的节目更是特别优哉游哉，连广告也很少。

怎样过"慢生活"

首先必须予以澄清的是，正如"慢生活"的倡导者们所指出的那样："慢生活"并不是支持懒惰，"放慢速度"也不是要拖延时间。

从社会经济发展层面上来看，中国当前最大的欠缺并不在发展速度，而在于发展质量。如此背景下，宁肯慢一些，甚至宁肯停下来，抬头看清方向后再决定下一步向哪里走，显然是很必要的。这需要相关部门有相当大的勇气，抛弃以"快"为核心的发展纲要，别老是强调过去一年有多快的发展，而是制定并营造出如何提高民众"慢生活"质量的指标和氛围。比如，可以适当地把"阅读书籍量"、"人均每周运动小时"、"某种'慢生活'活动参与人数及比例"、"民众的生活压力指数"等等，作为地方政绩的考核重要标准。

"慢的乐趣怎么失传了呢？"这是诺贝尔文学奖获得者、著名作家昆德拉在书中的追问。他感慨道："啊，古时候闲荡的人到哪里去啦？民歌小调中的游手好闲的英雄，漫游各地磨坊，在露天过夜的流浪汉，都到哪里去啦？他们随着乡间小道、草原、林间空地和大自然一起消失了吗？"确实，大工业的浪潮让"慢"成为一种奢侈，然而，其所带来的"快"却又让人类付出了不菲的代价。文武之道，一张一弛。慢下来，让工作真正变成一种享受，让感情真正进入心灵，成为一生的追求和慰藉，改变因为太快而身不由己、来不及思考的"陀螺"态，是在这个浮躁时代保持一份清醒、独立和幸福的重要秘诀。

(据新浪网2007年7月13日《环球时报》专题，作者：郭之纯)

判断下列说法是否正确：
1. 许多人猝死是由于压力过大引起了心脑血管疾病。　　　　　（　　）
2. 目前在中国，生活"快餐化"，感情"闪婚化"是一种比较普遍的现象。（　　）
3. 提倡"慢生活"就是应该拖延时间、放慢工作速度和效率。　（　　）
4. 主张"慢生活"的声音在欧美社会中已经有一百多年的历史了。（　　）
5. 中国现在既欠缺发展速度，又欠缺发展质量。　　　　　　　（　　）

第12课　高登义：从"征服"珠峰到保护珠峰

生　词

注音	词性	释义
1. 心头　xīntóu	名	心上。
(1) 虽然我们的歌声没有晚会其他歌曲那么悦耳，可那一刻，却有一种说不清道不明的思绪涌上心头。		
(2) 他急群众所急，想群众所想，时刻把百姓的冷暖记在心头。		
2. 高不可攀　gāo bù kě pān		高到不可攀登的高度。
(1) 定额水平过高，职工经过认真的努力还不能达到，成了高不可攀、可望而不可即的指标，便会挫伤职工的劳动积极性。		
(2) 在这一刻，杨坚又感到她是那么高不可攀。		
3. 宁静　níngjìng	形	（环境、心情）安静。
(1) 宁静的乡村夜晚没有城市的喧闹，大家立刻安静下来。		
(2) 书桌上整齐有序的文件和书籍散发出主人宁静的心绪。		
4. 描绘　miáohuì	动	描画。
(1) 这些作品生动地描绘了中国农村的新气象。		
(2) 这幅画描绘了泰山日出的壮观景象。		
5. 同事　tóngshì	名	在同一单位工作的人。
(1) 这条几百字的消息，在我的同事中引发了热烈的议论。		
(2) 仅用了半年时间，她就和同事们整理出各种修理工艺。		

	注音	词性	释义
6. 激情	jīqíng	名	强烈的、具有爆发性的情感，如狂喜、愤怒等。
	（1）她的演唱充满激情，最后声泪俱下，把晚会推向高潮。		
	（2）这当然要感谢编创人员的劳作，有赖于他们的创作激情和创作才华。		
7. 思潮	sīcháo	名	某一时期内某一阶级或阶层中反映当时社会政治情况而有较大影响的思想潮流。
	（1）他们对中国传统文化有深入的挖掘，对西方现代学术思潮有广泛涉猎。		
	（2）历史上的种种错误思潮的哲学基础，也被列为他的研究对象。		
8. 雄心壮志	xióngxīn zhuàngzhì		宏大的心胸、志愿。
	（1）当又一批新兵如我当初一般雄心壮志又带几许幼稚来到军营时，班长已经退伍。		
	（2）你们在异国他乡隆重集会，一定会唤起当年美好的记忆，并激发起报效祖国的雄心壮志。		
9. 炸药	zhàyào	名	受热或撞击后能立即分解并产生大量的能量和高温气体的物质。
	（1）石灰泥层相当软，不需要使用炸药。		
	（2）专家认为，可用炸药爆炸的震波将井口油管挤扁，致使火灭。		
10. 记忆犹新	jìyì yóu xīn		对过去的事还记得清清楚楚，就像刚发生的一样。
	（1）他讲课理论联系实际，深入浅出，幽默风趣，深受同学们欢迎，至今人们还记忆犹新。		
	（2）尽管两年的时间过去了，但在美国的这一印象仍记忆犹新。		
11. 反思	fǎnsī	动	思考省察过去发生的事情。
	（1）我们过去的一些做法值得反思。		
	（2）而今，重温与反思这段创业史，国防大学的教职员工和学员们被深深地感染和震撼着。		

	注音	词性	释义
12. 顺应	shùnyìng	动	顺从；适应。
	(1) 这些外交活动，符合和平与发展的时代主题，顺应了世界走向多极化的趋势。		
	(2) 《中国大百科全书》（简明版）顺应时代发展，增设了一大批新条目。		
13. 沉醉	chénzuì	动	大醉，多用于比喻。
	(1) 别老是沉醉在幻想之中。		
	(2) 她以流畅的舞蹈语言描绘了春回大地、鸟语花香的如画美景，让人沉醉在浓浓的春意中。		
14. 逐一	zhúyī	副	逐个，一个一个地。
	(1) 他对问题逐一进行了分析之后，成功的信心更足了。		
	(2) 护士长对病房逐一进行检查，看是否都消过毒了。		
15. 气流	qìliú	名	流动的空气。
	(1) 下一周内，受较为活跃的西南暖湿气流的影响，我国南方大部分地区仍持续阴雨天气。		
	(2) 我国大部分地区上空盛行偏西或西南气流，天空云量较多，南方出现间断性阴雨天气。		
16. 验证	yànzhèng	动	(1) 通过试验使得到证实； (2) 检验证件。
	(1) 经过无数次的小鼠试验和无数次的临床验证，他捧出了科研成果，并获得了国家科技进步奖。		
	(2) 执法人员给相关公司送发了两份文件，其中一份是关于开展商标使用验证工作的通知。		
17. 震惊	zhènjīng	形、动	(使) 大吃一惊。
	(1) 许多大银行纷纷宣布裁员，其严厉程度令人震惊。		
	(2) 前不久，我听邻居讲述了这样一件令他震惊不已却又有苦难言的事情。		
18. 喜	xǐ	形	快乐；高兴。
	(1) 笑在脸上，喜在心里。		
	(2) 灾区牧民喜获燃料和粮食。		

	注音	词性	释义
19. 传送	chuánsòng	动	输送。

(1) 上海东方电视台对这两项活动进行双向传送直播，为元旦电视节目增添了新内容。
(2) 中央电视台已通过卫星传送5套数字压缩的电视节目。

20. 敏感	mǐngǎn	形	生理上或心理上对外界事物反应很快。

(1) 有些动物对天气的变化非常敏感。
(2) 他是一个敏感的人，接受新事物很快。

21. 曲线	qūxiàn	名	在平面上表示物理、化学、统计学过程等随参数变化的线。

(1) 科技工作者经过集体攻关，发明了按电池充放电特征曲线分选电池的新方法。
(2) 海南出版社出版的《索罗斯——走在股市曲线前面的人》是对索罗斯的访谈录。

22. 预测	yùcè	动	预先推测或测定。

(1) 科学家关于新一轮厄尔尼诺现象的预测得到证实。
(2) 根据赛前对重要比赛能力指标的测试，我们就能比较准确地预测出队员的成绩。

23. 停顿	tíngdùn	动	(事情)中止或暂停。

(1) 我知道这是怎么一回事，没有思索，没有停顿，"呀"的一声大哭起来，哭得一口气几乎透不过来。
(2) 在课堂教学中，有时需要"停顿"一下，留一些空白，使学生集中注意力。

24. 片刻	piànkè	名	极短的时间；一会儿。

(1) 一架直升机赶到现场上空，盘旋片刻，降落在前方几十米处。
(2) 休息片刻，她就跳进泳池进行锻炼。

25. 徒步	túbù	动	步行。

(1) 警卫员没有马，每次下乡只能徒步随行。
(2) 下乡不能通车的地方就徒步，遇山翻山，遇河过河，不辞辛苦。

26. 清理	qīnglǐ	动	彻底整理或处理。

(1) 青年志愿者在漓江沿岸清理垃圾。
(2) 清障车开始把事故车吊到路边，并有人员开始清理路面。

	注音	词性	释义
27. 满怀	mǎnhuái	动	心中充满。
	(1) 灾民们满怀信心地开始重建家园。 (2) 领导满怀深情地为老区人民送资金、送药品。		
28. 憧憬	chōngjǐng	动	向往。
	(1) 老人憧憬着家乡的巨变,渴望着生活的改善。 (2) 满脑子装着对未来生活的憧憬。		
29. 何	hé	代	什么。
	(1) 这对我有何启示呢? (2) 一位中学生不知从何途径得知一个境外收费电话的号码。		
30. 称许	chēngxǔ	动	赞许。
	(1) 舞蹈《芦花荡》等剧目在演出时,广大群众都啧啧称许,因为群众被演员们的演出所感动,得到美的享受。 (2) 威尔斯曾称许他是英国最好的编辑。		
31. 此后	cǐhòu	连	从这以后。
	(1) 此后,在成长的岁月中,我歌过、舞过、哭过、笑过。 (2) 政府在邮政公司保持多数股至少5年,此后可以出售其股份。		
32. 倡议	chàngyì	动、名	首先建议;发起。首先提出的建议。
	(1) 我们倡议开展劳动竞赛。 (2) 这个倡议得到了热烈的响应。		
33. 赞助	zànzhù	动	赞同并帮助。
	(1) 一些企业自愿出资,赞助熊猫馆人员的科研工作。 (2) 赞助体育项目,可以使消费者对产品产生信赖感。		
34. 发起	fāqǐ	动	倡议(做某种事情)。
	(1) 他们发起组织一个读书会。 (2) 北京当代商城主动发起了企业改革论坛,得到了国家有关部门的大力支持。		
35. 局限	júxiàn	动	限制在狭小的范围内。
	(1) 联合国武器核查小组成员的组成应体现多样性,其成员不应局限于几个国家。 (2) 这种合作将不局限于双边关系,两国还要在争取和维护世界和平等方面开展广泛的合作。		

	注音	词性	释义
36. 王国	wángguó	名	以国王为国家元首的国家。有时借指有某种特色的领域。

(1) 在喜马拉雅山的那一边，尼泊尔王国的加德满都则又是另一番景象。
(2) 在这个动物王国里，人们连耗子都不敢打，连一根羽毛都不敢带出海关。

37. 临别	línbié	动	将要分别。

(1) 临别那天下午，我去向阿朵告别，不巧她回乡下看外婆去了。
(2) 临别时，小迎艳眼含热泪拉着孔伯伯的手久久不肯放开。

38. 探险	tànxiǎn	动	到从来没有人去过或很少有人去过的地方去考察（自然界情况）。

(1) 淡水供应基地的建立不仅可促进罗布泊地区的资源开发，而且有助于罗布泊探险旅游活动的开展。
(2) 来巴西利亚观光的旅游者可以在草原上游览探险，观赏各种野生动物。

39. 生涯	shēngyá	名	从事某种活动或职业的生活。

(1) 任何一位艺术大师在他们一生的舞台生涯中，不仅改旧戏，而且都创演了大量新戏。
(2) 24岁的梁惠珍开始了行医生涯。

40. 真谛	zhēndì	名	真实意义或道理。

(1) 许多诗篇以爱情和人情为主线，试图去开掘人生的真谛，辨识情感的真伪。
(2) 和贫穷群众交朋友，掏心窝子，最能明白当官就是奉献的真谛。

第12课 高登义：从"征服"珠峰到保护珠峰

注释词表

生词	注音	释义
1. 率队	shuài duì	带领队伍。
2. 大本营	dàběnyíng	活动组织者所在的地方。
3. 人定胜天	rén dìng shèng tiān	人力能够战胜自然。
4. 围困	wéikùn	团团围住使没有出路。
5. 坐以待毙	zuò yǐ dài bì	坐着等死。
6. 样本	yàngběn	商品图样的印本或剪贴纸张、织物而成的本子。
7. 降水	jiàngshuǐ	从大气中落到地面的固体或液体形式的水，主要形式是雨和雪。
8. 地衣	dìyī	低等植物的一种，种类很多，生长在地面、树皮或岩石上。
9. 必修课	bìxiūkè	学生依照学校规定必须学习的课程。
10. 北纬	běiwěi	赤道以北的纬度或纬线。
11. 一叶知秋	yí yè zhī qiū	看到一片树叶，就知道秋天来临。比喻由小见大，由部分推知全体。
12. 中东	Zhōngdōng	亚洲西南部和非洲东北部。
13. 河谷	hégǔ	河流两岸之间低于地平面的部分，包括河床和两边的坡地。
14. 千秋	qiānqiū	很长久的时间。
15. 废弃物	fèiqìwù	扔掉不用的东西。
16. 诸如	zhūrú	举例用语，放在所举的例子前面，表示不止一个例子。
17. 帐篷	zhàngpeng	撑在地上遮蔽风雨、日光的东西，多用帆布做成。

生 词	注 音	释 义
18. 丢弃	diūqì	扔掉。
19. 有朝一日	yǒu zhāo yí rì	将来有一天。
20. 斑斑	bānbān	形容斑点很多。
21. 解铃还需系铃人	jiě líng hái xū xì líng rén	比喻由谁惹出来的麻烦还由谁去解决。
22. 征程	zhēngchéng	征途，远行的路途；行程。
23. 随处可见	suí chù kě jiàn	到处可以看见。
24. 晶莹剔透	jīngyíng tītòu	光亮而透明。
25. 妙不可言	miào bù kě yán	妙到不是语言能表达的程度。
26. 知己	zhījǐ	彼此相互了解而情谊深切的（人）。

课文 高登义：从"征服"珠峰到保护珠峰

阅读提示

本文讲的是高登义先生从"征服"珠峰到保护珠峰的一个思想变化过程，这个变化过程实际上揭示了人类要保护自然、与自然和谐共处的重要性。

　　1966年，他第一次接近珠峰，与登山队员共圆"征服"珠峰之梦；30年后，他却与登山队员一起清洁珠峰；2004年9月，他将再次率队开展珠峰环保大行动。

　　"珠穆朗玛峰，当我们闭上双眼，细细品味着这个名字的时候，那种神圣的感觉会慢慢浮上心头。她的神圣，源于她高不可攀的宁静与纯洁……"

这是我国第一个走完地球三极的中科院大气物理研究所研究员、中国科学探险协会主席高登义先生,在一篇《为了理想》的短文中描绘的遥想珠峰的感受。

"那您第一次看到珠峰是什么感觉?"

高登义笑了:"说实在的,我当时没觉得珠峰有多高大。一位同事甚至开玩笑:'珠峰不过如此,我多吃两个馒头也能登上去!'"他解释说,因为登山大本营海拔就5000多米,加上珠峰的周围有许多座8000米以上的山峰,相比之下,珠峰就显得"不高大"了。

那是1966年,26岁的高登义第一次走近珠峰。刚从中国科学技术大学地球物理系毕业三年的他,就承担起为登山队员预报天气的重任。就是在技术装备非常完备的今天,能否准确预报天气都是成功登顶至关重要的因素。在老师陶诗言的鼓励下,高登义和他的队友准确地预报了登顶天气,为潘多等队员成功登顶做出了重要贡献。

高登义告诉我们,那真是一个激情澎湃的年代,在"人定胜

天"思潮的鼓舞下，征服珠峰、战胜自然成为国人的雄心壮志。

他第一次对此产生怀疑，是在1988—1989年的南极。"那一次科考船被冰层围困，我们用光了所有的炸药，刚把冰层炸开，就又被新的冰层困住了，我们只能坐以待毙。7天之后，由于自然的原因，冰层退去，我们才捡了一条命。"高登义至今记忆犹新，"这次历险让我反思了好久：人类能征服自然吗？不能！在大自然面前，不光是个体的人，就是群体的力量也是非常有限的！人类只能顺应自然，与自然和谐共处。"

当大多数人还沉醉在"征服"珠峰的喜悦中时，科学家们已经开始关注珠峰的环境状况了。1975年，在刘东生先生的"命令"下，高登义负责起珠峰的样本采集工作。他得到了王富洲等登山队员的帮助，从珠峰峰顶开始下降至6000米，每隔500米采集一种样本，带到大本营。峰顶的新雪、冰块，峰脊的岩石、土壤、空气、降水、地衣……足足装了几十箱。高登义和同事又把样品送到有关单位逐一进行元素分析。以后每次攀登珠峰，采集样品成了队员们的"必修课"。

原来，珠峰位于北纬28度，既处在西风带内，又属于赤道与南、北极的经圈环流交换之中。"树大招风"，东西南北的气流夹带的任何元素，都可能飘落在地球最高峰。因此，从珠峰的环境变化，就能"一叶知秋"，为研究全球环境变化提供重要的科学数据。

珠峰环境监测的重要价值在20世纪90年代得到验证。1990—1991年，中东油田燃烧，成为震惊世界的环境事件。1992年7—8月和1993年7月，高登义等近20名科研人员在珠峰北坡绒布河河谷进行了环境监测和地气观测研究。与1975年的监测结果比较，答案让他们既惊又喜：1990—1991年期间中东油田燃烧的排泄物通过西风带传送到珠峰地区，使得珠峰北坡的大气和水环境受到严重污染——在水样品的14种元素中，有13种元素的含量都超过

第12课 高登义：从"征服"珠峰到保护珠峰

了1975年和1993年的含量值！

"对于珠峰这块洁净而又敏感的土地，人类必须珍惜它，关注它的环境变化。"高登义认为，珠峰监测"功在千秋，利在全球"，政府应该负起责任，使之长期坚持下去。"千年之后，如果世界上有一条珠峰的千年环境变化曲线，对于人类认识和预测全球环境变化将是一种多么大的贡献啊！"

停顿片刻，高登义又说，除了全球环境变化，登山、旅游活动对珠峰产生的环境影响也不应被忽视。根据资料统计，1998年到珠峰地区的旅游者超过两万人，每年产生的废弃物将达到几十吨。此外，登山者和徒步旅行者留下的诸如帐篷、睡袋、氧气瓶等废弃物，给神圣的雪山留下了沉重的遗憾。而丢弃在高海拔地区的废弃物，除非组织登山运动员，一般人很难上去清理。"有朝一日，当人们满怀憧憬来到此地，希望实现人生理想的时候，看到的却是垃圾遍地、污迹斑斑的山峰，将会做何感想？"

解铃还需系铃人。1996年，高登义与王富洲组织了一支清洁队，与西藏登山协会的同志一起，开展了首次清洁珠峰活动，得到世人的称许。此后，清洁珠峰成为与攀登珠峰同样受人关注的风景线。

然而，要想把丢弃在珠峰的垃圾清扫干净，绝非一时之功。因此，经高登义等人倡议，在安利、惠普等知名企业的赞助下，中国科学探险协会与西藏登山协会于2004年6月5日在北京发起了"2004珠峰环保行动"。9月，清洁队伍将踏上征程，为珠峰保洁。

"清洁珠峰的意义并

不局限于珠峰。"高登义说,我们想借这次行动,唤起更多的人关注我们生存的环境,珍惜我们的大自然。

高登义不无遗憾地告诉我们:"三四十年以前,在珠峰海拔5300米的地方,随处可见晶莹剔透的冰塔林。身处其中,像到了一个扑朔迷离的童话王国,简直妙不可言。这情形,让我想起小时候父亲第一次带我走进茂密的大森林……可惜,由于全球气候变暖,现在,即使在珠峰6000多米的地方,这样的冰塔林都找不到了。"

临别时,他把自己在大半生探险、科研生涯中悟出的人生真谛送给我们——与天知己,其乐无穷;与地知己,其乐无穷;与人知己,其乐无穷。

(据2004年08月12日《人民日报》,作者:赵永新)

课文练习

一、根据课文回答问题:
1. 为什么高登义先生第一次看到珠峰时,觉得珠峰显得"不高大"?
2. 高登义先生为什么会对征服珠峰、战胜自然产生怀疑?
3. 珠峰的环境变化为什么能为研究全球环境变化提供重要的科学数据?
4. 根据课文,影响珠峰环境的因素有哪些?
5. 高登义先生悟出的人生真谛"与天知己,其乐无穷;与地知己,其乐无穷;与人知己,其乐无穷"有什么含义?

二、词语辨析练习:

激情　热情

"激情"与"热情"都可做名词,都可指强烈的感情。

"激情"是强烈激动的情感,侧重于指爆发性情感,激动的程度高,语义重,常和"满怀"、"无限"等词语配合使用。例如:

(1) 想到成功的辉煌,他的心里充满了奋斗的**激情**。

"热情"指热烈的情感,一般不含有激动的成分,语义较轻,常和"满腔"、"无比"、"极大"、"高涨"等词连用。例如:

(2) 在亲人的鼓励下,他怀着对新生活的极大**热情**,投入到新的工作。

"热情"还可做形容词,意思是有热情。例如:

(3) 他受到了**热情**接待。

"激情"没有形容词的意思和用法。

赞助　资助

"赞助"与"资助"都是动词,都可指帮助支援别人,使人克服困难,获得成功;都有书面语色彩;都是中性词;都能带宾谓语;都不能重叠。

"赞助"侧重指对某人某事赞同认可并主动帮助,包括精神鼓励和钱物支持;多用于支持和平正义事业、体育事业、学术研讨活动、文艺团体等;可构成"赞助费"、"赞助商"等词语。例如:

(1) 几个厂家都愿意**赞助**这项野生动物保护工程。

"资助"侧重指见人有困难,用钱物去帮助他;资助的对象多为贫困学生、贫困户、艰苦的创业者等;没有构词能力。例如:

(2) 一家股份有限公司出钱**资助**考入清华大学的少数民族学子。

局限　限制

"局限"和"限制"都可做动词,都表示限定在一定范围之内。

"局限"侧重于内在的、主观性的束缚或限制,多用于抽象事物,多用于贬义,书面语,不能带动态助词"着"、"了"、"过",能构成合成词"局限性"。例如:

(1) 讲文明,不能只**局限**在学校里。

"限制"侧重于外在的客观性的强制,使不出某一范围,或加以约束使不能自由;用于抽象事物,也可用于人或具体事物,适用范围较广;中性词;通用于口语和书面语;能带动态助词"着"、"了"、"过";没有什么构词能力。例如:

(2) 老师规定这次作文字数**限制**在2000字以内。

"限制"除做动词外,还可以做名词,表示所限定的范围,例如:
(3) 参赛作品有严格的**限制**。
"局限"不能用做名词,只做动词。

辨析练习

选择填空:

激情　　热情　　赞助　　资助　　局限　　限制

1. 一些国际重大赛事的收益中,_____费和票房收入大约只占到40%,这两者的可变因素又很多。

2. 我们应满腔_____地帮助村干部学会公共管理的方法,而不是简单地批评指责他们。

3. 围观的人群也被_____在比以前更远的地方。

4. 《百年恩来》激发了多少人捧出澎湃于胸的_____。

5. 全村有3个队设立了助学基金,_____村里的在校学生。

6. 经过近20年的发展,银行业竞争现已不再_____于具体国界和金融产品的分割,而是在整个国际舞台上展开。

7. 木屋的男主人很_____,待我们稍事安顿后,便让我们坐上他的"中巴"观赏岛上风光。

8. 她不受时空、地域、国别、种族的_____,她就是信念与希望本身!

9. 德国人倒啤酒又快又猛,让啤酒腾空飞流,泡沫溢起翻滚四溅,喝酒时满嘴泡沫。他们认为,只有这样才能喝出_____来。

10. 也许,在这个多元的世界,一切界限的绝对划分都有其_____性。

11. 橄榄球总会昨晚立即做出反应,宣布今年的七人制橄榄球赛将如期举行,但总会将设法寻找新的冠名_____商。

12. 每月获200元_____,这在时下一些广东人眼里也许算不了什么,但对于贫困地区的学生来说却是一个实实在在的帮助。

13. 在此次比赛中，跳秧歌的人不再_____于离退休的老年人，许多40岁左右的在职中年人，甚至一些中小学生也参加进来。

14. 今天，哈尔滨市的最低气温达到零下25摄氏度，但市民们欢庆新年的_____却没有丝毫减弱。

15. 当然，也有些年轻人不分时间与地点，见到我们就围观，他们似乎觉得很好玩儿，但是却_____了我们的行动，影响了我们正常的社会生活和家庭生活。

16. 有的同学还倡议设立基金，_____祖国贫困地区的教育事业。

17. 京沪两地200多位音乐家组成的大型乐队以饱满的_____和精湛的技艺为观众奉献了一台高水准的交响音乐会。

18. 体育管理部门要把体育项目推向市场，获取企业投资_____。

三、语法讲解：

> 1　就是在技术装备非常完备的今天，能否准确预报天气都是成功登顶至关重要的因素。
> 在大自然面前，不光是个体的人，就是群体的力量也是非常有限的！

"就是"用做连词（课文中的例句属于连词用法），主要有以下用法：
(1) 表示假设兼让步；即使。后面常用"也、都"呼应。例如：
　①**就是**遇到天大的困难，我们也要想办法克服。
　②**就是**三岁孩子也不会干这种莫名其妙的事！
(2) 表示一种极端情况；即使。例如：
　①他们哥儿俩长得一模一样，**就是**家里人有时也分不清。
　②这个孩子**就是**在伤心的时候，也从来不哭。

"就是"用做副词，主要有以下用法：
(1) 单用，表示同意；对。例如：
　①**就是**，**就是**，你说的话很对。
(2) 强调肯定。

1) 就是+动词。表示坚决，不可更改。多用于排斥任何条件的句子。例如：

①不管怎么说，他**就是**不同意。

②随你怎么劝，我**就是**要去。

2) 不A就是不A，……。"不"后多为单音节动词。表示"如果不……，就一定不……。"例如：

①他**不**干**就是不**干，要干就干得很好。

②**不**懂**就是不**懂，不要装懂。

3) 就是+形容词/动词。强调肯定某种性质或状态，含反驳意味。例如：

①他的身体**就是**好。

②那家伙**就是**让人讨厌。

4) 动词+就是+动量词。强调动作迅速果断。例如：

①走过去**就是**一脚。

②伸手**就是**两巴掌。

5) 一+动词+就是+数量词。指说话人认为数量多。例如：

①一坐**就是**半天。

②一来**就是**好几个人。

(3) 确定范围，排除其他。

1) 就是+名词。例如：

①我们家**就是**这两间屋子。

②他家**就是**两个孩子。

2) 就是+动词。例如：

①这孩子挺聪明，**就是**不爱学习。

②这些课程里他**就是**喜欢物理。

3) 就是+小句。例如：

①别人都不这样，**就是**你傻。

②你们都看上这部电影了，**就是**我没买上票，没看上。

4) 就是+这样。例如：

①**就是**这样，小李终于学会了开车。

②**就是**这样，我们再也没有见面。

2　在大自然面前，不光是个体的人，就是群体的力量也是非常有限的！

"不光"用做连词，和"而且、并且"配合起来连接两个并列小句，表示除所说的意思之外，还有更进一层的意思。也可以连接并列的名词性成分或介词短语。主要有以下用法：

(1) 用在前一小句时，后一小句必用"而且、并且、也、还、又"等呼应。两个小句主语相同时，"不光"多放在主语后；主语不同时，"不光"多放在主语前。例如：

①水库**不光**要修，而且一定要修好。

②不光产量增加了，人的精神面貌也改变了。

(2) "不光……而且……"可以连接名词性成分或介词短语（均限于谓语前）。例如：

①**不光**所有的工人，**而且**几乎所有的家属都参加了这次义务劳动。

②**不光**在这个部门，**而且**在全公司都开始精简节约。

(3) 后一小句用"连……也（都）……"、"甚至……也……"或"即使（就是）……也……"，表示进一层的意思。例如：

①那山峰不光人上不去，**连**老鹰**也**很难飞上去。

②他不光在国内是一流的医生，**就是**在国际上**也**是闻名的。

(4) "不光"可以不用，只用承上的"而且、又、也、还"等词；但是不能只用"不光"，不用"而且、又、也、还"等。例如：

①生活改善了，我家（不光）不愁吃穿，而且有富余。

②生活改善了，我家**不光**不愁吃穿，有富余。

"不但"的用法基本上与"不光"相同，但还有一种用法：前一小句是否定句，后一小句是肯定句，用"反而"呼应。例如：

①困难**不但**没有吓倒他，反而更加坚定了他的信心。

②这样做**不但**不会解决矛盾，反而会增加矛盾。

"不仅"的用法与"不但"相同。常用在"是……"前，也说"不仅仅"，多用于书面语。例如：

①我们**不仅**要学会这门技术，而且要精通这门技术。

②这**不仅**（不仅仅）是你个人的事，也是大家的事。

> 3　他得到了王富洲等登山队员的帮助,从珠峰峰顶开始下降至6000米,每隔500米采集一种样本,带到大本营。
> 在水样品的14种元素中,有13种元素的含量都超过了1975年和1993年的含量值!
> 千年之后,如果世界上有一条珠峰的千年环境变化曲线,对于人类认识和预测全球环境变化将是一种多么大的贡献啊!

量词"种"在第1课我们已经讨论过它的用法,本课比较一下它与"样"的用法。

"种"与"样"这两个量词的共同点是强调与别的同类事物有区别,说"一种"就意味着有别的一种或几种,说"一样"就意味着有别的一样或几样。所以有时"种"和"样"可以通用。例如:

(1) 她买了好多**种**(**样**)商品。

(2) 商店里有十几**种**(**样**)蔬菜。

但是"种"与"种"之间的区别着眼在内在的性质或作用,而"样"与"样"之间的区别则偏于表面的、形式的方面。所以有时"种"和"样"不能通用。例如:

(3) 两**样**菜都是豆腐。

　　*两**种**菜都是豆腐。

(4) 冯家出两**种**人:一是经商的人;二是念书的人。

　　*冯家出两**样**人:一是经商的人;二是念书的人。

语 法 练 习

(一) 用"就是"改写下列句子:

1. 他犯了罪,哪怕躲到天涯海角也是难逃法网的。

2. 如果拿整个世界来换这对双胞胎,我们还是不愿意换。

3. 即使在人人参加医疗保险的今天,这条法律仍然有效。

4. 连最好的作家也不一定能创造出比它更好的结构。

5. 叔叔姑姑们长大了的话，仍然是不能进这书房的。

6. 在世界电影史上，这是绝无仅有的。

7. 专业人员翻译这本书很吃力。

8. 妈妈再生孩子的话，只会生弟弟、妹妹。

9. 虽然没有棋盘、棋子儿，但是我在心里也能下棋。

(二) 完成下列句子：

1. 他们纷纷仿制竹蜻蜓，不光是玩儿，而且用它_____。

2. 很多人把电视机抱回家来时就抱回了一个误会，以为自己不光_____，而且还把未来夜晚里的所有频道所有节目都买回来了。

3. 这些最新的星云照片不光是_____，天文学家们说，它们还提供了关于恒星等天体演化的新知识。

4. 百货大楼作为老企业要在各方面做表率，不光要有好的_____，更要有过硬的服务技能。

5. 许多人拍着脑袋感叹："养猪不光_____，还能生钱，能成为脱贫致富的资本。"

6. 令灾区父老乡亲感动的不光是_____，还有人民子弟兵的一片赤子之心。

7. 沈司令员在农民班承开家中，了解到班承开患病多年，花费很大，不光让随行军医细心_____，还和当地干部一起商讨帮助班家脱贫致富的办法。

8. 不光表现个体的尊严，而且要捍卫_____的尊严。

9. 这样做，不光因为他是军官，也_____我们将要进入军校学习。

(三) 在下列横线上填上量词"种"或"样"：

1. 人类的生存与发展还面临着____威胁和挑战。

2. 我忽然发现他爸爸手里拿着一____东西，白白的像一条冰冻猪腿。

3. 克莱能吃的"安全"的食物屈指可数，仅有甘蓝、花椰菜、香蕉、干面包等为数不多的几____。

4. 这样的效果即使称不上多么高明，但至少也是一____特色吧。

5. 达到这个目的的一____重要方法，是编著图文并茂的中华文明史。

6. 其理由有二：一是说我们打碎7块地板砖，二是还打碎一块玻璃。可这两____算在一起也不能扣我们1000元啊？

7. 在此之前，许多出版社也曾跃跃欲试，但均因____原因，未能如愿。

8. 她把屋里每一____东西都称做"我们的"。

9. 川籍学者的提法，不是一个地域概念，而更多是一____文化概念。

10. 这时他的眼睛忽然瞥见旁边的车座上有一____什么东西，他把它拿起来。

11. 我选了好几____小玩意儿，花10多元买了下来。

12. 编纂大型丛书《雪域文库》，出版古籍巨著40余____，获得全国各类图书奖共8项。

13. 除此之外，小阁楼里真的一____东西也没有了。

14. 他说："我家百事遂心，唯有一____不如愿：辈辈单传。"

15. 近年兴起一____"贺年（有奖）明信片"，许多朋友的祝愿总在中奖上做文章。

16. 从城乡各地来到这里，不必要东寻西找，磨破鞋底，到国营百货公司____都能买齐，而且便宜。

17. 亚洲金融危机对所有国家都是一____警示。

18. 他们只好努力开发胡萝卜和土豆的吃法，直到这两____东西也变成"敌人"。

19. 欣赏精美的贺卡，实在是一____美好的享受。

20. 在我们领略了中国历史上诸多的谋略制胜之道后，却时时有着一____无尽的遗憾。

第12课　高登义：从"征服"珠峰到保护珠峰

字词扩展练习

仿照例子组词，并从中选择10个词造句：

第一次(动量词)	第一__	第一__	第一__	第一__	第一__
物理系	___系	___系	___系	___系	___系
含量值	___值	___值	___值	___值	___值
运动员	___员	___员	___员	___员	___员
清洁队	___队	___队	___队	___队	___队

阅读扩展及泛读练习

【副课文】

一个"绿色家庭"的环保故事

走进范贵家的家，第一感觉就是干净、清爽。地是瓷砖，墙是白墙，门是白漆木板门，阳台上养了不少芦荟，正绿色盎然。

"我家不装潢，追求简单、朴素。"老范认为，房子如果装修不当，表面豪华了，却污染环境、危害健康。

69岁的范贵家是中科院煤炭化学研究所的一名退休职工，一次参加环保知识竞赛得奖的经历，让他和环保结下了不解之缘。

得奖后，范贵家主动找到太原市环卫局，在煤化所大院安装了两个废旧电池回收箱。他定期检查和维护回收箱，积极宣传废旧电池对环境的危害性。为了扩大影响，他还自掏腰包，购买一些小礼品赠送给那些积极投放废旧电池的朋友。

箱子满了，老范就骑着自行车把电池送到环保部门统一处理。他说，一节一号电池烂在地里，能使一平方米的土地失去利用价值；一粒纽扣电池可使600吨水受到污染。回收箱一年下来能回收150多公斤废旧电池，要是随手将这些电池扔掉，真不知道要污染多少水源和土地。

为了节约电能，老范家的电器尽量用小功率的，室内照明全部改用15瓦以下的节能灯。他将大功率的洗衣机停用，购买了微型小功率洗衣机。

老范说，这种洗衣机省电又节水，每次洗衣服只需用两脸盆水。为了节约用水，老范将洗菜水用来擦地板、冲厕所，将洗锅水用来浇花。他说："洗锅水含有油质，用来浇花最好。"一个月下来，他家平均只需用三四吨水。

老范家里禁用含磷洗涤剂，不用一次性筷子。他认为，塑料袋难以降解，会污染环境，因此家里装垃圾只用废旧报纸，不用塑料袋。范夫人现在上街买菜，也自带盛菜的布袋。

（据2007年07月24日新浪网）

判断下列说法是否正确：

1. 为了省钱，范贵家的家不装潢，追求简单、朴素。（ ）
2. 为了节约用水，老范把洗菜水用来擦地板、冲厕所，把洗锅水用来浇花。（ ）
3. 老范家里只用废旧报纸装垃圾，不用塑料袋，因为他觉得塑料袋会污染环境。（ ）
4. 为了节约电能，老范家的电器尽量用大功率的，室内照明全部改用15瓦以下的节能灯。（ ）
5. 为了扩大影响，老范出钱购买一些小礼品赠送给那些积极投放废旧电池的朋友。（ ）

现代汉语修辞常识

第一节　修辞概说

一、什么是修辞

语言是人类社会最重要的交际工具。在日常生活中，我们要通过语言来传递信息、交流思想、表达感情。无论是说话还是写文章，我们都离不开语言。从表达的角度看，说话、写文章都要做到清楚、准确、明白、通顺，以便别人能真正弄懂我们的意思。在让别人准确理解我们意思的前提下，我们还应该尽量做到表达得鲜明、生动、形象，给别人留下深刻的印象和语言的美感。怎样才能做到这一点呢？这就要求我们注意表达方式。在语言中，同一个意思可以选择不同的语言材料来表达；在同一个语言环境中，不同表达方式的表达效果也有高低之分。修辞就是人们在运用语言材料进行交际的过程中，根据当时的语言环境，选择恰当的表达方式，追求最理想的表达效果的言语活动。

例如，夸奖一个人漂亮有很多种表达方式，我们略举其中的几种：
（1）她很漂亮。
（2）她长得就好像是天上的仙女一样。
（3）她就是我们身边的西施。
（4）我看她跟章子怡长得差不多。
（5）一提起她来，这附近的人没有不夸她漂亮的。
（6）看了她一眼，这辈子就没白活了。
（7）她啊，长得很好看。皮肤白白的，眉毛弯弯的，眼睛大大的，鼻子高高的，嘴唇红红的，一个标准的大美女。

以上七个句子表达的主要意思基本相同，但选用了不同的语言材料，因此，具有不同的表达效果。第(1)句是一般的叙述，比较普通。第(2)、(3)、(4)句引进了另一个对象，分别是"天上的仙女、西施、章子怡"。"天上的仙女"在人们的心目中一般是很美的，"西施"是中国古代著名的四大美女之一，"章子怡"是国际上有名的大明星，根据这几个引进的对象，我们可以充分想象"她"的漂亮程度。第(5)句采用了双重否定的方法来突出"她"的漂亮。第(6)句没有正面写"她"到底漂亮不漂亮，而是从侧面描写看见过她的人的感受。第(7)句是对她的外貌进行具体的描写。7个句子，有的长，有的短，有的简单，有的复杂，这些不同的表达方式用在不同的语言环境中，会取得不同的表达效果，根据交际对象的不同，我们就可以从中选择出最合适的一种。例如，对一个不太看电影、电视的农村老人说"她跟章子怡长得差不多"，这个老人可能就不会觉得"她"有多漂亮，对这个老人来说，可能第(2)种、第(5)种表达效果更好。总的来说，与第(1)句相比，后面六种表达方式给人留下的印象会更深一点，因为它们更能给人留下充分想象的空间。

需要注意的是，我们通常所说的"修辞"，不仅包括上面所说的修辞活动，还包括修辞规律以及对修辞规律的研究。也就是说，"修辞"这个词一共有三种含义：

1. 修辞活动。指的是为了达到理想的表达效果而选择恰当的表达方式这一行为活动。"修辞"表达这个意思时，是用做动词。例如：写文章的人，如果不会修辞的话，很难准确地表达出自己的意思。

2. 修辞规律。指的是在修辞活动中人们有效地运用语言的规律，它客观存在于语言之中，是一种客观存在物。"修辞"表达这个意思时，是用做名词。例如：修辞和语音、词汇、语法并不是处在同一个平面上，它是语言运用的规律。

3. 修辞学。修辞学是人们对客观存在着的修辞规律的认识和描述。因为不同时代、不同的人在认识水平、认识角度上有很大的差异，所以修辞学带有一定程度的主观色彩。在使用时，为了方便，经常将"修辞学"简称为"修辞"。"修辞"表达这个意思时，也是用做名词。例如：他是专门学修辞的。

二、修辞的原则

修辞是为了获得最理想的表达效果而进行的一种积极的行为。理想的表达效果的产生会受到多种因素的影响，如交际时要表达的内容、语言环境、语言材料的选择等。在交际时，充分考虑影响表达效果的各种因素、遵循一些基本的原则，将有助于我们获得良好的修辞效果。

1. 适应特定的表达内容

修辞研究的是如何运用语言材料来获得理想的表达效果，主要涉及的是语言的表达形式问题，但是语言的表达形式是为思想内容服务的。所以我们要表达什么内容决定了我们要采取什么样的表达方式。中国著名作家老舍先生在总结自己的写作经验时曾经说过："我要写什么决定了我怎么写。"

修辞要求表达形式和表达的内容达到完美地统一，所以，它不是单纯地雕琢词句，追求华丽的辞藻，也不是简单地卖弄文字技巧。

英国女作家阿加莎·克里斯蒂写的侦探小说《尼罗河上的惨案》中，女富翁林内特被杀了，究竟谁是凶手呢？比利时侦探家波勒对游船上的许多游客做了调查，当调查到林内特的女仆路易丝时，路易丝是这样说的："假如我睡不着觉，假如我在甲板上，也许我会看见那个凶手进出我太太的客舱。"她既没有肯定地说自己看见了凶手，也没有采用否定的形式说自己没有看到凶手，而是采取了一种假设的形式。为什么她要采取这种形式呢？这是因为她说话的时候凶手也在场。她采用假设的说法告诉人们："假如我所说的这两个条件都存在，那么我是可以看见凶手进出我太太客舱的。"这样说，既不会当场把真相揭破，也表达了她想要表达的内容——暗示了杀人凶手：她看到了他，从而达到了她威胁杀人凶手的目的。

下面是一则寻物启事：

秋风秋雨愁煞人，没有雨伞愁上愁

我最亲密的、为我撑起一块没有风雨的天空的朋友——本人仅有的一把雨伞，昨天不幸遗失在图书馆了，请拾者送往X楼X号，本人将适当给予酬谢。

这则寻物启事写得很不成功。开头两句打油诗显得不伦不类，不是启事的风格。把雨伞比做最亲密的朋友也没有必要。寻物启事中最重要的内容，失物（此处即雨伞）的颜色、品牌、特征等却一个字都没提到，拾到雨伞的人无法判断雨伞的所有者就是他。而且，整个启事用的是一种居高临下的口吻，好像别人捡到了伞就应该给他送去，而目的就是为了得到他所谓的"酬谢"似的。这样的启事，很难达到预期的目的。

2. 适应具体的语言环境

语言环境也称语境。它有两种含义：广义的语境包括口语或书面交际时的社会环境、自然环境和上下文涉及的相关信息等，如时代特征、社会风俗、历史文化传统、季节、天气、地理环境、交际双方的身份、职业、处境、心情、性格、修养等；狭义的语境仅指上下文，即上下文涉及的交际时间、地点、场合、对象等信息。

表达同样的思想内容，可以选用不同的词语或句子，形成各种各样的表达方式。表达效果的好坏，不完全在于表达方式本身。到底采用哪一种表达方式，到底哪一种表达方式最好，往往取决于特定的语言环境。因为人们在运用口语或者书面语进行交际时，总是在一定的语言环境中进行的。语言环境中的不同因素对语言的运用及表达效果不仅有制约作用，而且还有语义上的补充衬托作用。脱离了语境来谈修辞效果，很难分出不同表达方式的优劣好坏。一般说来，凡是适合语言环境的表达方式就是好的表达方式，凡是不适合语言环境的表达方式就是不好的表达方式。例如，文明用语"欢迎光临"、"多谢惠顾"等话用在商场、宾馆是得体的，但如果用在医院、火葬场则容易引起纠纷，产生不良的效果。因此，语言环境既是我们进行言语活动的依据，也是检验修辞效果的依据。

《中国青年报》上曾经刊登了这样一篇文章，题目是《人口普查员的语言文明》，讲到一个青年普查员遇到一位七十多岁的老太太，问她："有配偶吗？"老人愣了半天，然后反问："什么配偶？"普查员又解释说："就是你丈夫。"老太太笑了，说："你说丈夫不就得了，俺们哪懂你们文化人说的什么配偶哩。"这个青年普查员没有充分考虑到询问对象的年龄、文化水平等因素，选用了书面语"配偶"一词，超出了交际对象的理解范围。如果不是后来选择了另一种表达方式，那么交际过程就会中断，所以，这是一次不成功的交流，更谈不上获得什么理想的表达效果了。

又如"老婆、妻子、夫人"都可以用来指男性的配偶，但适用的语言环境不同。"老婆"多用于口语；"妻子"一般用于书面语，是一个比较普通的称呼；"夫人"是一个比较正式的尊称，多用于社交场合或外交场合。我们经常说"大使和大使夫人"，但如果把其中的"夫人"换成"老婆"或"妻子"，就会让人觉得不伦不类。

3. 恰当地运用语言材料

语言是我们用来表情达意的工具，它包括语音、词汇和语法三个部分。修辞研究的是怎样更好地运用语言这个工具来取得理想的表达效果，必然要涉及语言的各个部分。换一句话说，修辞就是从表达方式、表达效果的角度来研究语音、词汇、语法在交际中的具体运用的。有时修辞手段的运用，跟对应的语言的某个部分直接相关。例如：声韵调的搭配、音节的长短、节奏的快慢、语调的升降等与语音有关；同义词的选择、反义词的运用等与词汇有关；根据不同的语言环境选择不同的语气类型、不同的句子形式，调整句子各个部分的顺序，这和语法有关。有时修辞手段的运用，会同时涉及以上几个方面。总之，所有的修辞方式，都要依靠语言材料来体现；所有理想的修辞效果，都必须通过语言材料的恰当运用才能获得。

例如：在公园里，经常能看到提醒人们不要踩草坪的提示牌，一般有这样的两种表达方式：（1）禁止践踏草地；（2）足下留青。

就这两种表达方式而言，大家肯定都会认为（2）比（1）好。为什么呢？第一，在语气上，两种表达方式明显不同。（1）是命令的语气，容易使人产生反感的情绪；（2）是劝说的语气，显得有礼貌。第二，从形式上来看，（1）很普通，而（2）采用的是汉语中常见的四字格形式，一个字一个音节，听起来富有音乐美。第三，"足下留青"中的"青"，本是表示色彩的形容词，这里用来表示"青青的草坪"，与自然环境相呼应。此外，"足下留青"是模仿人们所熟悉的习惯用语"手下留情"造成的，"留青"、"留情"，语音相近，"脚下留情"就是"留青"，含蓄地表达了要爱护草坪的意思。第二种表达方式的效果好，易于为人接受，正是精心运用语言材料的结果。

4.追求最理想的表达效果

所谓表达效果就是指要表达的内容表达出来后，在接受对象中所产生的影响和作用。适应特定的表达内容和具体的语言环境，恰当地运用语言手段，都是为了追求最理想的表达效果。获得最理想的表达效果，是修辞的最终目的。具有理想表达效果的言语可以是清楚明白、准确通顺的，也可以是生动活泼、形象鲜明、富有表现力的。

以上四个方面是紧密联系、不可分割的。适应特定的表达内容和具体的语言环境，是修辞的基本要求，而理想的表达效果的获得必须通过恰当地运用语言材料来达到。忽视其中的任何一个方面，都难以达到修辞的目的。

思考和练习1

1. 什么是"修辞"？指出下面各句中"修辞"的含义。
   (1) 学点儿修辞，对说话、写文章都会大有好处。
   (2) 我最不会修辞，你别问我。
   (3) 李老师是专门研究修辞的。
2. 有人说："修辞就是咬文嚼字，就是雕琢词句、卖弄文字技巧。"你认为这样的说法对不对？为什么？

第二节 修辞格(上)

修辞格又称辞格、修辞方式。它是人们在长期的语言交际过程中，在本民族语言特点的基础上，为了提高语言表达效果而形成的格式化的方法、手段。

修辞格是修饰、描摹事物的特殊格式和方法，具有鲜明的民族性，是语言中准确、鲜明、生动的表达形式的积累和总结。同时有广泛的社会性，是人民群众喜闻乐见的表达形式，具有广泛的群众基础。

修辞格是语言最佳表达形式的概括和总结，对于丰富和发展民族语言的表达方式、提高语言的交际功能，具有重要的地位和作用。修辞格是语言艺术的精华，是语言创新发展的重要基础，是修辞学研究的重要部分。

下面来介绍一些常见的修辞格。

一、比喻

(一) 什么是比喻

用相似的事物打比方去描绘事物或说明道理，这种修辞手法叫比喻。比喻是人们运用最广泛的修辞方式之一。它采用联想的方式，使人们通过一种熟悉的事物或道理，去感受、认识另一种事物或道理，从而便于理解。日常生活中，人们经常运用比喻的手法。例如：

(1) 他贴满在家里的那些小纸条，仿佛是安徒生童话中神奇的手指。

(2) 在知识经济时代，知识就是财富。

比喻中，被比方的事物叫"本体"，用来打比方的事物叫"喻体"，联系二者的词语叫"喻词"。本体和喻体必须是性质不同的两种事物，人们利用它们之间在某一方面的相似点来打比方，就构成了比喻。

(二) 比喻的类型

通常把比喻分为以下三种类型：

1. 明喻

明喻的构成方式是本体、喻体都出现，中间用"像、如、似、仿佛、犹如、有如、一般"之类的喻词。例如：

(3) 油光碧绿的树叶中间托出千百朵重瓣的大花，那样红艳，每朵都像一团烧得正旺的火焰。(杨朔《茶花赋》)

2. 暗喻

暗喻又叫隐喻，本体和喻体也都出现，但不用"像、如、似、仿佛、犹如、有如、一般"等喻词，而用"是、变成、成为、等于"等喻词。例如：

(4) 人生是一条无涯的路，于是人们创造了鞋。（毕淑敏《婚姻鞋》）

3. 借喻

借喻是不说出本体，或者不在本句说出，而是借用喻体直接代替本体。也就是说，在借喻中，只出现喻体，本体和喻词都不出现。例如：

(5) 他想回头看看离油库多远了，汽油桶爆炸对油库还有没有威胁，但是身后驮着一个大火球，挡住了视线。（蒋子龙《赤橙黄绿青蓝紫》）

例(5)用"一个大火球"代替"着了火的汽油桶"。

(三) 比喻的作用

比喻的作用主要体现在以下三个方面：

1. 比喻可以使深奥的道理变得浅显，使人容易接受。
2. 比喻可以把抽象的事物变得具体，使事物更加清楚明白。
3. 比喻可以把概括的东西变得形象，给人留下鲜明、深刻的印象。

(四) 运用比喻要注意的问题

1. 喻体必须是常见的、易懂的。比喻是用喻体来说明本体的，如果喻体不是读者常见易懂的，就达不到比喻的目的。

(6) 这头猪真黑，像石墨一样。

这个比喻不恰当。"石墨"是一种矿物，很多人都不了解甚至从来没有听说过，用它做喻体，不能给读者留下鲜明生动的印象，违反了常见易懂的原则。

2. 比喻要贴切。要对喻体和本体的共同点做认真的概括，否则就会不恰当。例如：

(7) 无数条流淌的小河就像大地上的脉搏一样在不停地流动着，跳动着。

"脉搏"可以跳动，但是不能"流动"，所以用它来比喻"小河"就不太贴切。

3. 要注意思想感情。选用什么事物做比喻往往能表现出使用者的思想感情。

(8) 我的外婆很慈祥，就像一只老乌鸦。

乌鸦，黑黑的羽色，粗笨的身材，哇哇的叫声，没有什么美感。对于它，大部分人都有一种反感心理。还有人认为听见乌鸦的叫声会倒霉，电视、电影里表现不好的预兆、凄惨的场景时，也常用乌鸦的形象和叫声来营造氛围。所以，用"乌鸦"来比喻"慈祥"的"外婆"是很不合适的。

4. 要注意区分比喻和比较。比喻要求两种事物之间有相似点,但是这两种事物在本质上是不同的。比较可以是同类的事物进行对比。

(9) 叶子出水很高,像亭亭的舞女的裙。(朱自清《荷塘月色》)

(10) 眼睛也像他父亲一样,周围都肿得通红。(鲁迅《故乡》)

例(9)中,"荷叶"和"舞女的裙"本质上是不同的两类事物,因此是明喻。例(10)中,"他的眼睛"和"他父亲的眼睛"是同类事物,因此是比较。

二、比拟

(一) 什么叫比拟

根据想象把物当做人来写或者把人当做物来写,或者把甲物当做乙物来写,这种修辞手法叫做比拟。

(11) 小馆儿里没有一个客人,空荡荡的,只有风扇寂寞地呼呼吹着。

(12) 那肥大的荷叶下面,有一个人的脸,下半截身子长在水里。那不是水生吗?(孙犁《荷花淀》)

例(11)中,"风扇"本来是没有知觉的物体,这里把它当做人来描写,具有人的感觉——"寂寞"。例(12)是把人当做物来写,人的"下半截身子长在水里",跟旁边的荷梗一样。

(二) 比拟的类型

比拟可以分为拟人和拟物两大类。

1. 拟人

拟人就是把物当做人来写,让无生命的事物像有生命的事物一样能活动,让有生命的动物像人一样有思维和情感。

(13) 海睡熟了。大小的岛屿拥抱着,偎依着,也静静地朦胧地进入了睡乡。(鲁彦《听潮的故事》)

例(13)把"海、岛屿"当做人来描写,使它们具有人的动作行为:睡觉、拥抱、偎依等。

不仅具体的事物可以拟人化,抽象的事物也可以拟人化。

(14) 科学技术进入农村千家万户 亿万农民正向贫穷愚昧告别(《人民日报》海外版)

"科学、技术、贫穷、愚昧"本来都是很抽象的概念,赋予了它们人的行为特征以后,变得鲜明、生动,更强烈地表现了科学技术给亿万农民带来的巨大变化。

2. 拟物

拟物是把人当做物来写，也就是使人具有物的情态或动作，或者把甲物当做乙物来写。

把人当做物的，例如：

(15) 学生被挂在黑板上两个小时，据说还不是最高纪录。(理由《高山与平原》)

动词"挂"的意思是"借助绳索、钩子、钉子等使物体附着于高处或连到另一物体上"，这里用来形容学生在黑板前罚站，就像挂在黑板上的物体一样。

把甲物拟做乙物的，例如：

(16) 临时伙房设在草地上，几口行军锅呈一字形排列着，蓝色的火苗舔着锅底，锅里热气腾腾……(刘坚《草地晚餐》)

例(16)把火苗当做动物来描写，所以能"舔""锅底"。

(三) 比拟的作用

比拟是物的人化或人的物化或把甲物拟做乙物，具有思想的跳跃性，可以使读者展开想象的翅膀，充分地发挥想象力。正确地运用比拟，可以使读者对所表达的事物产生鲜明的印象，而且感受到作者对该事物的强烈感情，从而引起思想上的共鸣。运用比拟表现喜爱的事物，可以把它写得栩栩如生，让人倍感亲切；运用比拟表现憎恨的事物，可以把它写得丑态毕露，给人以强烈的厌恶感。

(四) 运用比拟要注意的问题

1. 运用比拟必须符合人物的思想感情，符合所描写的环境氛围。例如，同样的景色，心情好的时候和心情不好的时候感觉是不一样的。《朝阳沟》中，银环上山时是"野花迎面对我笑"，下山时却是"野花对我显愁容"。同样是"野花"，为什么有时"对我笑"、有时"显愁容"呢？这是因为人物的心情不同，思想感情不同。

2. 用来比拟的人和物之间必须具有相似点，相似点或者在性格上，或者在形态上，或者在动作上。只有抓住了人和物之间的相似点，才能把物写得像真正的人，或者把人写得像真正的物一般，这样才能使比拟生动自然，收到良好的效果。例如，在儿童故事、科学小品中常常有"大地妈妈是宽厚仁慈的"、"时间伯伯是灵活敏捷的"、"病菌小魔王是阴险恶毒的"一类写法，它们虽然都是"物"，但抓住了它们各自的特点，用拟人手法来写，就把它们都变

成了活生生的人,而且性格鲜明,形象生动!

3. 比拟和比喻不同。虽然比拟和比喻有某些相似点,都是两个事物相比。但是比喻重点在"喻",即以乙事物喻甲事物,甲乙两事物,一主一从;比拟的重点在"拟",即将甲事物当做乙事物来描写,这两个事物交融在一起,浑然一体。例如:

(17) 她看到教导员面颊有些苍白,但白得不过分,就像一块细腻的玉石。(张波《白纸船》)

(18) 窗外的远山衬着万里晴空,不远处有一条小河在低声轻唱。(陈冲《把回乡留给未来》)

例(17)是比喻,例(18)是比拟。

三、借代

(一) 什么是借代

不直说某人或某事物的名称,借同它密切相关的名称去代替,这种修辞手法叫借代,也叫"换名"。被代替的事物称为"本体",用来代替的事物叫做"借体"。如用"红领巾"来代替"少先队员","少先队员"是本体,"红领巾"是"借体"。又如:

(19) 鲁迅的骨头是最硬的……(毛泽东《新民主主义论》)

(20) 方鸿渐从此死心不敢妄想,开始读叔本华……(钱钟书《围城》)

例(19)"骨头"代替"精神、气节"。例(20)中是用"叔本华"来代替"叔本华的作品"。

(二) 借代的类型

借代的方式主要有下面的几类:

1. 用特征、标志代本体

用借体(人或物)的特征、标志去代替本体事物的名称。例如:

(21) 花白胡子恍然大悟似的说。(鲁迅《药》)

例(21)"花白胡子"是一个人的显著特征,此处用来代替"长着花白胡子的人"。

2. 用专名代替泛称

用具有典型性的人或事物的专用名称做借体,来代替本体事物的名称。

(22) 中国人民中间,实在有成千上万的"诸葛亮",每个乡村,每个市镇,都有那里的"诸葛亮"。(毛泽东《组织起来》)

"诸葛亮"是三国时代的历史人物,在中国人民心中已经成为聪明智慧的代称。例(22)用来代指"聪明有智慧的人"。"成千上万的'诸葛亮'"就是代指广大的有智慧的有伟大创造力的人民群众。

3. 用具体代替抽象

(23)我是一个右派,你一个县长来向我请教,让你的上级知道了,不怕摘走你的乌纱帽?(周大新《向上的台阶》)

例(23)用具体的"乌纱帽"代替抽象的"官位"。

4. 用部分代整体

用事物的具有代表性的一部分代替本体事物。

(24)老麦为避开这些四个轮子,把自己的两个轮子随手一拐,进了一条小马路。(林斤澜《头像》)

"轮子"是"车"的一个重要部分,"四个轮子"代替"汽车、吉普车"等,"两个轮子"代替"自行车"。

5. 用结果代原因

用某事情所产生的结果代替本体事物。

(25)林先生早已汗透棉袍。虽然累得那么着,林先生心里却很愉快。(茅盾《林家铺子》)

上例中,"汗透棉袍"是"累"带来的结果。

6. 以品牌代产品

用商品的品牌来代替商品。

(26)后来一段时间没有"红双喜"了,只有"牡丹牌"香烟,我也觉得很不错,就一直抽这种烟。(罗洛《闲话吸烟》)

借代的方式还有很多,比如以作者代作品、以材料代本体、以商品的产地代本体等等。

(三)借代的作用

恰当地运用借代,具有以下作用:

1. 可以突出事物的特征,强调重点,增强语言的形象性。
2. 可以使语言简练。
3. 可以使叙述有变化、不死板。
4. 可以充分发挥作者的感情,鲜明地表现作者的立场。

(四)运用借代要注意的问题

1. 借体和本体的关系密切,借体必须能突出地代表本体,要让人一看或

一听就知道是借代什么。有时需要在上下文中对借体有所交代,使读者明白本体是什么。借代不当,经常就是表现为本体和借体之间关系不明确。

2. 无论运用哪一种借代,借体一定要能代替本体,这样借体的作用才能明显突出。例如用"帆"来代替"船"。

3. 借体本身往往带有褒贬色彩,反映作者的思想感情,所以运用借体代替本体的时候要考虑感情色彩问题。如"诸葛亮"、"雷锋"等做借体,常用来指代正面人物,有喜爱、赞扬、佩服、歌颂等感情色彩;而"三只手"、"光头"等做借体,常用来指代反面人物,带有讽刺、鄙视、厌恶的感情色彩。

4. 运用借代要注意语体特点,很多语体不宜甚至不能使用借代的修辞手法。如公文语体、专门的科技语体等。

四、夸张

(一) 什么是夸张

故意言过其实,超出事物或行为等在范围、数量、程度等方面的逻辑极限,对客观的人、事物做扩大或缩小的描述,这种修辞手法叫夸张。

(27) 别哭了,就是你哭出一太平洋的泪来,也唤不回他要走的决心。

(28) 郭维淮很谨慎,不善于或不乐于交往。医院的人说只有别人让他帮忙的,他从没有求过别人;郭家有的人说他胆小怕事,天上掉下个树叶都怕被砸死。(《国家主席的"正骨"神医》,《河南日报》)

例(27)用"一太平洋的泪"来形容"哭"的程度和哭者的悲痛,例(28)用对极轻的"树叶"的害怕,来形容"他"的胆小,这些都是超出常规事实的故意夸张。

(二) 夸张的类型

夸张可以分为扩大、缩小、超前三类。

1. 扩大夸张

故意突破事物、行为在范围、程度等方面的属性,并往大、多、快、高、长、强等方面去描述。例如:

(29) 都说你们东北这个地方的地非常肥,这个地,插一根筷子都可以长芽。(中央电视台新闻调查栏目《流失的黑土地》)

所有的人都知道,筷子也不可能发芽。例(29)是用"筷子"能"发芽"来强调"东北"土地肥沃的程度,虽然都违反了现实的可能性,但却能给人留下深刻的印象。

2. 缩小夸张

故意违反事物、行为在范围、程度等方面的属性,并往小、少、慢、矮、短、弱等方面去描述。例如:

(30) 可是当兵一当三四年,打仗总打了百十回吧,身上一根汗毛也没碰断。(刘白羽《无敌三勇士》)

"一根汗毛也没碰断",是极力强调虽然经历了多场战争,但是没受一点儿伤,是真正勇敢的、本领高强的战士。

3. 超前夸张

在两件事之间,故意把后出现的事说成是先出现的,或者是同时出现的。例如:

(31) 农民们都说:"看到这样鲜绿的苗,就嗅出白面包的香味儿来了。"

从"看见鲜绿的苗"到"嗅出白面包的香味儿",本来应该有一个很长的时间过程,但例(31)把这两件事说成几乎是同时出现的。表面上看,很不合情理,但正是通过这样的夸张,使表达的内容得到了强调。

(三) 夸张的作用

1. 夸张可以深刻地表现出作者对事物的鲜明的感情态度,从而引起读者的强烈共鸣。高尔基曾说:"艺术的目的在于夸大好的东西,使它显得更好;夸大有害于人类的东西,使人望而生厌。"

2. 通过对事物的形象渲染,可以引起人们丰富的想象力,有利于突出事物的本质和特征。

(四) 运用夸张要注意的问题

1. 运用夸张要以客观实际为基础,合乎情理,否则不能给人以真实感。例如:

(32) 那年黄梅季节,呼和浩特一带足足有五六十天阴雨不断,谷子、高粱都霉烂了,连人也发霉了。

这个例子运用了夸张手法,但夸张是违背现实的。呼和浩特一带长年雨量稀少,说"足足有五六十天阴雨不断",甚至说"连人也发霉了",这种夸张缺少真实的客观基础,太过分了,成了假话。

2. 运用夸张要清楚、明确,不能又像夸张,又像事实。例如:

(33) 祖国大地换新颜,一天等于二十年。

(34) 劳动三十天,胜过六十天。

例(33)是很明显的夸张,而例(34)是夸张还是事实,很难分清。

3. 要注意夸张的具体表现。夸张往往借助于比喻、比拟等辞格来表现，运用时要注意表意上的一致性。例如：

(35) 举着红灯的游行队伍河一样流到街上。

天上的月亮失去了光辉，星星也都躲藏。(何其芳《我们最伟大的节日》)

诗中的"游行队伍河一样流到街上"，既是比喻，又是夸张，联系得非常自然。"星星也都躲藏"，通过比拟进行夸张，描绘了人民群众欢乐的情绪和气氛。

4. 要注意夸张运用的场合，在科学性文章中不宜运用夸张。

五、双关

（一）什么是双关

在特定的语境中，利用语音或语义条件，有意使语句同时涉及两种事物，具有"表层"和"深层"两层意思，表层意思是通过词、句直接表达出来，实际要表达的深层意思要通过特定的语境因素间接表现，这种修辞手法叫双关。例如：

(36) 孔夫子搬家——尽是书(输)

(37) 那房子再好再大，妈妈一死公家就收回了。住不长久的。我觉得很寒冷。又想，也许这就是个寒冷的季节。(何继青《哭歌》)

例(36)从表面上看，它表达的是孔夫子搬家时的特点：书多。但实际上，他通过"书"的读音，引出它的同音词"输"，这才是说话者要表达的真正的深层意思。例(37)中的"寒冷"是双关用法，表面指的是季节寒冷，气温低，实际上指的是由于"公家"不讲人情带来的内心的"寒冷"。

（二）双关的类型

就构成的条件看，双关可以分为谐音双关、语义双关、语境双关三大类。

1. 谐音双关

利用词语的音同或音近关系，使某个词语具有两个意义。

(38) 泥鳅有须又无鳞，小妹有口又无心，花言巧语来哄我，云遮日头是假晴。

"假晴"表面上说的是天气，实际上指的是"小妹"的"假情"。

有很多歇后语是借助谐音双关的修辞手法形成的。

小葱拌豆腐——一青二白（一清二白）

拉着胡子上船——牵须过渡（谦虚过度）

外甥打灯笼——照舅（照旧）

2. 语义双关

利用词语或句子的多义性，使某个词语或句子在特定语境中具有两个意义。例如：

(39) 可是匪徒们走上了这几十里的大山脊，他们没有想到包马蹄的麻袋片全塌烂掉在路上，露出他们的马脚。(曲波《林海雪原》)

"马脚"既是实指"马的脚"，又指其比喻义"破绽"。

3. 语境双关

利用语境，借特殊的话题使一句话同时涉及两个对象。多用于讽刺、嘲笑甚至怒骂。平时我们所说的"指桑骂槐"就是一种语境双关。例如：

(40) 院子里，强英在喂猪。

水莲和仁芳哼着歌子回到家里。

强英白了她们一眼，挖一勺猪食骂一句："死东西，哼呀哼的，看把你们自在的！"两头猪抢食吃，她用勺子敲黑猪，骂道："再叫你这张狂嘴称霸道！"又用勺敲白猪，骂道："再叫你大白脸耍心眼！"

水莲皱皱眉头没吱声。仁芳气鼓鼓地瞪了强英一眼，刚要发作，水莲向她使个眼色，拉她进堂屋。(辛显令《喜临门》)

从表面上看，强英是对着猪骂，骂的是猪。实际上是借语境骂水莲和仁芳。

（三）双关的作用

恰当地运用双关手法，可以把表达者不便、不能或不愿直截了当地表达出来的内容表达出来，它一方面可以使语言幽默，饶有风趣；另一方面也能适应某种特殊语境的需要，从而使表达显得含蓄曲折、生动活泼，增强文章的表现力。

（四）运用双关要注意的问题

1. 双关的意思要明确，不能有歧义。双关是言在此而意在彼，既要含而不露，又要让读者清楚地明白要表达的含义。

2. 运用双关要注意内容的思想性，不能单纯追求风趣和含蓄而忽略了思想内容。

六、仿拟

（一）什么是仿拟

根据表达的需要，更换现成的词语或句子中的某个语素或词，临时仿造出新的词语或句子，这种修辞手法叫仿拟。

(41) 过去，不识字叫做文盲。搞四个现代化，不懂科学技术，就要成为"科盲"，就不能担负起历史赋予我们的新时期的新任务。(《人民日报》社论《神州九亿争飞跃》)

(42) 古语说："每逢佳节倍思亲"。在那些苦难的日子里，我却深刻地感受到"每逢苦难更思亲"。(峻青《雄关赋·乡情》)

上两例，仿"文盲"造出"科盲"，仿王维诗句"每逢佳节倍思亲"造出"每逢苦难更思亲"。

(二) 仿拟的类型

按照用来模仿的对象和临时模仿出的对象之间的关系，可以分为音仿和义仿两类。

1. 音仿

换用语音相同或相近的语素、词仿造出新的词语或句子，是音仿。

(43) 十一月，广州还是秋高气爽的季节，北国名城哈尔滨早已草木皆冰了。

仿成语"草木皆兵"造出同音词"草木皆冰"，和秋高气爽的广州进行对比，生动地描写了北方名城哈尔滨冰天寒地冻的景象，更突出了哈尔滨气候的寒冷。

2. 义仿

换用反义或类义的词或语素仿造出新的词语或句子，是义仿。

(44) 第二天早晨，她们的头发上都结了霜。男同志们笑她们说："嘿，你们演'白毛女'都不用化妆了！"她们也笑男同志："还说哩！ 你看，你们不是'白毛男'吗？"(魏巍《年轻人，让你的青春更美丽吧》)

"白毛女"本是戏剧中的一个角色，例(44)仿"白毛女"造出"白毛男"，生动地表现出了男同志头发上也结了霜的情景，同时也表现了女同志的灵敏和幽默。

(三) 仿拟的作用

仿拟是在现有词语、句子的基础上进行仿造的，因此仿造出的词语、句子和原有的词语、句子往往同时出现。在形式上可以很明显地发现它们之间的相似或相同之处，但在内容上仿造出的词语、句子又和原有的词语、句子有明显的差别，富有新意，引人联想。原有的词语、句子和仿造出的词语、句子共同起作用，使这种辞格给人新鲜活泼、生动明快的感觉，同时又能产生强烈的讽刺性和幽默感。

(四) 运用仿拟要注意的问题

1. 仿拟都是临时创造的，在上下文中，它的特定含义一定要清楚明白。

2. 用来模仿的对象如果不出现，单用模仿出来的对象一般要加引号。同时，用来模仿的对象一定要被很多人熟悉，如成语、套话、诗句、常用词、流行歌词等。用来模仿的对象如果大家不熟悉，在文中又不出现，就很难获得理想的修辞效果。

3. 仿词运用应该自然合理，适合当时的语境，否则就会成为生造词。

七、对比

（一）什么是对比

把两种不同的事物或者同一事物的两个不同方面，放在一起相互比较，这种修辞手法叫对比。例如：

(45) 有的人活着
　　　他已经死了；
　　　有的人死了
　　　他还活着。

　　　有的人
　　　骑在人民头上："呵，我多伟大！"
　　　有的人
　　　俯下身子给人民当牛马。

　　　有的人
　　　把名字刻入石头想"不朽"；
　　　有的人
　　　情愿做野草，等着地下的火烧。

　　　有的人
　　　他活着别人就不能活；
　　　有的人
　　　他活着为了多数人更好地活。
　　　……
　　　　　　　　　　　　　　　（臧克家《有的人》）

这是臧克家为纪念鲁迅先生写的诗。诗中处处是对比，写出了两种人不同的思想境界，歌颂了像鲁迅这样的"永远活在人民心里的人"，讽刺了那些自私自利、骑在人民的头上作威作福的人，认为他们的存在没有任何价值。

（二）对比的分类

根据比较的对象，可以把对比分为两体对比和一体两面对比两类。

1. 两体对比

把两种根本对立的事物放在一起进行对比，使好的显得更好，坏的显得更坏，大的显得更大，小的显得更小等等。例如：

(46) 我的声音低如呻吟，她的声音高如咆哮，惊动楼道里各家人，都出来观看热闹。(张宇《垃圾问题》)

2. 一体两面对比

把同一事物相反相对的两个方面并举出来，相互比较，能把事物说得更全面、更透彻。例如：

(47) 她是这样的人，常在个人生活的小溪小河里搁浅，却在汹涌着政治波涛的大江大河里鼓浪扬帆。(古华《芙蓉镇》)

例(47)采用比喻的形式，把李国香在生活中与政治上的不同境遇进行对比，来突出其形象的复杂性。

（三）对比的作用

对比的修辞作用，总的来说是使语言色彩鲜明。不同类型的对比，各有各的作用。两体对比，揭示好和坏、善和恶、美和丑的对立，使人们在比较中自然鉴别。一体两面对比，揭示事物自身的对立面，反映事物内部既矛盾又统一的辩证关系，使人们能全面地看问题。

由于对比能给人留下强烈深刻的印象，因此有利于突出说明道理和表达主观感受，这种修辞方法经常出现于文艺语体和政论语体之中，在科技语体中也经常用到。

（四）运用对比要注意的问题

运用对比，必须对所要表现的事物的矛盾本质有深刻的认识。用于对比的两种事物或同一事物的两个方面，应该有互相对立的关系，否则是不能构成对比的。

八、映衬

（一）什么是映衬

为了突出主要事物，用类似的事物或反面的、有差别的事物作为陪衬，这种修辞手法叫映衬，也叫衬托。被衬托的主要事物叫"主体"，用来做衬托的背景事物叫"衬体"。例如：

(48) 队伍里静寂无声，咳嗽的人都没有，只有骡马的蹄子，踏在石头

上,杂乱地响。(周立波《娘子关前》)

(49) 这时只有细细的雨声,打着船篷,打着江面,打着岸边的草和树。于是,一种令人感觉不到的轻微的声响,把整个漓江衬托得静极了。(方纪《桂林山水》)

这两例都是用"有声"来表现"无声",例(48)用"骡马"的蹄声衬托"队伍"的静,例(49)用"细细的雨声"衬托"漓江"的静。

(二)映衬的类型

映衬可分为正衬和反衬两种类型。

1. 正衬

正衬是利用同主要事物相似或相关的事物做陪衬。例如:

(50) 这时候,我的脑里忽然闪出一幅神异的图画来:深蓝的天空中挂着一轮金黄的圆月,下面是海边的沙地,都种着一望无际的碧绿的西瓜,其间有一个十一二岁的少年,项带银圈,手捏一柄钢叉,向一匹猹尽力地刺去,那猹却将身一扭,反从他的胯下逃走了。(鲁迅《故乡》)

上例描绘了海边沙地的美丽夜景,衬托了少年闰土充满活力的形象。

2. 反衬

反衬就是从反面衬托,利用同主体事物相反或相异的事物做陪衬。例如:

(51) 空间无限辽阔,时间飞快流逝,然而苏冠兰精神上的痛楚并不能排遣和消除。(张扬《第二次握手》)

用"无限辽阔"的空间、"飞快流逝"的时间来反衬苏冠兰"难以排遣和消除"的痛苦。

(三)映衬的作用

映衬的修辞作用,主要在于突出正面的或者反面的事物,表达强烈的思想感情,深化文章的中心思想。俗话说,红花还须绿叶扶。有了陪衬的事物,被陪衬的事物才会显得突出,才能得到充分的说明,给人留下深刻的印象。

(四)运用映衬要注意的问题

1. 运用映衬要爱憎分明,要宾主有别,主体(被陪衬的事物)和衬体(用于陪衬的事物)应该让人家一看就清楚。不能不分主从,冲淡了被陪衬的事物。

2. 映衬和对比不同。映衬有主次之分,衬体永远是衬体,它是用来说明、衬托主体的。对比是表明对立的现象的,两种对立的事物之间或同一个事物的不同方面之间没有主次之分,而是互相依存的。从效果看,映衬的主体得以鲜明突出,而对比中的两面都在对比中显得鲜明突出。

九、反语

(一)什么是反语

故意使用与本来意思相反的词语或句子来表达本意,这种修辞手法叫反语,也叫"反话"或"倒反"。

(51)他真是一个"廉洁"的表率! 在任市长的短短的两年间竟然就贪污了三千万元!

(52)你呀,可会挑好日子了,这么大的风雨还赶过来,船万一出了事怎么办?

这里的"廉洁"、"好日子"都不是原来的意思。从下文的对照中,我们可以看出来,"'廉洁'的表率"实际上并不"廉洁","好日子"实际上并不好,风大雨大,船很危险。

(二)反语的类型

反语可以分为以正当反和以反当正两类。

1. 以正当反

用正面的语句去表达反面的意思,即表面上赞扬夸奖实际上是批评斥责。例如:

(53)他们对作家格外"优待",几乎每个作家都有个特务"保护"着。一来二去,作家就被"护送"到监狱或集中营去"享受"毒刑与杀戮。(老舍《十年百花荣》)

上例中的"优待"、"保护"、"护送"、"享受"都是反语,"优待"是虐待,"保护"是监视,"护送"是押送,而"享受"的是毒刑与杀戮。

2. 以反当正

用反面的语句去表达正面的意思,即表面上是批评否定实际上是赞扬肯定。例如:

(54)原来在将军弯腰上肩的时候,小李趁机偷偷把绳子往后移了半尺多。这个"舞弊"的做法被将军发觉了,他扭回身抓住绳子往前移过来,不满地说:"这,这不行。"(王愿坚《普通劳动者》)

"舞弊"本是个贬义词,但在此处是指小李想偷偷地照顾将军、移动绳子的行为,表现了小李对将军的爱戴之情。

(三)反语的作用

以正当反的反语多用在揭露、批判、讽刺等方面,使文章富于战斗性;以反当正的反语多用在风趣、幽默、诙谐等方面,使语言富于变化。在一定的语言环境中,运用反语比正面论述更显得有力量。

(四)运用反语要注意的问题

1. 反语有对待敌人的,也有对待亲人和朋友的,在立场、态度和语气等方面要注意区别。

2. 运用反语要注意语意鲜明,不能让人感到正意反意模糊不清。如果上文已经说明了正面的意思,可以再接着用反语,也可以先反说然后正说,这样能加强讽刺的力量,也可使要表达的意思更加清楚明白。

十、婉曲

(一)什么是婉曲

有意不直接说明某事物,而是借用一些与某事物相应的同义词句婉转曲折地表达出来,这种修辞手法叫婉曲,也叫婉转。婉曲的特点是"意在言外",要经过认真品味才能领会本意。例如:

(55)原谅他吧,因为他"光是没有朝镐河滩里的石头借过钱"。(柳青《1995年秋天在黄埔村》)

(56)老队长的口气由疑问号变成了感叹号。(马迅《责任》)

例(55)不直接说明他"向所有的人都借过钱",却拐弯抹角地说"光是没有朝镐河滩里的石头借过钱"。例(56)不直说老队长的口气由怀疑变成了感叹,而是借用了标点符号,说"由疑问号变成了感叹号"。这两例都没有直接表明作者的意思,而是采用委婉含蓄的方法表达出来,给人以回味、思索的空间。

(二)婉曲的类型

婉曲可以分为婉言和曲语两大类。

1. 婉言

不直接说出本意,故意换一种含蓄的说法。

(57)我向他打听卖灶糖的老汉,他告诉我,卖灶糖的老汉老去了。(张洁《拣麦穗》)

"老去了"是"去世"的含蓄的说法。

2. 曲语

不直接说出本意,而是通过描述与本意相关的事物来衬托本意。

(58) 好一个娇女! 走在公路上,小伙子看呆了,听见汽车叫;走在街面上,两旁买卖都停掉;坐在戏院里,观众不往台上瞧……(高晓声《水东流》)

上例不直接写"娇女"长得如何美丽,而是通过别人的反应来突出她的美丽动人。

(三) 婉曲的作用

婉曲的好处在于婉转曲折,给人思索的余地。可以使接受者在思索中体会作者所要表达的本意,使接受者的认识不断深化,产生强烈的感受。有时在一定的语言环境中,遇到自己不愿说、不便说、或别人忌讳的东西,就故意避开直接表达这些事物的词语,改用与之相关的含蓄委婉的词语来代替,这样易于感染对方,使对方乐于接受,从而收到特殊的表达效果。

(四) 运用婉曲要注意的问题

婉曲话语,妙在含蓄委婉,意在言外。但是表达者想要表达的真正内容,即婉曲的真正含义一定要让人能领会得出,理解得了,不能使人发生误解或产生歧义。"婉言曲语"是语言形式,是一种表达手段,让对方正确理解"婉言曲语"的"庐山真面目",这才是交际的目的。

思考和练习2

1. 举例说明比喻和比拟的不同。
2. 举例说明借代和借喻的不同。
3. 请你说说夸张和客观实际之间的关系。
4. 指出下列话语中所用的修辞格。

(1) 仿古的建筑,刻意呵护客人做一个传统的梦。
(2) 单四嫂子等候天明,却不像别人那样容易,觉得非常之慢,宝儿的一呼吸,几乎长过一年。
(3) 我拿了新闻看,长腿装着无聊的脸,坐在安乐椅上。
(4) 父亲对我的挚爱与我对父亲的孝心,真是天壤之别。
(5) 我躺着,听船底潺潺的流水声,知道我在走我的路。
(6) 啊! 壶口,在你的怀抱里我陶醉了。
(7) 山没有水,如同人没有眼睛,似乎少了灵性。
(8) 你真聪明,这么多天竟想不出一个好主意。

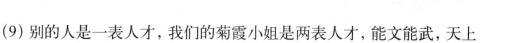

(9) 别的人是一表人才，我们的菊霞小姐是两表人才，能文能武，天上少有，地上无双。

(10) 千山鸟飞绝，万径人踪灭。孤舟蓑笠翁，独钓寒江雪。

(11) 孤帆远影碧空尽，唯见长江天际流。

(12) 曾经有过好几次，他病了，病得很厉害，一连几天都起不了床，人们来看望他，都以为他要去了。不是人生七十古来稀吗？ 这儿的庄稼人既不恶生，但对死也一点儿不怕惧，说起来的时候总是静静的，时候到了，就该回去。

(13) 高山打鼓远闻声，三姐唱歌久闻名，二十七钱摆三注，九文九文又九文。

(14) 唐二古怪呆头呆脑，是个没嘴的葫芦撞不响的钟，人穷却又气粗，倔强得像一条宁折不弯的桑木扁担。

(15) 两鬓斑白，年轻人已称呼我为老人了。但在这老人的胸膛里，依然有一颗年轻、炽热的心在跳动着。这颗心里，依然不停地发射着光和热。

(16) 李二汉刚掀开酒罐，就觉醉意已有八分。

(17) 嘈杂的大院。拥挤的小屋。《春华》月刊编辑钱迪正"闭门造车"。不，"闭门造句"。

(18) 这种人，在上级领导面前点头哈腰，活像一条巴儿狗；而在平民百姓跟前则换了一副面孔，凶神恶煞，活像一个恶太岁。

第三节　修辞格（下）

在上一节中，我们介绍了比喻、比拟、借代、夸张、双关、仿拟、对比、映衬、反语、婉曲等十种修辞格，这十种修辞格方法不同，效果各异，但它们有一个共同之处，即都强调语义内容的超常表达，也就是说在语义表达上和一般的语言规则构造不同，但是，它们中的大部分在形式上并没有什么特殊的可以识别的标志。在语言中，还有另外一类修辞格，是利用词语或句子在形式上的特殊组合，来达到特定的修辞效果，例如对偶、排比、反复、顶真、回环等，在结构形式上往往有明显的识别标志。

一、对偶

(一) 什么是对偶

将字数相等、意义上密切相关、结构相同或基本相同、用词互相对应的两个短语或句子，对称地排列在一起，这种修辞手法叫对偶，俗称对子。

严格的对偶要求字数相等、结构相同、平仄协调、实虚相对、互相对应的词词性一致。现代诗文中对偶运用相当宽松，只要字数相等、结构相同、声韵大体协调就可以。

(1) 墙上芦苇，头重脚轻根底浅；
　　山间竹笋，嘴尖皮厚腹中空。

这是严格的对偶。

(2) 谦虚使人进步，骄傲使人落后。
(3) 端起饭碗想起了妈，拿起筷子想起了家。
(4) 辛苦我一个，幸福千万家。

这些都是宽对。

(二) 对偶的类型

就上句和下句在意义上的联系来说，对偶大致可以分为正对、反对、串对三种。

1. 正对

正对是从两个角度、两个方面说明同一事理，表示相似、相关的关系。正对的上下两句在内容上是相互补充的，在形式上表现为并列关系的复句。例如：

(5) 宝剑锋从磨砺出，梅花香自苦寒来。

上例说明：只有苦干，才能成功。

2. 反对是借正反对照、比较来突出事物的本质，表示相反关系或矛盾对立关系。反对在内容上一正一反，在形式上也是表现为并列关系的复句。例如：

(6) 生当做人杰，死亦为鬼雄。(李清照《夏日绝句》)

此例用生与死的比较来说明做人的态度。

3. 串对

串对的两个部分，是从事物的发展过程或因果、条件、假设等方面相关联，上下句连接成复句，一顺而下，也叫"流水对"。例如：

(7) 欲穷千里目，更上一层楼。(王之涣《登鹳雀楼》)

此例上下句由假设关系相连，要想看到更远处的景色，就要再上一层楼，揭示了"只有站得高，才能看得远"的道理。

对偶的上句和下句，一般是两个分句，但也可以是句子成分。例如：

(8) 大历四年的冬天，寒流侵袭潭州（长沙），大雪下得家家灶冷，户户衣单。

"家家灶冷、户户衣单"是以对偶形式组成的联合短语，在句子中做补语。

（三）对偶的作用

对偶这种修辞手法，形式整齐对称，音节谐调匀称，节奏感强；在内容上是把意义相似、相对或相连的两部分进行对照，简洁集中，概括力强。它有鲜明的民族特点和很强的表现力，令人读后（或听后）感到意义鲜明，印象深刻，便于朗读背诵。因此，在汉语中，从诗词曲等韵文到一般记叙、议论、抒情的散文，从旧时代文人的吟诗作对到今天城乡张贴的春联，对偶都得到了广泛的运用。

（四）运用对偶要注意的问题

1. 对偶是汉语特有的修辞格，最能体现汉语的民族特点。古代诗文中对偶要求很严格，现代诗文使用的对偶，为了适应内容的需要，突破了以前严格的对偶的一些限制，要求不严。

2. 运用对偶句一定要服从思想内容的表达需要，不可生拼硬凑，片面地追求形式上的美。

3. 对偶不同于对比。对偶的基本特点是形式上"对称"。对比的基本特点是内容上"对立"。对比是从意义上说的，要求意义相反或相对，而不管结构形式如何。对偶主要是从结构形式上说的，它要求结构相称字数相等。对偶里的反对就意义来说是对比，就形式来说是对偶。但对比不一定都是对偶，这还要是看它的结构形式是否对称。

二、排比

（一）什么是排比

把三个或三个以上结构相同或相似、语气一致、意思密切关联的句子或句子成分排列起来，表达强烈的语气或感情，这种修辞手法叫排比。例如：

(9) 生产多么需要科学！革命多么需要科学！人民多么需要科学！
（秦牧《向科学技术现代化进军的战鼓》）

(10) 她留恋这个世界。她爱太阳，爱土地，爱劳动，爱清朗朗的大马河，爱大马河畔的青草和野花……（路遥《人生》）

例(9)用三个感叹句构成排比,从不同角度强调了"科学"的重要性。例(10)用5个小句构成排比,表现了她对这个世界的热爱与留恋之情。

(二)排比的类型

排比可以分为句子排比和句子成分排比两类。

1. 句子排比

从句子结构上看,单句和复句(包括分句)都可以构成排比。例如:

(11)我一步一步艰难地走着,不怕三头怪兽,不怕黑色魔鬼,不怕蛇发女怪,不怕赤热沙地……(巴金《十年一梦》)

(12)大理花多,多得园艺家定不出名字来称呼。大理花艳,艳得美术家调不出颜色来点染。大理花娇,娇得文学家想不出词句来描绘。大理花香,香得外来人一到这苍山下,洱海边,顿觉飘飘然,不酒而醉。(曹靖华《点苍山下金花娇》)

例(11)是四个分句的排比,例(12)是四个复句的排比。

2. 句子成分排比

各种句子成分都可以排比。

(13)他来到北海岸边,细心地观察:哪天桃花开了,哪天柳絮飞了,哪天布谷鸟叫了。这些自然现象的变化,他都做了翔实的记录。(白夜《卓越的科学家竺可桢》)

(14)入夜,用眼望去,数十里烈焰飞腾,火龙翻滚,映得满天红,满山红,满江红。(郑直《激战无名川》)

例(13)是宾语的排比,例(14)是补语的排比。

(三)排比的作用

排比是一种非常富有表现力的辞格。使用排比,可以把几个密切关联的意思一口气说出来,使语势贯通,语意强烈,感情充沛,一泻而下,给人气势雄伟之感。用排比来说理,可以将道理阐述得清晰透彻,使人心悦诚服;用排比来抒情,可以将感情抒发得淋漓尽致,引起对方的强烈共鸣。由于排比的特点和表达效果,这种修辞手法在诗歌中极为常见。

(四)运用排比要注意的问题

1.排比的突出作用在于表达强烈奔放的感情,说明复杂深刻的道理,它可以增强语言的气势,突出文章的重心,提高语言的表达效果。因此,必须从内容的需要出发,不能生硬地拼凑排比的形式。

2.排比有的是多项全部列举,有的是列举多项之中的重要几项,留有弦

外之音,启发读者或听众思考。后一种排比,句尾要用省略号。例如:

(15) 西去列车的这几个不能成眠的夜晚啊,我已经停了很久,看了很久,想了很久……(贺敬之《西去列车的窗口》)

3. 准确地使用提示语是提高排比表达效果的重要环节。

使用排比这种修辞格时,大部分的句子之间都有一个或几个字面相同的成分,这个成分可以看成是提示语。有了提示语,读者或听众能更快地领会表达者的中心意思。

(16) 我们搞社会主义,没有远大的理想,没有宽阔的胸怀,没有自我牺牲精神,怎么行呢?

这段文字的排比以"没有"做提示语,统括了三个分句,使前后紧密联结,语意贯通,气势强劲,在内容上,也借助于三个"没有"的重复,突出了"搞社会主义"的前提条件。

4. 排比和对偶不同。

(1) 排比经常使用相同的词语,对偶尽量避免使用相同的词语;

(2) 排比是三项或更多项的平行排列,对偶只是两项的并列对称;

(3) 排比每项的字数可以不完全相等,对偶两项的字数必须完全相等。

三、反复

(一) 什么是反复

为了突出某个意思,强调某种感情,特意重复使用某些词语或句子,这种修辞手法叫做反复。例如:

(17) 我扔掉香,伸出双臂,高声喊道:父亲你回来吧,回来吧。(何继青《哭歌》)

(18) 他在后面追着喊:"怎么不吃饭呢? 怎么不吃饭就走呢? 哪有这样的道理?"

例(17)中的"回来吧"重复出现,强烈地表现了"我"对"父亲"的思念之情;例(18)中的"怎么不吃饭"重复出现,生动地表现了"他"的着急之情。

(二) 反复的类型

按重复部分的不同出现形式,反复可以分为连续反复和间隔反复两种。

1. 连续反复

连续反复是相同的词语或句子接连重复出现,中间没有其他的词语或句子。

(19) 周总理,我们的好总理,

你在哪里呵，你在哪里？（柯岩《周总理，你在哪里》）

"你在哪里呵，你在哪里？"是句子反复，表达了人民对周总理深切怀念之情。

2. 间隔反复

间隔反复是相同词语或句子间隔出现，也就是说，重复的部分有其他的词语或句子隔开。

(20) 风雪一天比一天大，人们的干劲一天比一天猛，砍下的毛竹一天比一天堆得高，为竹滑道修的架在两座高山之间的竹桥，也一天比一天往上长。（袁鹰《井冈翠竹》）

"一天比一天"是短语的间隔反复。

间隔反复不仅可以隔着句子，有时甚至可以隔着段落，或者整个的诗节。

(21) 小篷船，装粪来，
　　惊飞水鸟一大片。
　　摇碎满河星，
　　摇出满囱烟。

　　小篷船，装粪来，
　　橹摇歌响悠悠然。
　　穿过柳树云，
　　融进桃花山。（浙江民歌）

有时连续反复和间隔反复交错使用，可以表现感情由一般到强烈的发展变化。例如：

(22) 沉默呵！沉默呵！不在沉默中爆发，就在沉默中灭亡。（鲁迅《记念刘和珍君》）

(三) 反复的作用

反复从表面上看是用词的重复，实际上是出于强烈感情的表达需要。这种辞格的结构特点是用字面完全相同的词语或句子反复地出现，使它深深地留在读者或听众的印象之中，具有突出思想、强调感情、分清层次、加强节奏感的修辞效果。因此，它被运用于各种文体之中。在说理、记叙文中运用反复，能起到加强论点、分清条理的作用；在文艺作品中，特别是诗歌中运用反复，能表现强烈深厚的感情，起到强调主题思想、增强旋律美的作用。

（四）运用反复要注意的问题

反复有多方面的修辞作用，但这不是随便重复使用某些词语或句子就可以达到的，必须抓住关键性的地方，做出合适的安排。

1. 间隔反复往往与排比合用。从句式看是排比，从词句重复看是反复。两种辞格同时使用，可以同时发挥出两种辞格的作用。一方面使表达的意思更加突出，另一方面使气势更加雄浑。它们之间的区别是：反复着眼于词语或句子字面的重复，排比着眼于结构相同或相似、意义相近、语气一致。反复的修辞作用主要是强调突出，排比的修辞作用主要是增加气势。

2. 反复是一种常用的积极表达手段。运用反复，是为了突出要表达的中心意思，强调感情。如果没有充实的内容和强烈的感情，而只是一味在字面上进行反复，那只能造成重复啰唆，使人感到内容空虚，这是一种语病，是应该尽量避免的。

四、顶真

（一）什么是顶真

把上一句结尾的词语用作下一句的开头部分，使前后的句子头尾相接，这种修辞手法叫顶真，也叫顶针。例如：

(23) 咱们做的事越多，老百姓就来得越多；老百姓来得越多，咱们的力量就越大；咱们的力量越大，往后的事也就越多！（欧阳山《高干大》）

(24) 竹叶烧了，还有竹枝；竹枝断了，还有竹鞭；竹鞭砍了，还有深埋在地下的竹根。（袁鹰《井冈翠竹》）

（二）顶真的类型

根据顶真的材料，可以分为两类：

1. 词语顶真

以词语为单位构成的顶真。例如：

(25) 有翼的床头仿佛靠着一个谷仓，仓前边有几口缸，缸上有几口箱，箱上有几只筐，其余的东西便看不见了。（赵树理《三里湾》）

2. 句子顶真

以句子为单位构成的顶真。例如：

(26) 山冈伏下身躯，村庄已经沉睡。战士站在山头，雨点滴着钢盔。雨点滴着钢盔，仿佛把心儿敲叩。眼光穿过云雾，望见熟悉的窗口。望见熟悉的窗口，闪着灯火的光辉。爱人正凝眸沉思，数着檐头的滴水。

数着檐头的滴水,想着闪亮的钢盔。在这风雨的深夜,战士在边疆守卫。

(丁芒《边疆夜雨》)

这首诗通过句子顶真的方法连接着四个段落,巧妙地将景致的切换与思绪的变动有机地联系起来,使结构紧密,音律和谐,语势流畅,形势也精巧别致。

(三)顶真的作用

顶真是汉语传统的修辞格式之一,经常出现在各种文体的文章之中。

顶真可以使结构紧密,语气贯通流畅。用它来抒情,可以把感情抒发得缠绵细腻、淋漓尽致;用它来记事或描写,可以把事件的时间或事物的空间顺序充分展示出来;用它来说理,可以使事理的逻辑关系得到严密而紧凑的揭示。

(四)运用顶真要注意的问题

1. 要避免单纯追求形式美而滥用顶真

顶真结构严谨,丝丝入扣,具有回环之美。但是不能为了追求形式美而刻意生拼硬凑,滥用顶真,影响语言的表达效果。

2. 顶真相连的各项之间要有密切的联系

顶真的特点在于"联",因此,顶真的各项之间一定要有内在联系,否则,东拉西扯,会使人不知所云。

五、回环

(一)什么是回环

把前一个句子或句子的一部分的组成成分次序颠倒,形成第二个句子,使前后两个句子结构循环往复,以体现事物之间相互依存的关系,这种修辞手法叫回环。

从形式上看,回环一般由两个单位构成,这两个单位之间在构成成分上相同或基本相同,只是语序完全相反;从内容上看,构成回环的两个部分具有相互依赖或对等的难以分割的关系。例如:

(27)我为人人,人人为我。

(28)科学需要社会主义,社会主义更需要科学。(郭沫若《科学的春天》)

(二)回环的类型

根据构成形式的特征,回环可以分为严式和宽式两类。

1. 严式

严式回环是指语序颠倒、构成成分基本不变的回环。

(29)人民爱总理,总理爱人民。(电影纪录片《敬爱的周恩来总理永垂不

朽》解说词)

上例用回环的手法描写出了人民与总理之间的深厚感情:人民爱戴总理、总理爱护人民。

2. 宽式

宽式回环指语序颠倒、主要构成成分不完全相同或中间穿插了其他成分的回环。

(30) 舞台小天地,天地大舞台。(柯灵《戏外看戏》)

(31) 事业需要人才,人才推动着事业。(理由《纯情》)

例(30)中前后两句所用的词语并不完全相同,一"大"一"小",揭示了"天地"和"舞台"之间的辩证关系;例(31)中,词语也发生了变化,"需要"变成了"推动",描写出了"人才"和"事业"之间互相依存的关系。

(三) 回环的作用

回环使语句整齐匀称,能揭示事物之间相互依存、相互制约或相互对立的关系。用回环论理,容易使人理解事物之间的辩证关系;用回环抒情,常常使人感到深情无限、情思绵绵;用回环写景,容易使人体会景物之间的联系。

(四) 运用回环要注意的问题

回环是在词语相同的情况下,巧妙地调遣它们,利用它们不同结构关系的不同含义形成回环往复的语言形式,从甲事物到乙事物,又从乙事物到甲事物。如果甲乙两个事物之间没有内在的联系,而单纯地追求回环的表达形式,是不会得到良好的修辞效果的。

回环和顶真在头尾相连这一点上类似。但又有根本的不同。顶真是反映事物间的顺接或连接关系的,它从一个事物到另一个事物,顺连而下,通常涉及好几个事物,结构形式可以描写为:AAA甲→甲BBB乙→乙CCC丙→丙DDD丁→丁……;回环反映了两个事物之间相互依存、相互对立的关系,它的结构形式是:甲+乙→乙+甲。

六、引用

(一) 什么是引用

为了提高表达效果,在自己的话语中插入现成的话语或故事,包括成语、谚语、名人语录、典籍中的文句、历史上的故事等,这种修辞手法叫引用。例如:

(32) 鲁迅的两句诗,"横眉冷对千夫指,俯首甘为孺子牛",应该成为我

们的座右铭。(毛泽东《在延安文艺座谈会上的讲话》)

(33) 我想三五明月之夜，疏影横斜，暗香浮动，梅花映月，月笼梅花，满山遍野都是晶莹朗澈，真可谓玉山照夜哩。(周瘦鹃《苏州游踪》)

(二)引用的类型

1. 明引和暗引

根据引用的方式，可以分为明引和暗引两种。

明引是原文照引，并打上引号；有的只引用原文大意，不加引号。但是都注明出处。例如：

(33) 有些人不是这样做，而是像老子说的"鸡犬之声相闻，老死不相往来"，结果彼此之间就缺乏共同的语言。(毛泽东《党委会的工作方法》)

例(33)既用了引号，又指明了原句的作者。

暗引不同于明引的显著特征是不说出引文出处，而把它交织在自己的讲话或文章中，有的引原句，有的引大意，但都有印证原文的作用。

(34) 我毕竟是炎黄子孙，希望我的同胞在他乡都能各得其所，安居乐业。当木屋区闪在我们的车后时，我兴起了古老的感叹：安得广厦千万间，大庇天下寒士俱欢颜……(理由《纯情•香港雨霏霏》)

例(34)暗引了唐代著名诗人杜甫的《茅屋为秋风所破歌》中的两句，暗引不注明出处和来源，将诗句或古文等成句地组织在自己的文句中，和自己的语句融合，形成了一个整体。

2. 正引和反引

按照引用的作用，还可以把引用分为正引和反引。

正引是指引文所表达的内容同说写者要说明的思想、观点一致。上述各例都是正引。又如：

(35) 他全心全意地为了改造中国而耗费了毕生的精力，真是鞠躬尽瘁，死而后已。(毛泽东《纪念孙中山先生》)

这里，引文的意思同作者本人想要表达的意思是一致的。

反引是指引文的意思同作者本人要说明的意思正好相反。例如：

(36) 千丝万缕生便好，剪刀谁说胜春风。(金农《柳》)

例(36)暗用唐代诗人贺知章《咏柳》诗："碧玉妆成一树高，万条垂下绿丝绦。不知细叶谁裁出，二月春风似剪刀。"但金农的意思同贺知章的意思正好相反。

(三) 引用的作用

引用，是一种传统的修辞方法。由于引用的对象是大家熟知的成语、典故、名人的言论或古诗文的名句，所以引用使语言简练、有力、生动、通俗，能更好地说明自己的观点，收到言简意赅的效果。在议论文体中使用引用，可以使论据充足，说理透彻，增强说服力。

(四) 运用引用要注意的问题

1. 在引用别人的话(尤其是名人名言)时，一般应注意内容和论点的完整性，如果引文掐头去尾、支离破碎，就会损害文意的正确性，因而也会影响说服力。

2. 引用时要仔细认真，特别是经典著作，更不能因为马虎造成错误，不能有意增删来断章取义，乃至曲解引文的意思。

总的来说，前一节介绍的比喻、比拟、借代、双关、仿拟、映衬等辞格侧重于语义变化，而本节介绍的对偶、排比、反复、顶真、回环、引用等修辞格在形式上有明显的标志，多数侧重于形式上的呼应变化。说话或写文章时，运用了修辞格之后，不仅意思表达更准确、清楚，而且也更加形象、生动。

思考和练习3

1. 下面两句，一个用了对偶手法，一个没用。比较一下，用和不用在表达效果上有什么不同。

　　(1) 向科学进军不畏征途坎坷，
　　　　朝四化迈步何惧道路崎岖。
　　(2) 为了实现四个现代化，我们应当向科学进军，不怕征途上的千难万险。

2. 举例说明对比和对偶的区别。
3. 举例说明反复和重复的区别。
4. 举例说明顶真和回环的区别。
5. 指出下面话语中所用的修辞格。

　　(1) 他赢了又赢，铜钱变成角洋，角洋变成大洋，大洋又成了叠。
　　(2) 四面江山来眼底，万家忧乐到心头。
　　(3) 一条条街道宽又平，一座座楼房披彩虹，一盏盏电灯亮又明，一排排绿树迎春风。
　　(4) 一群又一群鸟儿从远方来了，它们欢叫着，抖动着翅膀，划过透明的春天,飞呵,飞呵,飞,……

(5) 就像诗中所说:"源出昆仑衍大流,玉关九转一壶收。"

(6) 真的假不了,假的真不了。

(7) 锣鼓声、鞭炮声、口号声、欢笑声,在长安街汇成滚滚洪涛,又翻腾着散向四面八方。

(8) 梅须逊雪三分白,雪却输梅一段香。

(9) 竞争,是一种苏醒! 它逼醒了懒汉,逼醒了懦夫;逼醒了多年来捧着"铁饭碗"的人们! 像一位叙利亚近代诗人说的:"只有当你被追逐的时候你才最迅速!"

(10) 繁星般的豆儿,艳如红玉,明似珍珠,颗颗饱满,粒粒喜人。

(11) 这种情况,俗语就是"旧的不去,新的不来"。

(12) 从前有座山,山上有个庙,庙里有个老和尚,老和尚正在给小和尚讲故事……

(13) 上海自来水来自海上,黄山落叶松叶落山黄。

(14) 森林丧失了,人们毫不觉察。水源丧失了,人们无动于衷。洁净的空气也丧失了,人们还活得下去吗?

(15) 我在公坑寺天成禅院曾看过一副对联:"肚大能容,容天下难容之事;口开常笑,笑世间可笑之人。"

部分练习参考答案

第1课　　旧与老

课文练习

1. "天津人习惯把那古老的城区叫做旧城,我们就沿用了。"
2. "旧的不去,新的不来"。其他如课文中的"陈旧、破旧、辞旧迎新"。另外还有与此相反的"喜新",有"喜新厌旧"这么个成语,所以作者给"厌旧"二字加上了引号。
3. 因为"按照一种习惯性的潜意识,旧东西是过时的,不受用的,不招人喜欢的。""这种心理来源于农耕文明。"
4. "旧"是物质性的,而且含有贬义,比如陈旧、破旧等等。"老"却有非物质的一面。老是一种时间的内容,比如老人、老朋友、老房子。时间是一种历史,所以"老"中间不含贬义,甚至还含着一种记忆,一种情感,一种割舍不得的具有精神价值的内涵。
5. 开放性的题目,可以结合一些学过的词语如"古代、古典、古迹、古老、考古、万古长青"来谈谈它们之间的差别,具体可以参看后面的词语辨析部分。

辨析练习

1. 痛惜　　2. 珍惜,爱惜　　3. 爱惜　　4. 珍惜　　5. 珍惜
6. 思考　　7. 思考　　8. 思辨　　9. 思考　　10. 老,老,老
11. 古,古　12. 老　　13. 旧,旧　　14. 古　　15. 旧

语法练习

(一) 1. 历史悠久　　2. 伟大的民族　　3. 容貌美丽　　4. 结构严谨
　　 5. 灿烂的笑容　6. 圆满的结局　　7. 等于　　8. 跟……相等/一样
　　 9. 跟……相等/一样　　10. 等于　　11. 大于
　　 12. 比……大/多　　13. 比……大　　14. 大于

(二) 1. 种　2. 种　3. 类　4. 种　5. 类　6. 类
　　 7. 类　8. 类/种　9. 种　10. 种　11. 类
　　 12. 种,种,类　13. 类/种　14. 类　15. 类/种

297

字词扩展练习

世界观　人生观　价值观　历史观　审美观　宏观　微观　中观　主观　客观
悲观　乐观　壮观　外观
建设性　物质性　客观性　主观性　不确定性
学品　产品　工艺品　日用品　商品　食品　物品　药品　用品　作品
老百姓　老板　老大妈　老大娘　老大爷　老年　老人家　老太太　老头儿
旧历　旧书　旧衣服　旧鞋　旧时代
古典　古迹　古老　古人　古文
三分之一　幸福之花　朋友之间　出发之前　吉祥之鸟
(说明:"之",后面可以加一个单音节的名词,前面还必须要有修饰的词语,再如之花、之际、之计、之处、之时、之风、之后、之间、之类、之内、之前、之上、之外、之下、之一、之中)

阅读扩展及泛读练习

副课文

1. (✓)　2. (✓)　3. (✗)　4. (✓)　5. (✓)

第2课　　陶醉壶口

课文练习

1. 在远处听到隆隆的雷声,那就是壶口瀑布的响声,那声音好像火车出站,航班起飞,放炮开山一般。来到面对瀑布的巨岩边时,滚滚黄水从高高的崖头跌落下来,挟风带雨,雷霆万钧,使那吼声如洪钟闷雷,震荡峡谷,气吞山河。

2. 作者被壶口瀑布的气势风采震慑住了,在如此壮观的大自然面前,作者觉得自己非常渺小,骄傲和娇气都已经不复存在了。"黄河之水从天上来"来自李白的诗句"君不见黄河之水天上来,奔流到海不复回",写的是黄河的壮观景象,指黄河的气势。(此处可由学生自由发挥)

3. 黄河从秦晋峡谷来,宽400多米,到这里骤然收缩,仅仅有四五十米,断崖落差40米,河槽真像一把巨壶,将每秒9000立方米的流量收入。而壶口以下凭黄河自身的动力冲刷出来的河槽很窄,不过一二十米,因此而形成了壶口瀑布。

4. 在壶口,作者看到了黄河雄壮的力量,磅礴的气势,看到了一条完整的黄河,看到了它漫长的历史,看到了它丰富的内涵,得到了它的真传,黄河的威力和精神大大鼓舞了他。因此,作者觉得自己才成为了一个真正的黄河的子孙。

辨析练习

1. 安静　2. 平静　3. 寂静　4. 安静　5. 平静　6. 骤然
7. 突然/忽然　　　8. 忽然/突然　　　9. 突然　10. 激烈
11. 剧烈　12. 震撼　13. 震动　14. 震撼　15. 震动
16. 气势　17. 气概　18. 气势　19. 气概　20. 气势

语法练习

(一) 1. ×。应改为:我一定去问清楚。
2. ✓。
3. ×。应改为:我去球场打球。
4. ×。应改为:我去把鸡杀了。
5. ✓。
6. ×。应改为:我去打了一会儿排球。

(二) 1. A　2. D　3. B　4. A　5. C　6. D　7. B　8. C

(三) 雷霆万钧　迫不及待　不寒而栗　扑朔迷离
　　　目瞪口呆　荡然无存　花团锦簇　聚精会神

(四) 1. 平淡无奇　2. 境界　3. 陶醉　4. 领悟　5. 仿佛　6. 弥漫　7. 迸射

字词扩展练习

忽然　骤然　猛然　悄然　公然　俨然　纵然
安静　平静　冷静　镇静　清静
激烈　猛烈　剧烈　热烈
巨石　巨壶　巨人　巨款　巨债　巨作　巨钻
风声　雨声　鼾声　吼声　歌声　掌声　响声　争吵声　碰撞声
满足感　舒适感　自豪感　使命感　责任感　幽默感　安全感
吃个痛快　喝个痛快　玩儿个痛快　跳个痛快　骂个痛快

阅读扩展及泛读练习

副课文

1. 开始漂流前,"我们"心情很舒畅。因为"我们"晚上睡得很好,乡间的空气也很清新，所以心情很快舒畅起来了。
2. 河流湍急时，木筏竟似脱弦之箭飞快地向前冲去，每个人的心都提到了嗓子眼，神经绷得紧紧的，让人很害怕，但是两端筏工灵活掌握着木筏前进的方向和速度，没有什么危险，所以说"有惊无险"。
3. 让"我们"兴奋的是漂流给人带来新鲜刺激的感受，而且漂流也是一项时尚的旅游体验。让"我们"遗憾的是漂流路程太短，有点儿不尽兴。
4. 因为在人生中，你无法预见前方是什么样子，或许阳光灿烂，或许阴云密布，但是只要掌好人生之舵，生命之船就会快乐前行。这和漂流的过程是一样的，所以说"人生之路或许恰如漂流之过程"。

第3课　　融水大苗山　情歌伴婚俗

课文练习

1. 未婚的苗家男青年，晚上都可以去姑娘家对唱山歌，自由地谈情说爱，苗家把这种传统的公开寻找异性朋友的社交活动，称为"坐妹"或"坐寨"。
2. 可能连对象也找不着。
3. 在深夜，男家的迎亲队伍去女家，但路上设有"歌卡"，需要对歌方可通过，到了女家，由女家发亲，迎亲队伍又回到男家，吃过"半夜饭"，男女双方继续对歌，一直到早晨。
4. 这个洞叫"探婚洞"，是姑娘跟小伙子相识恋爱用的。
5. 苗家恋爱自由的观念。

辨析练习

1. 随意　2. 宣布　3. 爱慕、爱慕　　4. 随便　5. 爱慕　6. 随意
7. 倾慕　8. 宣布　9. 倾慕　10. 宣告　11. 随便　12. 宣告
13. 随便　14. 倾慕　15. 宣布　16. 宣告　17. 随意

语法练习

（一）1. 不是我不告诉你，是我真的不知道这件事。
2. 小李来是来过了，可是你要的东西没有给你带来。
3. 小王的那篇论文写得是好，难怪得了优秀论文奖。
4. 无论学习什么都应该做到：懂就是懂，不懂就是不懂，不要装懂。

5. 这是一座花园城市，走到哪里，哪里都是花草。

（二）1. 这本汉语书是老师的不是？（这本汉语书是不是老师的？）
2. 这本词典是你的吗？
3. 这件黑色的衬衫是新的，那件白的是旧的。
4. 您以前是我们的老师，现在还是我们的老师。
5. 以前你是不是这个学校的学生？

（三）1. 从　2. 自　3. 由　4. 自　5. 由　6. 从／打　7. 由　8. 自从　9. 从
10. 打／从

（四）1. 个，个，个，个　2. 位　3. 个，个，个　4. 个，个　5. 位　6. 名，个
7. 名　8. 个　9. 个　10. 名　11. 个　12. 位，位　13. 个　14. 名
15. 个／名　16. 位　17. 个，个　18. 名　19. 个　20. 位

字词扩展练习

红彤彤　　红扑扑　　红艳艳　　绿葱葱　　绿茸茸　　绿茵茵　　蓝盈盈　　蓝莹莹
蓝闪闪　　金灿灿　　金晃晃　　金闪闪　　灰沉沉　　灰蒙蒙　　灰溜溜　　黄澄澄
黄乎乎　　黑压压　　黑洞洞　　黑漆漆　　白皑皑　　白茫茫　　白花花
同性　　阳性　　阴性　　男性　　女性
脱口而出　　破门而入　　弃城而逃　　顺流而下
一问一答　　一哭一闹　　一来一去　　一进一出
棋手　乐手　国手　球手　水手　舵手；好手　高手　老手；选手　打手　射击手
（说明："手"是后缀，指有某种专长或掌握某种技术的人，构成名词，组成方式有名+手、形+手、动+手。）
校长　院长　班长　厂长　省长　市长　县长　镇长　乡长

阅读扩展及泛读练习

副课文

1. 傣族。
2. 把事先备好的烛灯点燃，放在水面上，向姑娘的小船推去。
3. 能歌善舞的。
4. 认为这是月老"仙示"：二人今生有缘。

第4课　　聪敏只是一张漂亮的糖纸

课文练习

1. 屋子里几乎所有的地方，衣橱、书桌、房门、厨房、暖气、音像、书架……上面都贴着小纸条，纸条上面都用英文写着它们的名称。

2. 那一年，他对外语突然有了兴趣。他就是这样开始外语学习的。他所付出的努力一般是在家里，是默默的。他贴满在家里的那些小纸条，仿佛是安徒生童话中神奇的手指。他抚摸着那些东西，使得那些东西花开般地有了生命，和他对话，彼此鼓励，让枯燥而艰苦的学习有了兴趣和色彩，有了学下去、学到底的诱惑力。

3. 他知道要论聪敏，比他聪敏的同学有的是，比如他当时最佩服的同学，后来都考上了清华大学。他所要做的就是认真，而且重复，把要学的东西弄得牢靠扎实。

4. 也许，只有我知道他是如何刻苦的。

5. 他小学毕业时，我整理他书桌的抽屉，光从四年级到六年级三年作文练习的草稿，就装满了一抽屉，每一篇都改过不止一遍。小学毕业准备考中学，他把所有要背的准确答案都录在录音机里，每天晚上躺在床上时把录音机打开，一遍又一遍地听，哪怕是睡觉前那一点儿时间也绝不浪费。而光他抄写别人文章的本子、记笔记的本子，不知道有多少，虽然许多本子都只记了半本就扔下换了新本子。

6. 小铁读中学时非常迷恋NBA，哪怕考试再忙，只要播NBA的比赛，他是必看不误，你怎么说，他也雷打不动。为此，我和他发生过冲突。你想想，都快要考试了，他还在整晚整晚地看电视，做家长的心里能不慌？做家长的都希望孩子是个听话的小羊羔儿，到了晚上都要赶进圈里去学习，不要受外面的种种诱惑，外面净是大灰狼。

7. 我发现我变得爱唠叨了，也许好不容易看到孩子回家一趟，总想和他多说说话，便缺少节制。而他变得懂事了许多，从来没有不耐烦过，总是放下手中的书本，听我没完没了地说。听我说完之后，他会对他妈妈开句玩笑："妈，你看我爸又耽误了我的时间，我得晚睡几个小时了。"又一次，他让我帮他买盏应急灯。说晚上过11点，宿舍就熄灯了。我劝他少熬夜。他说同学都这样，每个人的床上都有一盏应急灯。应急灯要是妨碍同学了，他会骑上车跑出校园，到学校旁边的24小时永和豆浆店，买点儿吃的，就开始温书，一坐就是一个通宵或半夜。

8. 在智力方面，孩子之间的差别不是很大，关键在于每个人付出的努力不一样，结果就会不一样。要知道，聪敏只是一张漂亮的糖纸，外表可能闪闪发光挺好看，但包裹在里面的东西才是最重要的，这重要的东西就是刻苦。其含义是别人说聪敏，只是表面的东西，并不重要；只有里面的糖果才是甜的，同样，只有刻苦努力才是取得成功的关键。

9. 英语六级，得了89.5分。这个成绩是他们系里的第一。他的英语四级考试也是全系第一，得了92分。大四的那一年，他考了托福和GRE，成绩分别是647分和2390分，考得都不错。如今在美国读书。
10. 小纸条是全文的线索，反复出现小纸条，使全文显得内容连贯主题集中。反复出现的小纸条，强化了读者印象，突出了小铁刻苦努力的特点。

辨析练习

1. 急忙　2. 忙碌　3. 忙碌　4. 匆忙　5. 急忙　6. 崇拜　7. 佩服
8. 信服　9. 崇拜　10. 偶尔　11. 偶然　12. 有时　13. 偶然　14. 有时
15. 繁忙

语法练习

（二）1. 正确，姥姥的话中，包括听话人"我"。
　　 2. 正确，希望跟听话人一起玩儿。
　　 3. 不正确，"咱们班"的楼在听话人的楼的对门，不包括听话人，应改成"我们"。

（三）1. dé，得到。
　　 2. de，用在动词或形容词后面，连接表示结果或程度的补语。
　　 3. de，用在动词或形容词后面，连接表示结果或程度的补语。
　　 4. děi，必须。
　　 5. dé，得到。
　　 6. děi，必须。

字词扩展练习

忽然　突然　依然　果然　天然　自然　了然　木然
如果　如此　如何　如今　如实　如同　比如　假如　例如　犹如

阅读扩展及泛读练习

副课文

1. 收一个易拉罐，才赚几分钱。如果将它融化了，作为金属材料卖，是否可以多赚几分钱？
2. 为了了解得到的金属是一种什么样的金属。
3. 卖融化后的金属比直接卖易拉罐多赚六七倍的钱。
4. 把回收价格从每个几分钱提高到每个一角四分，又将回收价格和收购地点印在卡片上，向拾破烂的人散发。

5. 因为一年内，加工厂用易拉罐炼出了240吨金属，三年内赚了270万元。
6. 能够想到不仅是拾，还要改造拾来的东西。改造之后能够送到研究所去化验，就更是具有了专业眼光。少有穷人心态，敢想敢做，而且有一套巧妙的办法。

第5课　　四合院——中国式盒子

课文练习

1. 北京现存的四合院，多是明清两代的遗物，住在四合院里，就是住在一种历史感里，等于守护着祖宗的遗产。而且现代社会，住高楼容易，住四合院难，也许若干年以后，人们想住四合院都住不到呢。
2. 北京人理想的住家是独门独院。四世同堂，在一座天圆地方的全封闭式四合院里其乐融融——这是旧时代北京人对生活的最高理想。据说只有在那样的境界里，才知道什么叫天伦之乐，以及什么叫大隐隐于市。
3. 四合院是一个可以无穷复制、放大的中国式盒子。北京许多遗留的王府、衙署以及故宫基本上都属于四合院的结构，推而广之，清朝的整个北京城，乃至那个时代的中国，奉行闭关锁国政策，就像是一座全封闭式的超级四合院。所以说，四合院是一种建筑，更是一种心理。
4. 四合院一直是北京民居的代表建筑，北京现存的四合院，多是明清两代的遗物，四合院见证着历史。同时，在一座天圆地方的全封闭式四合院里其乐融融——这是旧时代北京人对生活的最高理想，四合院是一个可以无穷复制、放大的中国式盒子，是旧中国的影子，有一种颓废而令人心痛的美，能使你清醒地看见它的过去——过去的北京人在围墙里生活的情景。(此题学生可自由发挥)

辨析练习

1. 一律　2. 全　3. 一切　4. 全　5. 一律　6. 经历　7. 经历　8. 经受
9. 经历　10. 经受　11. 理解　12. 了解　13. 了解　14. 理解　15. 了解
16. 感受　感觉　17. 感觉　18. 感受

语法练习

(一) 1. (×) 你是什么时候来上海的？
　　 2. (×) 玛丽不是从美国来的，是从法国来的。
　　 3. (×) 走路的人渴了，摘一个西瓜吃，我们这里是不算偷的。

304

4.（×）这不是你的书，你不能拿。

5.（×）这张桌子太大了，我一个人搬不进教室去。

6.（×）他找了几次小王才找到他。

（二）1. 天气不好，今天的郊游去不了了。

2. 现在电视机家家都买得起，不会觉得很贵。

3. 路很滑，我虽然拉了闸，可汽车停不下来。

4. 弟弟学习成绩非常好，我觉得他一定考得上大学。

5. 这件衣服太脏了，已经洗不干净了。

（三）1. 一律　2. 百读不厌　3. 荒凉　4. 刻意
　　 5. 大多　6. 天伦之乐　7. 不起眼儿　8. 幸运

（四）1. 说起书法，就不得不提到他。

2. 公司不仅看重你的学习成绩，更看重你的人品和能力。

3. 趁你们还年轻，抓紧时间努力吧。

4. 即使明天下暴雨，他也一定会去火车站接他最好的朋友。

5. 随着年龄的增长，皮肤开始出现越来越多的问题。

字词扩展练习

餐厅	歌厅	舞厅	台球厅	游戏厅	
耳房	厢房	门房	客房	厨房	洗衣房
学院	医院	电影院	法院	检察院	
餐具	厨具	茶具	工具	玩具	
有道理	有益	有趣	有意思		
丝质	棉质	纸质	玻璃质		
西式	美式	法式	中式	新式	旧式	开放式

阅读扩展及泛读练习

副课文

1.（×）2.（√）3.（√）4.（×）5.（√）6.（×）

第6课　　喝得很慢的土豆汤

课文练习

1. 因为文章中不管是作者一家还是小姑娘和她的父亲，喝土豆汤时都喝得很慢。这其中包含着深深的亲情，土豆汤喝得越慢，说明亲情越浓。

2. 这篇文章可以分成两大部分。
　　1—22段：讲了作者和妻子去儿子常去的饭馆儿吃饭，但记不清和儿子告别时喝的是哪种土豆汤，而服务员却清楚地记得。作者一家很奇怪。
　　23—32段：讲了作者又一次去那个饭馆儿吃饭，明白了为什么小姑娘记得清他们喝的是哪种土豆汤。

3. (1) 可能小姑娘很腼腆，不太爱和陌生人说话，如本文最后说"上次她像个扎嘴的葫芦"。(2) 如果她一开始就说明白了，就没有悬念了，这样可以吸引读者往下看。

4. 作者明白了为什么小姑娘如此清楚地记得他们要的是什么土豆汤。当作者看到小姑娘和她的父亲要的也是鸡块炖土豆汤时，他明白了。

5. 当小姑娘看到作者一家其乐融融的情景时，想起了自己的父母。她也是独自一人在外，此情此景，令她感慨万千，要是自己的父母在这儿多好呀！　所以她能深深地记住。

辨析练习

1. 居然　 2. 居然　 3. 居然　 4. 突然　 5. 突然　 6. 浓厚/浓郁　 7. 浓郁
8. 浓厚　 9. 浓郁／浓厚　 10. 浓郁／浓厚　 11. 特意　 12. 故意
13. 特意　 14. 故意　 15. 情景　 16. 情况　 17. 情景　 18. 情况　 19. 关于
20. 关于　 21. 对于　 22. 对于　 23. 办法　 24. 方法　 25. 法子

语法练习

(一) 1. (1) A　 (2) F　 (3) D　 (4) E　 (5) B　 (6) C　 (7) G　 (8) H
　　 2. (1) C　 (2) B　 (3) A　 (4) A

(二) 1. 这儿的啤酒冻得比冰块还凉。
　　 2. 没有比她更聪明的人了。
　　 3. 他答应我临上飞机时给我打电话。
　　 4. 不用说，他这次考试成绩一定不太好。
　　 5. 不知道为什么，她一个劲儿地哭，就是不说话。

(三) 1. 成功的基础是奋斗，奋斗的收获是成功，/所以，天下只有不知
　　　　　　　　　　　　　　　　　　　　　　因果关系

306

艰苦而奋斗的人，//才能走上成功的高峰。
　　　　　　　　条件关系

2. 我赞美白杨树，/就因为它不但象征了北方的农民，//尤其象征了
　　　　　　　因果关系　　　　　　　　　　　　递进关系
　　我们民族解放斗争中所不可缺少的朴实、坚强、力求上进的精神。

3. 北京是美丽的，/我知道，因为我不但是北京人，//而且到过欧美，
　　　　　　　　因果关系　　　　　　　　　　　递进关系
　　见过许多西方的名城。

字词扩展练习

热乎乎　　　肉乎乎　　　黑乎乎　　　软乎乎
边唱边跳　　边吃边说　　边看边写　　边写边读
天大地大　　天长地久　　天崩地裂　　天圆地方
没皮没脸　　没大没小　　没深没浅　　没边没沿
断然拒绝　　忽然到来　　居然赞成
猛然醒来　　当然反对　　必然成功　　果然很好
竟然成功了　仍然有效　（副词）
天然水库　　自然风光　（名词）
表情(很)自然　事情突然　（形容词）

阅读扩展及泛读练习

副课文

1. (√)　2. (×)　3. (×)　4. (×)　5. (√)

第7课　　老鼠：未来的地球霸主

课文练习

1. 许多动物是很通人性的。老鼠的智商既然远远比这些动物高，加上它们又经常在人的家庭中出现，那它们听得懂人的语言就没什么奇怪的了。
2. 能够感知某些食物的性质。它们似乎知道自然界中许多有毒物质的味道一般都是比较苦的这样一条规律。
3. 它们如果发现了有什么不对劲儿的食物，不但马上停止吞食，而且还会在这种食物上或旁边留下表示这种食物有危险的特殊信息，不让其他老鼠接近。
4. 在原子弹爆炸的废墟上最早出现的动物是老鼠，如1954年，美国在位于太平洋的比基尼岛试爆了世界第一颗氢弹以后，岛上受到严重的核污染，海面下的珊瑚礁也遭到了彻底毁灭，整个海岛一片死寂，寸草不生，动物似乎都绝迹了。但是过了一些年之后，老鼠又在这个岛上出现了，它们体内的基因发生了变异，体形变得更加强壮和巨大，适应力和繁殖能力也更强了。
5. 智力；适应各种恶劣的环境；对事物的适应能力强；免疫力也特别强；繁殖能力也极为惊人；"修炼"出其他本领。

辨析练习

1. 猛烈　　2. 强烈　　3. 竟然　　4. 强烈　　5. 竟然　　6. 果然　　7. 果然

语法练习

(三) 1. 不得不　　2. 不得　　3. 不得不　　4. 不得

字词扩展练习

发起　　唤起　　想起　　掀起　　引起
起航　　起飞　　起风　　起火　　起来
繁殖力　　想象力　　战斗力　　作用力　　创造力
高兴不已　　兴奋不已　　激动不已　　悲痛不已
衣物　　宝物　　财物　　动物　　植物　　读物　　废物　　谷物
咄咄逼人　　后发制人　　盛气凌人　　治病救人

阅读扩展及泛读练习

副课文

1. 以短视的眼光来看,这似乎正是生活质量提高、国泰民安的一种象征,然而从生态学的角度和可持续发展的长远眼光来看,这对人口超过13亿的中国来说,可以说是一场灭顶之灾,尽管我们非常自豪地宣称中国只用了不到全球7%的土地养活了占全球22%的人口,但是这种成就的相当部分是靠压榨资源和牺牲环境利益来换取的。

2. 研究表明,一磅肉类蛋白质是同等重量的植物蛋白质价格的十几倍,而肉类蛋白质很不容易被人体所吸收,我们吃下去的肉,其中只有少部分的蛋白质被吸收,其余大部分都被排泄出去了。

3. 比如一块田用以养牛吃肉,只能生产1磅蛋白质;若同样面积的土地用于种植黄豆,将可以生产16磅多的高质量植物蛋白质。换言之,我们吃肉要比食豆类需要的土地多出16倍以上。而且,饲养动物还极其浪费水源,据计算,饲养动物所用的水是种植蔬菜谷类所用的8倍。

4. 是因为地球实在满足不了人们无底洞似的贪欲,更喂不饱"饕餮"们那穷奢极欲的胃。

第8课 筷子的传说

课文练习

2. 三个传说都不太可信。因为它们都是传说,没有科学根据。但是它们与实际情况有千丝万缕的联系,如从《姜子牙与筷子》可以知道商代南方以竹为筷的事实。三个传说都说明了筷子起源的原因,因为熟食烫手。

3. 姜子牙是周朝的开国功臣,一生充满传奇色彩。他到了八十岁,才被周文王重用。文王死后,帮助周武王打败商朝,功劳很大。姜子牙原来是生活在农村中,他虽然很有才学,可是都没有发挥的机会。据说他曾卖过肉,卖过饭。最后,他隐居渭水旁边,以钓鱼为生,但他是直钩钓鱼,这时据说他已经是八十岁了。文王想推翻商朝,但他的臣子中还缺少一个极有才干,能文能武的人,所以他常留心人才。有一次,他要出去打猎,太史替他算卦,说:"到渭水边去打猎,将会有很大的收获;得到的不是龙,不是老虎不是熊,得到的是一个贤人,是上天给你的好帮手。"文王就到渭水边去打猎,看到一个头发很白的老人在钓鱼,这人就是姜子牙。文王和他交谈,马上发现他的不凡,知道他就是自己要找的大贤人。

于是诚恳地邀请他。回去后，就拜姜子牙为国师，把许多国家大事交给他主管。所以姜子牙"直钩钓鱼"不是在钓鱼，而是在钓人。

4. 纣王的名字叫辛，所以又叫帝辛，是商朝的最后一个王，是一个暴君。他非常骄傲，目中无人，谁都瞧不起；生活非常奢侈；喜欢喝酒，宠爱女人。妲己也并非像文中所说的那么贤惠。她是纣王最喜欢的妃子，长得很好看。为了讨妲己高兴，纣王不惜动用成千上万的老百姓，花了七年的时间，修造了一座鹿台。天天和妲己在宫中作乐，拿酒来做池塘，把肉悬挂在树上。纣王的性格非常残酷暴虐，仅仅为了一时的不高兴，或者一时的高兴，他就可以任意杀人。纣王怕人民说他的坏话，设计了许多残酷的刑罚，来惩罚那些批评他的人民和劝告他的大臣。最后，弄得家破国亡。

5. 尧舜时代，洪水泛滥成灾，舜命禹去治理水患。禹用开渠排水、疏通河道的办法，把洪水引到大海中去。他和老百姓一起劳动，拿着锹子，带头挖土、挑土，累得磨光了小腿上的毛。经过十三年的努力，终于把洪水引到大海里去，地面上又可以供人种庄稼了。禹新婚不久，为了治水，到处奔波，多次经过自己的家门，都没有进去。有一次，他妻子涂山氏生下了儿子启，婴儿正在哇哇地哭，禹在门外经过，听见哭声，也狠下心没进去探望。后代的人都称颂禹治水的功绩，尊称他是大禹。舜年老以后，也像尧一样，物色继承人。因为禹治水有功，大家都推选禹，禹就继任了部落联盟首领。

辨析练习

1. 声誉　　2. 名望，名气　　3. 名声　　4. 声誉　　5. 名气
6. 名声　　7. 名望／声誉　　8. 名誉　　9. 拒绝　　10. 拒绝
11. 谢绝　　12. 谢绝　　13. 指示　　14. 指示　　15. 指指点点
16. 指示　　17. 指点　　18. 难　　19. 难以／难于　　20. 难于
21. 难　　22. 难以／难于　　23. 难于　　24. 以免　　25. 免得／以免

语法练习

（一）1. 股　　2. 个　　3. 餐／顿　　4. 栋／幢　　5. 次／回
　　　6. 枚／块　　7. 簇／朵／束　　8. 具　　9. 重，重

（二）1. 中国以实现四个现代化为目标。
　　　2. 凡是帮助过我的人，我都不会忘记他们。
　　　3. 不管你怎么讲，总而言之我是不会同意的。
　　　4. 别说这么简单的问题，就是再复杂的问题他也能回答上来。
　　　5. 他一见书就像没命似的，所以大家都知道他最喜爱的莫过于书了。

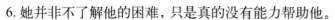

6. 她并非不了解他的困难，只是真的没有能力帮助他。
7. 我擅长多项体育活动，跑步、打球、武术，特别是打球。

（三）以肥为美　　以黄色为主
　　　无法理解　　无法接受
　　　难以接受　　难以理解
　　　免得挨骂　　免得麻烦
　　　无不激动　　无不高兴
　　　具有实用价值　具有伟大的意义

字词扩展练习

反感　　反思　　反常
非正式　非典型　非官方
无神论　唯物论　相对论
音乐迷　影迷　　棋迷
体坛　　歌坛　　乐坛
打工族　工薪族　上班族

阅读扩展及泛读练习

副课文

1. (✓)　2. (×)　3. (×)　4. (×)　5. (✓)

第9课　　父子之战

课文练习

1. 作者先后对儿子大声喊叫、把他关进卫生间、把他关在门外等，最后不得不动手揍他。而他的儿子对付的方法分别是装作若无其事、在卫生间里唱歌、安安静静地坐在楼梯上或飞快地跑回屋内、像小无赖一样说等着父亲揍他。
2. 因为父亲是他的亲人，即便他伤天害理，父亲也不会置他于死地。
3. 因为父亲的怒气由于对他身体的关心一下子转移了方向，使他忘记了作者刚才的过错和他正在进行中的惩罚。
4. 因为作者本来是装病骗父亲，结果却使自己动了手术，割掉了阑尾。

辨析练习

1. 对付　2. 卖力　3. 努力　4. 摆脱　5. 对付　6. 应付　7. 卖力
8. 努力　9. 逃脱　10. 应付　11. 逃脱　12. 摆脱

语法练习

(二) 1. 感动　2. 描写　3. 忘记　4. 赞同
　　 5. 重视　6. 理解　7. 喜爱　8. 担任

字词扩展练习

认识	见识	常识	胆识	共识	结识	赏识	学识
细小	窄小	短小	渺小	瘦小	幼小		
冗长	狭长	修长	细长				
安定	稳定	固定	恒定	镇定	约定		
保证	保护	保卫	保守	保养	保持		
高声	大声	低声	小声	轻声	细声		

阅读扩展及泛读练习

副课文

1. (✓)　2. (×)　3. (×)　4. (✓)　5. (×)

第10课　31.8%的房贷一族已成"房奴"

课文练习

1. 因为买房后每月收入的很大一部分得用来支付银行的按揭贷款，使得生活质量大为降低，精神压力大为增加：他们不敢轻易换工作，不敢娱乐、旅游，害怕银行涨息，担心生病、失业，没有时间好好儿享受生活。

2. 买房前生活得很自由轻松：常常组织朋友们聚餐，每周必去泡吧和健身；买房后这些活动都被取消。

3. 有钱的单身男子。

4. "按揭"一词是英文"mortgage"的粤语音译，即"抵押贷款"，指以房地产等实物资产或有价证券、契约等做抵押，获得银行贷款并依合同分期付清本息，贷款还清后银行归还抵押物。

5. 美国人早就习惯了"用明天的钱圆今天的梦"，通过银行按揭改善生活水平这一种消费方式，而千百年来在中国人的观念中以"寅吃卯粮"为耻，崇尚的是量入为出，即根据自己的收入情况来消费。

辨析练习

（一）1. 调查　　2. 调查／推广　　3. 考察、考察　　4. 调查　　5. 考察
　　　6. 调查　　7. 考察　　8. 通行　　9. 流行　　10. 通行
　　　11. 通行　　12. 流行　　13. 流行　　14. 通行　　15. 流行
　　　16. 推广　　17. 推广　　18. 推行　　19. 推广　　20. 推行

（二）21. 公布　　22. 公布　　23. 发布　　24. 宣布／公布　　25. 宣布
　　　26. 发布　　27. 宣布　　28. 解释　　29. 说明　　30. 解释
　　　31. 说明　　32. 渴望　　33. 希望　　34. 指望　　35. 希望
　　　36. 渴望　　37. 指望　　38. 盼望　　39. 盼望　　40. 指望

语法练习

（一）(1) 有车族　　(2) 租房族　　(3) 退休族　　(4) 打工族
　　　(5) 一拥而出　　(6) 挺身而出　　(7) 拍案而起　　(8) 俯冲而下
　　　(9) 无一幸免　　(10) 无一例外　　(11) 无一成功　　(12) 无一差错
　　　(13) 广为流行　　(14) 广为传看　　(15) 大为提升、大为减少
　　　(16) 更为辛苦　　(17) 甚为大胆　　(18) 颇为满意　　(19) 深为忧虑

（二）(1) 很多人往往因一时感情冲动而离婚，感情并非完全破裂。
　　　(2) 经典的东西永远不会随着时间的流逝而被人遗弃。
　　　(3) 伴随着资源定价制度的改革，市场将会形成由于"煤、电、油、水"价格上涨而推动的价格上行压力。
　　　(4) 这个公司一直以生产精致、美观的电子工艺礼品而著称。

字词扩展练习

打工族　　　　开车族　　　　电脑族　　　　新婚族
广为传唱　　　广为认可　　　大为减少　　　深为感动
极为出色　　　极为重要　　　甚为难得　　　颇为无奈
直冲而下　　　绕道而行　　　应声而起　　　并肩而立

阅读扩展及泛读练习

副课文

1. 买大房子花钱必然更多,说明罗鹏做出买大房子的决定内心很矛盾,他是经过一番认真思索后做出的决定。
2. 因为朝南的房子可以照到更多阳光,而且光线更好,特别是在北方,冬天很冷,所以朝南的住房比朝北的贵。
3. 因为他按揭买房的时候已经欠下了很多的钱,一时还没有筹到装修的钱。
4. 老家人在农村,对于城市住房改革、按揭买房不太了解,由于城乡差别,在他们的观念中,月入1万是一个非常大的数目。
5. 以前可以较为随意地消费,不用计算手中的钱,比如出行打车、吃哈根达斯、节假日旅游等等。而买房以后怕失业,不敢跳槽,骑车上班,连看一场电影都不舍得了。

第11课　　从"慢餐运动"到"慢生活"

课文练习

1. 因为他们开始重视身体和精神健康。
2. 开展"国际慢餐运动",成立"慢城市"和"慢学校","慢"的理念已经渗入到欧美社会的各个角落。
3. 因为慢能从几个方面改善人们的健康:首先是心理的健康;其次是生理的健康;其三,"慢"能让身体的运转更正常。
4. "慢生活"不是支持懒惰,放慢速度不是拖延时间,而是让人们在生活中找到平衡。
5. 不能。西方国家已经发展到了一定的程度,而中国还处于发展阶段,所以他们的"慢"中国还没法照搬。但是,中国可以学习他们不走极端的生活理念和让心"慢"下来的生活意识。

辨析练习

1. 忙碌　2. 忙乱　3. 忙碌　4. 忙碌　5. 忙乱　6. 珍视
7. 珍惜　8. 珍惜　9. 珍重　10. 珍惜　11. 珍重、珍重　12. 珍视、珍视
13. 倡导　14. 劝导　15. 倡导　16. 劝导　17. 劝导　18. 倡导

语法练习

（一）1. 转折　2. 目的　3. 顺承　4. 并列　5. 方式　6. 并列　7. 原因

（二）1. 如果、就　2. 即使、也　3. 的话、就
　　　4. 一旦、就　5. 即使、也　6. 如果、就

字词扩展练习

提起	想起	拿起	抬起
前期	后期	假期	过渡期
进入	塞入	加入	流入
发源于	献身于	有益于	敢于
最好	最后	最难	最近

阅读扩展及泛读练习

副课文

1.（×）　2.（√）　3.（×）　4.（×）　5.（×）

第12课　高登义：从"征服"珠峰到保护珠峰

课文练习

1. 因为登山大本营海拔就5000多米，加上珠峰的周围有许多座8000米以上的山峰，相比之下，珠峰就显得"不高大"了。
2. 因为1988—1989年南极科考的历险使他认识到：人类不能征服自然，只能顺应自然，与自然和谐共处。
3. 因为珠峰位于北纬28度，既处在西风带内，又属于赤道与南、北极的经圈环流交换之中，东西南北的气流夹带的任何元素，都可能飘落在地球最高峰。
4. 全球环境变化，登山、旅游活动。
5. 人与自然、人与人都应该和谐相处。

辨析练习

1. 赞助　2. 热情　3. 限制　4. 激情　5. 资助　6. 局限
7. 热情　8. 限制　9. 激情　10. 局限　11. 赞助　12. 资助
13. 局限　14. 热情　15. 限制　16. 资助　17. 激情　18. 赞助

语法练习

（一）1. 他犯了罪，就是躲到天涯海角也难逃法网。
2. 就是拿整个世界来换这对双胞胎，我们也不愿意换。
3. 就是在人人参加医疗保险的今天，这条法律仍然有效。
4. 就是最好的作家也不一定能创造出比它更好的结构。
5. 就是叔叔姑姑们长大了，仍然是不能进这书房的。
6. 就是在世界电影史上，这也是绝无仅有的。
7. 就是专业人员翻译这本书也很吃力。
8. 妈妈就是再生孩子，也只会生弟弟、妹妹。
9. 就是没有棋盘、棋子儿，我在心里也能下棋。

（二）1. 进行飞行表演　2. 买回一台电器　3. 好看　4. 服务态度　5. 吃肉
6. 救灾物品　7. 诊治　8. 集体　9. 因为

（三）1. 种种　2. 样　3. 样／种　4. 种　5. 种
6. 样　7. 种种　8. 样　9. 种　10. 样
11. 样／种　12. 种　13. 样　14. 样　15. 种
16. 样样　17. 种　18. 样　19. 种　20. 种

字词扩展练习

第一回　第一趟　第一遍　第一下儿　第一遭
中文系　哲学系　化学系　计算机系　钢琴系　历史系
年产值　总产值　附加值　增加值　出口值　正常值
售票员　售货员　研究员　邮递员　职员　教员　学员
医疗队　服务队　演出队　表演队　国家队　体操队　秧歌队
乐队　军队　球队

阅读扩展及泛读练习

副课文

1.（×）　2.（√）　3.（√）　4.（×）　5.（√）

现代汉语修辞常识参考答案

思考和练习1

1.答:"修辞"这个词有三种含义。

(1)指"修辞活动",即为了达到理想的表达效果而选择恰当的语言表达方式。

(2)指"修辞规律",即在修辞活动中人们有效地运用语言的规律。

(3)指"修辞学",即人们对客观存在着的修辞规律的认识和描述。

上面三个例句中,(1)中的"修辞"指的是"修辞规律";(2)中的"修辞"指的是"修辞活动";(3)中的"修辞"指的是"修辞学"。

2.答:认为"修辞就是咬文嚼字"的看法不妥当。"咬文嚼字"一般用来指"过分地考虑、斟酌字句"的情况。把"修辞"看作"咬文嚼字",实质是把修辞看作单纯的文字技巧,贬低、缩小了修辞的功用。从锤炼词语的角度咬文嚼字,只是修辞的部分功用。除此之外,修辞还要研究句子的调整、辞格的运用以及语言风格与同义手段选用的关系等等,单单在文字上考虑是不够的。

认为"修辞就是雕琢词句、卖弄文字技巧"的说法也不妥当。首先,修辞是对语言各部分的综合运用,涉及语音、词汇、语法等各个方面,虽然选用同义手段提高表达方式离不开"雕琢词句",但是"雕琢词句"不能全面概括修辞的内容。而且,选择什么样的表达方式,达到什么样的表达效果,不仅仅是语言表达形式的雕琢问题,思想内容的锤炼更为重要。内容决定形式,形式为内容服务。要写什么决定了怎么写。所以,不能把修辞看作单纯地追求文学技巧的问题,更不是"卖弄"。

思考和练习2

1.答:比喻和比拟都是两事物相比,但比喻重在喻,即以乙事物喻甲事物,甲乙两事物一主一从;例如:"我知道,这泪雨中的每一滴,都不是普通的眼泪。一颗,一颗,都是万金难买的友谊的珍珠!"这句话中运用了比喻的修辞方法,用"珍珠"来比喻"眼泪","珍珠"是从,"眼泪"是主,以此来说明"眼泪"的珍贵。

比拟重在拟,将甲事物当做乙事物来描写,甲乙两事物彼此交融,浑然一体。例如:"雨后,空中的烟尘也不再得意地飞舞。"这句话中运用了比拟的修辞方法,直接把无生命的"烟尘"当做有生命的人来写。

2.答:借代和借喻既有相同的一面又有不同之处。它们都是本体事物不出现,借另一事物代替本体。就是说,在"借"这一点上它们是相同的。

借代和借喻之间的不同主要表现在以下三个方面:

(1)借代与借喻的客观基础不同。借代是借同本体有密切关系的事物代本体,构成借代的基础是事物之间的相关性。借喻是比喻的一种,要求本体和喻体是两种本质不同但又有相似之处的事物,构成借喻的客观基础是事物之间的相似性。

(2)借代与借喻的变换格式不同。借喻中,虽然本体不出现,但还是可以变换为明喻。例如:"一架架银鹰在天空中飞翔。"可以变换成"一架架飞机像银鹰一样在天空中飞翔。"借代是通过借体对本体"换一种说法"、"换一个名字",借代不能变换成明喻。例如:"一群红领巾走了过来",不能变换成"一群少先队员像红领巾一样走了过来"。

(3) 借代和借喻虽然都有形象化作用,但各有侧重。借代重在揭示特征,借喻重在描绘意境。例如:"红领巾"是"少先队员"外部的鲜明特征,引人注目;"银鹰"则让人联想到在天空中矫健的自由翱翔的雄鹰。

3. 答:夸张要以客观实际为基础,否则不能给人真实感;但又要明显地超出客观实际,要故意地言过其实,对客观事物做扩大、缩小或超前的描述。夸张要明确、显豁,不能既像夸张,又像真实。

4. (1) 拟人　(2) 夸张　(3) 借代　(4) 对比　(5) 双关
　(6) 拟人　(7) 比喻　(8) 反语　(9) 仿拟　(10) 映衬
　(11) 借代　(12) 婉曲　(13) 双关　(14) 比喻　(15) 映衬
　(16) 夸张　(17) 仿拟　(18) 对比

思考和练习3

1. 答:第一句是对偶句,形式整齐,音韵和谐,有鲜明的节奏感,具有书面语风格,便于记诵,常用于特殊语境。第二句是一般的陈述句,是散句的形式,有口语的风格,语言简单易懂,常用于一般语境。

2. 答:(1) 书山有路勤为径,学海无涯苦作舟。
　　(2) 我们结婚四十年,我有许多事情对不起她,可以说她没有一件事情对不起我的。

例(1) 是对偶,例(2) 是对比。对偶主要是从结构形式上说的,在形式上有明显的"对称"特征,要求结构相称字数相等。对比是从意义上说的,要求意义相反或相对,而不管结构形式如何。对偶里的反对就意义来说是对比,就形式来说是对偶。但对比并不一定都是对偶。

3. 答:(1) 盼望着,盼望着,海底隧道终于建成了。
　　(2) 我们现在努力学习是为了建设祖国,我们现在努力学习是为了以后给祖国的建设贡献自己的力量,我们现在努力学习是为了今后能为建设祖国更好地工作。

例(1) 是反复。为了突出语义,增强感情,特意反复使用了"盼望着",这是一种常用的积极的修辞手段,效果突出,表现了人们对海底隧道的深深的盼望之情。例(2) 是重复。字面上有重复,语义也有重复。这是一种语病,使人感到内容空虚,语言乏味,根本没有什么修辞效果,应该尽量避免这种情况。

4. 答:(1) 嗯,这是我们江南的一个大村子,大龙溪很美,村子靠着山,山脚有个大龙潭,龙潭的水流到村前成了小溪,溪水碧清碧清的。
　　(2) 真可谓是诗中有画,画中有诗。

例(1)是顶真,它反映事物之间的关系,从甲到乙,从乙到丙,又从丙到丁,一环扣一环,是上递下接的关系。例(2)是回环。它是在词语基本相同的情况下,用颠倒语序的手段,巧妙地调遣它们,从甲到乙,又从乙回到甲,是回环往复的关系。

5. (1) 顶真　　(2) 对偶,比拟　(3) 排比,比拟　(4) 反复　　(5) 引用
　　(6) 回环　　(7) 排比　　(8) 对偶,对比　(9) 排比,引用
　　(10) 比喻,对偶　(11) 引用　　(12) 顶真　　(13) 对偶
　　(14) 反复　(15) 引用,对偶,顶真

生词索引

生词	课文编号	生词	课文编号	生词	课文编号
爱慕	3	不符	8	憧憬	12
爱惜	1	不寒而栗	2	崇拜	8
安眠	3	不慌不忙	7	崇尚	11
肮脏	7	不假思索	9	抽打	11
熬夜	4	不起眼儿	5	抽屉	4
霸主	7	部位	7	筹码	9
百读不厌	5	才智	7	厨师	8
百思不解	6	餐	8	储蓄	10
摆酒设宴	8	残破	5	触	6
搬家	4	沧桑	5	传递	7
伴	3	草稿	4	传送	12
伴奏	3	叉	8	纯朴	8
拌	8	缠绵	3	辞旧迎新	1
绑	9	产	7	此后	12
包裹	4	铲除	1	次数	9
曝光	5	偿还	10	从小	3
迸射	2	倡导	11	聪敏	4
比喻	5	倡议	12	促成	8
比重	10	巢	7	摧残	1
闭关锁国	5	潮流	11	脆	8
鞭子	11	沉醉	12	寸草不生	7
贬义	1	陈旧	1	打搅	6
变本加厉	9	陈设	5	贷	10
别具	1	陈述	9	贷款	10
病毒	7	称许	12	担忧	10
拨打	10	呈	2	荡然无存	2
搏斗	8	承受	10	嘀咕	6
不对劲儿	7	惩罚	9	点滴	8

320

生词索引

生词	课文编号	生词	课文编号	生词	课文编号
掉换	8	福气	5	好多	4
动脉	11	腐败	10	好恶	7
洞察秋毫	9	付出	4	呵护	5
毒性	7	负面	11	何	12
短暂	9	附属	5	核心	11
断断续续	2	富于	8	横七竖八	7
对策	7	改动	1	呼啸	2
对照	10	改建	5	呼吁	11
炖	6	甘心	4	花团锦簇	2
噩梦	11	感	5	划分	5
而已	9	感叹	5	怀旧	5
发病	11	杠杆	11	欢快	3
发布	10	高不可攀	12	欢欣	6
发愁	10	高考	4	患	7
发起	12	高手	3	荒凉	5
发誓	8	割舍	1	恢弘	2
发源地	8	歌手	3	回旋	3
发作	9	格局	5	毁灭	7
翻版	5	更新	1	会心	3
繁复	5	孤零零	5	会员	11
繁忙	11	古往今来	3	婚俗	3
反常	11	骨	7	叽叽喳喳	7
反思	12	观	3	机制	11
泛滥成灾	8	光顾	3	积淀	1
仿古	5	光泽	1	积蓄	10
放置	7	过时	1	基因	7
丰厚	1	憨厚	6	激荡	2
风情	1	鼾声	2	激情	12
风味	6	行家	7	即便	10
奉行	5	航班	2	急中生智	8
福	5	号啕大哭	9	集资	7

321

生词	课文编号	生词	课文编号	生词	课文编号
记性	6	觉醒	1	立体	2
记忆犹新	12	开裂	1	例外	8
伎俩	9	开头	1	连连	9
季度	10	康复	9	联想	5
寂静	2	考证	8	脸盆儿	4
佳肴	8	可口	8	两极	7
家长	4	刻意	5	两手空空	8
假装	8	啃食	7	聊天	4
价廉物美	8	空荡荡	6	撩	6
简洁	5	恐惧	7	了事	1
健忘	11	口味	6	临别	12
鉴别	1	枯燥	4	临终	10
焦虑	11	酷寒	7	领略	7
搅拌	6	夸奖	4	领悟	2
节奏	11	夸耀	5	流淌	6
杰作	2	宽容	11	留心	5
结识	1	扩张	5	缕	3
结尾	1	来年	11	绿油油	3
截至	10	懒惰	11	落差	2
借鉴	7	浪潮	11	麻醉	9
金额	10	劳逸结合	11	卖力	9
惊恐	9	牢靠	4	满怀	12
精巧	7	唠叨	4	慢腾腾	11
敬重	1	老家	6	忙碌	4
境界	5	老鼠	7	茂密	3
久而久之	8	雷打不动	4	没完没了	4
就绪	9	雷霆万钧	2	美感	5
居	7	理睬	9	蒙混过关	9
局限	12	理念	11	猛	2
聚会	6	历代	8	弥漫	2
绝迹	7	历来	10	谜	6

生词	课文编号	生词	课文编号	生词	课文编号
免疫	11	品尝	9	清香	6
描绘	12	平淡无奇	2	情歌	3
渺小	2	平稳	2	庆幸	4
灭绝	7	凭吊	5	曲线	12
敏感	12	迫不及待	2	取代	2
名称	4	迫使	7	全然	1
名誉	8	破旧	1	全新	1
摸索	8	破损	1	群体	10
磨损	5	剖析	5	人品	1
默默	4	扑朔迷离	2	人手	6
目瞪口呆	2	瀑布	2	如故	4
内涵	1	曝光	5	若无其事	9
内心	2	期望	1	弱小	7
乃至	5	其乐融融	5	散发	2
难忘	6	气流	12	闪闪	4
难以置信	9	气势	2	闪耀	2
宁静	12	气息	2	善	7
浓郁	6	器	8	伤天害理	9
弄巧成拙	9	器具	8	上空	3
怒气冲冲	9	千变万化	11	设置	11
扒	8	签署	11	社交	3
盘问	3	潜意识	1	伸手	8
(胖)乎乎	6	黔驴技穷	9	身影	7
蹒跚	10	强硬	8	深思	1
磅礴	2	强壮	7	神奇	4
配制	7	抢救	1	神态	9
片刻	12	钦佩	7	渗入	11
偏差	1	倾诉	11	生涯	12
贫	5	倾听	2	声称	9
频繁	4	清静	6	省略	9
频频	3	清理	12	失	5

生词	课文编号	生词	课文编号	生词	课文编号
失误	11	陶醉	2	王国	12
时事	3	特意	6	往事	5
时速	11	特制	8	旺盛	11
食	8	疼痛	9	危急	9
史料	8	提及	10	威力	2
式	5	天高地远	6	未婚	3
侍奉	8	天伦之乐	5	胃口	6
适应	7	甜美	10	温馨	6
适中	6	跳跃	4	闻所未闻	11
收藏	5	听话	4	窝囊	11
守护	5	停顿	12	无赖	9
受用	1	通话	10	无声无息	9
书桌	4	通宵	4	无形	1
数以万计	11	通行	10	无一例外	10
顺理成章	1	同期	10	无罪释放	9
顺应	12	同事	12	物极必反	11
瞬间	11	童话	4	熄灯	4
思辨	1	痛惜	1	习俗	3
思潮	12	突发	11	席	1
四季	3	徒步	12	喜	12
松动	1	推断	7	喜怒无常	8
苏醒	6	推行	10	细腻	6
俗语	1	颓废	5	下沉	5
诉说	6	拖延	11	下达	10
随机应变	3	瓦解	9	先声夺人	2
岁月	4	外表	4	现存	5
胎	7	外出	10	现状	5
探险	12	蜿蜒	2	相逢	6
堂堂	8	完蛋	9	相关	10
逃脱	9	玩具	4	享乐	8
逃之夭夭	9	万象更新	1	响声	2

生词索引

生词	课文编号	生词	课文编号	生词	课文编号
橡胶	7	一个劲儿	6	沾染	8
小看	1	一律	5	战	9
效仿	8	一厢情愿	1	战役	9
谢绝	8	遗传	7	照搬	11
心头	12	遗物	5	折射	2
欣喜	10	异性	3	珍视	11
新潮	5	意识	7	真谛	12
新房	10	意味	1	震荡	2
形体	7	阴差阳错	9	震撼	2
幸运	5	音响	4	震惊	12
凶猛	7	引入	11	整天	9
汹涌澎湃	2	赢得	3	整整	10
雄心壮志	12	诱惑	4	只能	7
雄壮	2	预测	12	指望	10
虚荣心	4	欲	2	制服	8
许久	3	欲速则不达	11	治理	8
续	6	缘故	1	质疑	11
悬念	6	原形	5	致命	9
循序渐进	11	缘	5	智力	4
训斥	9	阅历	11	置	9
压	9	越过	10	终止	9
沿用	1	孕育	1	种种	4
眼神	2	崽儿	7	众所周知	7
验	8	再现	8	周期	1
验证	12	赞助	12	骤然	2
赝品	5	造型	5	珠子	6
摇头摆尾	2	责怪	6	蛛丝马迹	4
要么	10	扎眼	6	逐一	12
要命	10	炸药	12	主编	1
一斑	7	债务	10	主流	10
一旦	11	寨	3	主心骨儿	1

325

新 汉语高级教程（下册）

生词	课文编号	生词	课文编号	生词	课文编号
属	7	啄	8	自食其果	9
住房	10	琢磨	6	揍	9
注解	4	滋味	6	族	10
筑	7	子孙	2	钻石	10
壮观	3	自然界	7	作息	11
追随者	11				

辨析词语索引

序号	生词	课文
1	爱慕	3
2	爱情	1
3	安静	2
4	摆脱	9
5	办法	6
6	倡导	11
7	崇拜	4
8	匆忙	4
9	调查	10
10	对付	9
11	对于	6
12	发布	10
13	法子	6
14	繁忙	4
15	方法	6
16	感觉	5
17	感受	5
18	公布	10
19	古	1
20	故意	6
21	关于	6
22	果然	7
23	忽然	2
24	激烈	2
25	激情	12
26	急忙	4
27	寂静	2
28	解释	10

序号	生词	课文
29	经历	5
30	经受	5
31	竟然	7
32	旧	1
33	居然	6
34	局限	12
35	拒绝	8
36	剧烈	2
37	考察	10
38	渴望	10
39	老	1
40	理解	5
41	了解	5
42	流行	10
43	卖力	9
44	忙碌	4, 11
45	忙乱	11
46	猛烈	7
47	免得	8
48	名气	8
49	名声	8
50	名望	8
51	名誉	8
52	难	8
53	难以	8
54	难于	8
55	浓厚	6
56	浓郁	6

序号	生词	课文	序号	生词	课文
57	努力	9	82	突然	2, 6
58	偶尔	4	83	推广	10
59	偶然	4	84	推行	10
60	盼望	10	85	希望	10
61	佩服	4	86	限制	12
62	平静	2	87	谢绝	8
63	气概	2	88	信服	4
64	气势	2	89	宣布	3, 10
65	强烈	7	90	宣告	3
66	倾慕	3	91	一律	5
67	情景	6	92	一切	5
68	情况	6	93	以免	8
69	全	5	94	应付	9
70	劝导	11	95	有时	4
71	热情	12	96	赞助	12
72	声誉	8	97	珍视	11
73	说明	10	98	珍惜	1, 11
74	思辨	1	99	珍重	11
75	思考	1	100	震动	2
76	随便	3	101	震撼	2
77	随意	3	102	指点	8
78	逃脱	9	103	指示	8
79	特意	6	104	指望	10
80	通行	10	105	骤然	2
81	痛惜	1	106	资助	12